論語

朱熹の本文訳と別解

石本道明＊青木洋司

明徳出版社

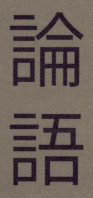

はじめに

孔子は四聖人の一人で、釋迦、キリスト、孔子、マホメット、以上の四人の一人であります。その死後約四百年かけて弟子達が編纂したのが論語であります。論語は孔子の言行録であると共に弟子たちとのやりとりがあからさまになっている。弟子は三千人以上いたとされるがその中で特に有名なのが孔子の十哲と申し、顔回《がんかい》、閔子騫《びんしけん》、冉伯牛《ぜんはくぎゅう》、仲弓《ちゅうきゅう》、宰我《さいが》、子貢《しこう》、冉有《ぜんゆう》、子路《しろ》、子游《しゆう》、子《し》夏《か》、以上十人であります。この中で子路とは孔子様とのやりとりが論語の中では一番多いのです。子路は勇敢で大胆。率直な人柄で孔子様に臆さずに質問を投げかけて居ります。最後に仕えていた衛の内乱に巻き込まれて、殺害され、なますのようにずた〱に切られ、孔子様はそれ以後なますを口にされなかったという記述があります。

論語の内容は言行録であるので、何年何月何日の話というふうに記録だっていないのでいつごろのものと推測することになります。

弟子達は孔子に学んで官僚としての礼儀作法を身につけ孔子の推薦で次々と官僚として抜擢されていったのです。

現代においても政治論、人生論、家庭論、友情論等々について参考になることが多く論語を読まれることをおすゝめ致します。

論語を学んでこれからの人生の糧になさり、仁とは何か、死生観、友情論、道徳論を身に付けて

論語

豊かな生き方をなさってくださいませ。

孔子の云う仁とは誠実な思いやり、忠恕とは他人を思いやる心、人間愛に富んだ弟子達との語り合いユーモア感覚にあふれ不屈の魂を持った人だった孔子のすばらしさをどうぞこの本で、ゆっくり味読して頂きたい思います。

國學院大學の石本道明・青木洋司両先生には學而から堯曰まで全章を訳して頂きました。心より御礼申し上げます。

明徳出版社　社長　小林　真智子

目次

凡例

方針・底本

一、本書は『孔子全書』第一～十巻 論語（吹野安・石本道明 明徳出版社）をもとに、朱熹注釈に基づく本文の忠実な訳出に努めた。

一、底本は、点校本『四書章句集注』所収『論語集注』（新編諸子集成第一輯、中華書局、一九八三年第一版）である。

原文について

一、原文は底本に依拠したが、全て正字体に改め、句読点も適宜改めた。

構成について

一、『論語』全章句の通番を、各章句の上に記し、参看の便とした。

注釈について

一、注釈の書き下し等は省略した。『孔子全書』論語の該当章をご参照いただければ幸いである。

表記について

一、書き下し文は、正字体を用い、仮名遣いは歴史的仮名遣いとした。ただし、読み仮名には、読者の便を図り、現代仮名遣いを用いた。

一、訳文は、新字体を用いた。また引用の書名がある場合は、『　』で示し、引用文の始終は「　」で明示した。

別解について

一、『論語』解釈の基本文献から、朱熹とは異なる解釈を 別解 として示した。

一、別解には、以下の諸注釈書を用いた。（【 】内は略称）

・【集解】何晏等『論語集解』
底本は、十三経注疏整理本『論語注疏』
（北京大学出版社、二〇〇〇年）

・【義疏】皇侃『論語義疏』
底本は、中国思想史資料叢刊『論語義疏』
（中華書局、二〇一三年）

・【仁斎】伊藤仁斎『論語古義』
底本は、『論語古義』
（文泉堂発行、文政十二年・一八二九年再刻）

・【徂徠】荻生徂徠『論語徴』
底本は、『荻生徂徠全集』三、四巻
（みすず書房、一九七七、七八年）

他にも、陸徳明『経典釈文』、韓愈・李翺『論語筆解』、劉敞『公是先生七経小伝』等の諸解を引用した章もある。

一、『論語集解』は、引用諸家の説は明記せず、全て【集解】とした。

一、『論語義疏』は、皇侃の説の場合は【義疏】とし、引用諸家の説である場合は明記した。

一、『論語義疏』の経文は、多く他注釈書と異なるが、解釈と深く関連する場合を除き、注記しない。

一、『論語徴』には解釈がない章も存在するが、その旨は明記していない。

本書は石本・青木の共著であるが、全体の文責は石本にある。なお、國學院大學大学院生（当時）中山ひかり、岩本優一、戍法師聖、河野貴彦の諸君の協力を得た。

本書は、故小林真智子氏の発案がなければ実現しなかったものである。記して、ここに謹んで深謝する。

主要注釈書解説

(1)何晏《かあん》等『論語集解《しっかい》』

十三経注疏整理本『論語注疏』(北京大学出版社、二〇〇〇年)

完本として伝わる最古の『論語』の注釈書。「古注」と称される。包咸《ほうかん》・周氏・孔安国・馬融・鄭玄《じょうげん》・陳羣《ちんぐん》・王粛・周生烈(周氏と同一人物ともされる)の八家、及び、無記名の編纂者の注釈からなる。編者は何晏(一九五?―二四〇)とされることもあるが、その伝記(『三国志』巻九)には編纂したことは書かれておらず、どこまでが何晏の解釈か難しい。序文に見えるように、孫邕《そんよう》、鄭沖《ていちゅう》、曹羲《そうぎ》、荀顗《じゅんぎ》、何晏の共同編纂とするのが穏当であろう。特徴とされる玄学の要素は『論語義疏』に比べ限定的である。また、引用の注釈は、孔安国注は偽作の疑いが強く、鄭玄注は字句が大きく改められているなど問題は多い。

(2)皇侃《おうがん》『論語義疏《ぎそ》』(『論語集解義疏』)

中国思想史資料叢刊『論語義疏』(中華書局、二〇一三年)

南朝梁の皇侃(四八八―五四五)の著。『論語集解』をもととし、魏晋以来の諸家の注釈、及び、

自己の注釈からなる。「義疏」とは経書の注釈に対する注釈を意味する。当時の学術の風潮のため、玄学あるいは仏教的な解釈の引用も多いが、それらを穏当に論じている。六朝から唐を経て、北宋初の邢昺《けいへい》が『論語正義』を作成した際にも利用された。しかし、種々の要因から、南宋以後、中国では亡佚した。江戸時代に荻生徂徠《おぎゅうそらい》門下の根本武夷《ぶい》が足利学校蔵本より発見・校刻し、清でも流通した。ただし、旧貌ではないともされ、現在でもテキスト校勘上の問題が存在する。

（3）朱熹《しゅき》『論語集注《しっちゅう》』

『四書章句集注』所収『論語集注』（新編諸子集成第一輯、中華書局、一九八三年）

南宋の朱熹（一一三〇—一二〇〇）の著。朱熹は「五経」への階梯として、孔子に始まり、孟子へと続く道が伝えられているとする「四書」を重視した。その一つ『論語』では、語義や文意にとどまる従来の注釈には満足せず、北宋の程顥《ていこう》・程頤《ていい》の兄弟と、その後学を中心とし、自己の解釈を加え、それまでとは一線を画す新たな注釈を作成した。そのため、「新注」と称される。元において朱子学が国教化されて以降、明、清のみならず、朝鮮半島や我が国にも影響を及ぼした。現在でも『論語』を理解する上で最も優れた注釈書である。南宋以降、『論語集注』の注釈書は多い。朱熹の弟子の解釈は趙順孫《ちょうじゅんそん》『論語纂疏《さんそ》』に、元の解釈は、それを流用した胡広『論語大全』に見える。

(4)伊藤仁斎《いとうじんさい》『論語古義』

『論語古義』(文泉堂発行、文政十二年・一八二九年再刻)

伊藤仁斎(一六二七―一七〇五)の著。『論語』を「最上至極宇宙第一の書」と尊重した。初めは朱子学者であったが、後に、反朱子学となり、孔子・孟子の原義に立ち返る「古義」を標榜した。『論語古義』では、字句の解釈において『論語集注』や『論語大全』を多く用いる。その上で、内容の解釈において朱熹を批判し、自身の解釈を示す。このような仁斎の立場は、重要視した章に附されている「論曰」で始まる注釈において、自身の正当性を強く述べることから窺える。また、同じく仁斎の著作である『語孟字義』『童子問』にも『論語』の解釈は示されている。

(5)荻生徂徠《おぎゅうそらい》『論語徴』

『荻生徂徠全集』三、四巻(みすず書房、一九七七、七八年)

荻生徂徠(一六六六―一七二八)の著。朱子学、仁斎学を論駁し、古代の言語、制度文物の研究を重視する「古文辞学」を標榜した。『論語』は「先王の道」を論じており、孔子の偉大さは、これを後世に伝えたことにあるとする。朱熹を古代の言語を全く知らないと批判し、多くの場合、仁斎をも批判する。ただし、仁斎の解釈への批判は、それに相当する記述が『論語古義』に見えない場合もある。一方、孔安国注など古い時代の注釈は、孔子の時代に近く、正しいと評価することが多い。この他、『論語義疏』(公冶長まで)、韓愈《かんゆ》・李翺《りこう》『論語筆解《ひっかい》』、明代の『論語』解釈などに幅広く言及することも特徴である。

明徳出版社『論語』関係書の御案内

表示価格は税込（本体価格＋税10％）です。

論語講義

渋沢　栄一

一三二〇〇円

渋沢栄一は、近代日本の発展に尽くした巨人である。彼は「論語」に基づき、西郷・大久保等、維新の英傑や、歴史上の人物を活写し、時代の諸相を論断している。百年後でも傾聴に値する渋沢論語の決定版。巻末に孔子年譜、人名索引を付す。

ISBN978-4-89619-324-4　A五判並製函入六六五頁

論語二十四講

土田健次郎

一七六〇〇円

日本人にとっての永遠の古典『論語』。その中核をなす主要なテーマをとりあげ、項目ごとに丁寧に解説。論語にはじめて触れる読者にもわかりやすく、親しんでいる者にも新たな理解と感銘を与える書。

ISBN978-4-89619-307-7　A五判並製一六八頁

江戸期『論語』訓蒙書の基礎的研究

青木　洋司
西岡　和彦
石本　道明

一一〇〇〇円

科挙の制度がないわが国では、知識人以外に一般読者層向けの『論語』注釈書が数多く出版された。（中略）そうした書を本書では訓蒙書として扱った。

（本書「はじめに」より）

ISBN978-4-89619-308-4　B五判上製四二〇頁

論語注疏訓読

野間　文史

一一〇〇〇円

「論語」は宋代に経書となり、「十三経注疏」中の「論語正義」には諸家の注を集めた何晏の集解（古注）と邢昺の注（疏）が採用された。本書は古注の理解に必読の「論語正義」をはじめて全訓読訳した画期的書。

ISBN978-4-89619-312-1　B五判上製五六二頁

論語　上・下　中国古典新書

宇野　哲人

各二七五〇円

論語は孔子と弟子たちの言行録で、世界不滅の古典である。本書は、今は亡き漢文学界の第一人者による晩年の全講義録で、平易卓抜な講義は、読者を魅了して止まない。

ISBN978-4-89619-201-8／ISBN978-4-89619-202-5　B六判並製二九八頁／B六判並製二八八頁

朝の論語

安岡　正篤

二四二〇円

著者が往年、ニッポン放送の朝の番組で連続講話した論語十九講。著者の得意な東西の思想哲学を引用しながら、現代生活に生きる孔子の道を描いて、聴衆を魅了した名講話。

ISBN978-4-89619-043-4　B六判上製二三六頁

孔子全書　一～十巻

吹野　安
石本　道明

各二七五〇円
～三〇八〇円

論語集注を底本としてこれを全訳注し、注欄には、何晏の集解、皇侃の義疏、邢昺の注疏の古注の他、朱子語類からの関係文も豊富に採録し、論語の深い理解に資す。

各B五判並製

論語・朱熹の本文訳と別解

青木　洋司

二〇九〇円

ある。本書は論語全文につき現代訳を施し、他の儒者の解釈は別解とし、論語解釈の多様性を明示した。

ISBN978-4-89619-941-3　A五判並製四三二頁

素読論語

深澤　賢治

一三二〇円

論語の素読の会を主催する編者が、「斯文会訓点論語」に従い、その全章を書き下し、総ふりがなを付した訓読文による論語テキストの決定版。子供からおとなまで使い易く、読み易い素読用教材。

ISBN978-4-89619-189-9　A五判ﾋﾞﾆｰﾙ装一八〇頁

セカンドライフの『論語』講座12講

近藤　正則

二五三〇円

著者の七年間に及ぶ教養講座「『論語』に学ぶ」での講演をまとめた十二講。仁・義から食に至る様々なテーマで、論語の世界を日常に活かせるよう楽しく解説。新たな人生を発見するための書。

ISBN978-4-89619-783-9　四六判並製二七八頁

論語のことば

村山　吉廣

一四三〇円

長い年月、人々に読みつがれた世界の古典「論語」。汲めども尽きぬその魅力と偉大な思想の本質を、日常の話題もとり入れながら紹介する四十話。論語の世界に旅する人々に絶好のガイドブック。

ISBN978-4-89619-753-2　B六判並製一七三頁

論語の教科書

須藤　明実

八八〇円

『論語』には、人が生きていく為の大切な言葉が、大きな愛に包まれ、輝いている。その三十一章を子供から大人まで誰にも親しめるよう解説した素読用テキスト。附録に七十章を精選して収録。

ISBN978-4-89619-720-4　B五判並製八二頁

陽明学のすすめＶ　人間学講話　渋澤栄一

深澤　賢治

二〇九〇円

ヨーロッパの資本主義をいち早く学びこれを導入した、近代資本主義の父渋澤栄一。その主著『論語講義』からの引用文を解説しながら、彼の人物を概観し、ものの見方、人物評論、実業の実態を描く。

ISBN978-4-89619-988-8　四六判上製二三六頁

中国の哲学

阿部　吉雄

一六五〇円

古代人の宗教倫理観に始まり、儒家・諸子百家・漢唐・宋明・清、更に新しくは近代中国に至る中国思想の流れを概説した好評の一般教養書。また大学・高専の教材としても広く採用されている。

ISBN978-4-89619-310-7　A五判並製一九六頁

論語五十選

土田健次郎

六八二円

『論語』の中から重要で分かり易い言葉を厳選して収録し、素読用のテキストにしました。素読とは、古典を繰り返し音読して憶えさせ、人生の中で折に触れて思い出させることにより、言葉の意味を体得させ、人生の指針とする方法です。

ISBN978-4-89619-971-0　B五判並製六三頁

㈱明徳出版社の電話番号は０３（３３３３）６２４７です。

學而第一

此爲書之首篇。故所記多務本之意。乃入道之門・積德之基・學者之先務。凡十六章。

此れ書の首篇爲り。故に記する所、本を務むるの意多し。乃ち道に入るの門・德を積むの基・學者の先務なり。凡べて十六章。

この篇は全体の巻頭の篇である。だからこそ専ら根本を固める意味の章が多い。つまり道に入る門であり、人格を高める基礎であって、学ぶ者がまず専念すべきものである。全十六章。

1

子《し》曰《い》はく、學《まな》んで時《とき》に之《これ》を習《なら》ふ。亦《ま》た說《よろこ》ばしからずや。朋《とも》有《あ》り遠方《えんぽう》自《よ》り來《き》たる。亦《ま》た樂《たの》しからずや。人《ひと》知《し》らずして慍《いきどお》らず。亦《ま》た君子《くんし》ならずや、と。

子曰、學而時習之。不亦說乎。有朋自遠方來。不亦樂乎。人不知而不慍。不亦君子乎。

孔先生がおっしゃるには、「自らが学んだ事柄の道理や、古の聖賢が遺した言行などを思い返しては、時に触れいつでも復習し、身に習熟するのは、なんと心嬉しいではあるまいか（人生においてこれ以上嬉しいことはない）。また、そんな努力を日夜積んでいると、同じ考え方の人が、近辺の人はもとより、遠方からはるばるとやって来て、志した道をともに学ぶのは、なんと楽しいではあるまいか（人生においてこれ以上の楽しいことはない）。さて、そんな努力を続け、学問・修養・徳行に優れたとしても、その真価を世の人（為政者）が認めて登用しなくとも、心の中に不平不満を持たず、ひたすら進むべき道を自覚し、より高い徳行の道を修め積む者こそ、なんとまことの君子というべきではあるまいか（これ以上の徳行ともに備わった人はあるまい）」と。

別解 ①「人知らずして慍《いか》らず。」「人が理解してくれなくても怒らない。」【集解・義疏・仁斎】②「人知らずして慍《うん》せず。」「世に用いられなくても気がふさぎこまない。」【徂徠】③「學而」は学者の幼少期、「有朋」は学者の青年期、「人不知」は学問が完成して、教師あるいは君主となった際の法を明らかにした。【義疏】④本章は学問の重要性を説いた「小論語」である。【仁斎】

2

有子《ゆうし》曰《い》はく、其《そ》の人《ひと》と爲《な》りや、孝弟《こうてい》にして上《かみ》を犯《おか》すことを好《この》む者《もの》は鮮《すくな》し。上《かみ》を犯《おか》すことを好《この》まずして、亂《らん》を作《な》すことを好《この》む者《もの》は、未《いま》だ之《こ》れ有《あ》らざるなり。君子《くんし》は本《もと》を務《つと》む。本《もと》立《た》ちて道《みち》生《しょう》ず。孝弟《こうてい》なる者《もの》は、其《そ》れ仁《じん》を爲《な》すの本《もと》か、と。

有子曰、其爲人也、孝弟而好犯上者鮮矣。不好犯上、而好作亂者、未之有也。君子務本。本立而道生。孝弟也者、其爲仁之本與。

有先生がおっしゃるには、「その人柄が、子としては素直に親を敬愛し、弟としては従順な態度で兄長に接する人で、目上の者に逆らう行いを好む者はほとんど無い。目上の者に逆らい、楯突くことを好まない人柄で、国家社会の秩序や平和を乱す行いを好む者は、まだ一度だってあったためしが無い。いったい徳行が立派に身に付く人とは、物事の根本にみずから進んで力を注ぐものだ。何事も根本がしっかりと確立すると、人として従い行くべき道はおのずから開けてくるものだ。この孝・悌こそは、結局、人としての最高道徳である仁を及ぼす根本と言ってよいだろうね」と。

【別解】①「君子は本を務《した》ふ。」「君子は孝弟を慕う。」【義疏】②「君子は本を務む。本立ちて道生ず」は古語。有先生が引用した。【徂徠】③「其れ仁の本《もと》爲《た》るか。」「仁の根本である。」【集解・義疏・仁斎】④「其れ仁の本《はじめ》爲《た》るか。」「仁の始めである。」【徂徠】⑤『論語』の編者が本章を第二章としたのは、孝弟が学問の根本であることを示そうとしたのであろう。何とも味わいがある。【仁斎】

3

子曰《しい》はく、巧言《こうげん》令色《れいしょく》、鮮《すくな》いかな仁《じん》、と。

子曰、巧言令色、鮮矣仁。

孔先生がおっしゃるには、「口先うまく表情も和らげ、人に気に入られようとする人に、仁心は無い」と。

別解 ①「鮮いかな仁。」〔仁は少ない。〕【集解・義疏・徂徠】

4

曾子《そうし》曰《い》はく、吾《われ》日《ひ》に吾《わ》が身《み》を三省《さんせい》す。人《ひと》の爲《ため》に謀《はか》りて忠《ちゅう》ならざるか。朋友《ほうゆう》と交《まじわ》りて信《しん》ならざるか。傳《つた》へられて習《なら》はざりしか、と。

曾子曰、吾日三省吾身。爲人謀而不忠乎。與朋友交而不信乎。傳不習乎。

曽先生がおっしゃるには、「私は毎日、自身の言行三事を反省する。それは、人から相談され、その身になって判断しても、誠心を尽くさなかったのではないか。友と交游して信実でなく、気兼ねして偽ったのではないか。先生から教わったのに、まだ習熟していないのではないか」と。

別解 ①「三《み》たび吾が身を省みる。」〔三回、言行を反省する。〕【仁斎・徂徠】②「習はざるを傳《つた》へしか。」〔（先生からの御教示を）おさらいせずに伝えたことはないか。〕【集解・義疏・仁斎・徂徠】③泰伯第八・188と同義で、曽先生の晩年の語である。【仁斎】

5

子曰《しい》はく、千乘《せんじょう》の國《くに》を道《おさ》むるに、事《こと》を敬《けい》して信《しん》、用《よう》を節《せっ》して人《ひと》を愛《あい》し、民《たみ》を使《つか》ふに時《とき》を以《もっ》てす、と。

子曰、道千乘之國、敬事而信、節用而愛人、使民以時。

孔先生がおっしゃるには、「諸侯の国を治めるには、（何かを新規に）興したがる事業をむしろ慎重に執り行なって民衆から信頼され、冗費を削り負担を軽減することで民衆を慈しみ、民衆を使役するにも、農繁期を避け、農耕・収穫を妨げない最適な時期を選ぶことだ」と。

【別解】①「千乘の國に道《よ》るときは、」（天子が）諸侯の国に立ち寄る時は、」直後に脱簡がある。【徂徠】②「事を敬して信、」「民事を慎み信義により民に接し、」【仁斎】③「民を使ふに時を以てす。」「道普請は適期を選ぶ。」【徂徠】④経文を「千乘の國を導《おさ》むるに、」（「諸侯の国を治めるには」）に作る。【義疏】

6

子曰《しい》はく、弟子《ていし》入《い》りては則《すなわ》ち孝《こう》。出《い》でては則《すなわ》ち弟《てい》。謹《つつし》みて信《しん》。汎《ひろ》く衆《しゅう》を愛《あい》して仁《じん》に親《した》しみ、行《おこな》ひて餘力《よりょく》有《あ》らば、則《すなわ》ち以《もっ》て文《ぶん》を學《まな》べ、と。

子曰、弟子入則孝。出則弟。謹而信。汎愛衆而親仁、行有餘力、則以學文。

孔先生がおっしゃるには、「世の若者たちは、家にあっては、父母に子としての道を十分に尽くし、社会に出ては、目上の者に従順な態度で接するようでありたい。そして、自分の行動を何時も変わらず謹

み深くし、言葉にうそ偽りのないようでありたい。また、大勢の人をあまねく平等に愛し、進んで仁徳ある人に親しみ、これを模範として見習うようにしたい。さて、このように実行しても、なお時間的にも、力量にも余裕がある場合は、詩・書・礼・楽の優れた古典を勉強して、自分の教養を高めようとするがよい。まず自分で実践し、学問による裏づけはその後でよいのである」と。

別解 ①「弟子入りては、」「私の門下の初学者たちは、」【仁斎】

7

子夏《しか》曰《い》はく、賢《けん》を賢《けん》として色《いろ》に易《か》へ、父母《ふぼ》に事《つか》へては能《よ》く其《そ》の力《ちから》を竭《つく》し、君《きみ》に事《つか》へては能《よ》く其《そ》の身《み》を致《いた》す。朋友《ほうゆう》と交《まじわ》り、言《い》ひて信《しん》有《あ》らば、未《いま》だ學《まな》ばずと曰《い》ふと雖《いえ》ども、吾《われ》は必《かな》らず之《これ》を學《まな》びたりと謂《い》はん、と。

子夏曰、賢賢易色、事父母能竭其力、事君能致其身。與朋友交、言而有信、雖曰未學、吾必謂之學矣。

子夏が言うには、「賢人を賢人として相応しくもてなし、その人を慕う心を美人を慕うのと同じくらい誠実に、父母に仕えては、持てる力を尽くし、君主に仕えては、その身を捧げ、友との交游では、言葉に誠実さが籠もる人なら、まだ書物を読んだり、人に従って学ばない人でも、私はきっともう学び終えた人と評価するだろう」と。

【別解】①「賢を賢として色を易へ、」〔賢者を賢者として尊重し、（相応しい時は我が）顔色を改め、〕【義疏・仁斎・徂徠】②「君に事へては能く其の身を致《きわ》め、」〔君主に仕えては、自分の身を限界まで捧げ、〕【義疏】

8

子曰《しい》はく、君子《くんし》重《おも》からずんば則《すなわ》ち威《い》あらず。學《まな》べば則《すなわ》ち固《こ》ならず。忠信《ちゅうしん》を主《しゅ》とし、己《おのれ》に如《し》かざる者《もの》を友《とも》とする無《な》かれ。過《あやま》ちては則《すなわ》ち改《あらた》むるに憚《はばか》ること勿《な》かれ、と。

子曰、君子不重則不威。學則不固。主忠信、無友不如己者。過則勿憚改。

孔先生がおっしゃるには、「人が立派な為政者の地位にあるのに、重厚さもなく、落ちつかない時には、威厳がなくて人々を従わせられない。また、そうした人は、学問をしても、軽薄さが邪魔して、どうしても身にしっかりと根付かない。だから誠実さと言行の一致をまず第一と考え、自分より少しでも劣った者を仲間として、自分のわがままを通すことをなくさなければならない。もし自分に過失があったら、誰だって過ちはあるのだから、自分の面目にこだわらずに、速やかに改めなければならない」と。

【別解】①「學べば則ち固《おお》はれず。」〔学んでも弊害がない。〕【集解・仁斎】②「學べば則ち固《あた》らず。」〔学んでも道理に当たらない。〕【義疏】③「學《がく》は則ち固《こ》にせず。」〔学問は師説に固守しない。〕【徂徠】④「忠信に主《した》しみ、」〔誠実な人に近づき、〕【集解】⑤「過ちては則ち改むるを憚《かたし》とする勿かれ。」〔過失あれば、更改を難しいとはするな。〕【集解・仁斎】⑥弟子が孔先生の平生の格言を集めた章で一時の言ではない。【仁斎】

9

曾子《そうし》曰《い》はく、終《おわ》りを愼《つつし》み遠《とお》きを追《お》へば、民《たみ》の德《とく》厚《あつ》きに歸《き》す、と。

曾子曰、愼終追遠、民德歸厚矣。

曽先生がおっしゃるには、「人の上に立つ者が、何かと不備が起き易い葬儀を手厚く執行し、祖先の慰霊祭を忘れず丁重に行なえば、民衆の気風もそれに感化されて、情に厚く次第に落ち着くだろう」と。

別解 ①「民の德 厚きに歸す。」「民は自然と帰順する。」【徂徠】②葬儀に限定されない。【仁斎】

10

子禽《しきん》 子貢《しこう》に問《と》ひて曰《い》はく、夫子《ふうし》の是《こ》の邦《くに》に至《いた》るや、必《かな》らず其《そ》の政《せい》を聞《き》く。之《これ》を求《もと》めたるか、抑ゝ《そもそも》之《これ》を與《あた》へたるか、と。子貢《しこう》曰《い》はく、夫子《ふうし》は溫《おん》・良《りょう》・恭《きょう》・儉《けん》・讓《じょう》、以《もつ》て之《これ》を得《え》たり。夫子《ふうし》の之《これ》を求《もと》むるや、其《そ》れ諸《こ》れ人《ひと》の之《これ》を求《もと》むるに異《こと》なるか、と。

子禽問於子貢曰、夫子至於是邦也、必聞其政。求之與、抑與之與。子貢曰、夫子溫・良・恭・儉・讓、以得之。夫子之求之也、其諸異乎人之求之與。

子禽が子貢に尋ねて言うには、「私どもの孔先生はどこの国へ行っても、必ず政治の相談を持ちかけられる。これはいったいわが孔先生の方から求めたのでしょうか、それともその国の君主が孔先生に持ちか

けたのでしょうか」と。すると子貢が答えて言うには、「わが孔先生の態度のおだやかさ、お人柄の素直さ、その行動のうやうやしさ、つつましやかさ、何事も人に譲るというひかえめ、この五つの徳をそなえた故に、自然に君主の方から相談を持ちかけられたのである。もちろん孔先生の諸国巡遊の目的は政治を正しくすることだったから、先生の方から求めたと言えなくもないが、おそらくその求め方は、世間の人のいわゆる官職を求める時の媚び諂うありさまとは、大いに違うのではなかろうか」と。

別解 ①「抑《おも》ふに之を與へたるか。」「思いますに、君主から孔先生に相談したのでしょうか。」【徂徠】

11

子曰《しい》はく、父《ちち》在《いま》せば其《そ》の志《こころざし》を觀《み》、父《ちち》没《ぼっ》すれば其《そ》の行《おこな》ひを觀《み》る。三年《さんねん》父《ちち》の道《みち》を改《あらた》むること無《な》きは、孝《こう》と謂《い》ふべし、と。

子曰、父在觀其志、父沒觀其行。三年無改於父之道、可謂孝矣。

孔先生がおっしゃるには、「人の真価を見極めるなら、父親が存命中は、その人はわがままな行動ができないから、むしろ何に心を向けているかを観察し、父親が亡くなったら、その人が何をしはじめるのか、その行動を観察する。親が亡くなったとたんに全てそれまでのやり方を改めるのではなく、少なくとも三年の間は、父親の積み重ねてきた筋道を改めない人は、まごころある孝行とこそ言えよう」と。

別解 ①「三年父の道を改むること無きは」は父親の良法を永久に守ること。三年に限らない。【仁斎】

12

有子《ゆうし》曰《い》はく、禮《れい》の用《よう》は和《わ》を貴《たっと》しと爲《な》す。先王《せんのう》の道《みち》も、斯《これ》を美《び》と爲《な》す。小大《しょうだい》之《これ》に由《よ》る。行《おこな》はれざる所《ところ》有《あ》り。和《わ》を知《し》りて和《わ》すれども、禮《れい》を以《もっ》て之《これ》を節《せつ》せずんば、亦《ま》た行《おこな》はるべからず、と。

有子曰、禮之用和爲貴。先王之道、斯爲美。小大由之。有所不行。知和而和、不以禮節之、亦不可行也。

有先生がおっしゃるには、「礼の活用にあっては、調和を図るのが大切だ。先王の執政の美も、この調和を得たからだ。しかし、大事も小事も、和だけで対処すると、何ともうまく行かない。だから、和の大切さを知り尽くした上で和を図るも、礼で適切に自制しないと、これまたうまく運ばない」と。

【別解】①「禮は之《こ》れ和を用《もっ》て貴しと爲す。」「礼には調和が大事である。」【集解・義疏・仁斎・徂徠】②「小大之を由《もち》ひ、」「小事も大事も礼を用いても、」【義疏】③「小大之に由《よ》れば、」「小事も大事も礼に基づけば、」【仁斎・徂徠】

13

有子《ゆうし》曰《い》はく、信《しん》義《ぎ》に近《ちか》ければ、言《げん》復《ふ》むべきなり。恭《きょう》禮《れい》に近《ちか》ければ、恥辱《ちじょく》に遠《とお》ざかるなり。因《よ》ること其《そ》の親《しん》を失《うしな》

有子曰、信近於義、言可復也。恭近於禮、遠恥辱也。因不失其

はずんば、亦《ま》た宗《そう》とすべきなり、と。

親、亦可宗也。

有先生がおっしゃるには、「言行が必ず一致し、約束をしかと守るのはよいが、それが人として践むべき正しい筋道に適ってはじめて、約束通りに実行してよかろう。自分の言行が慎しみ深く不作法でないのはよいが、それが礼に外れなければ、自分で恥じることもないし、人から辱められることもない。また人との交際で、最初に親しむべき人を間違えなければ、これまた永くその人を尊敬してもよい」と。

別解 ①「言、復《ふく》すべきなり。」「その言葉は反覆が出来る。」【集解】②「言、復《ため》すべきなり。」「その言葉は調べられる。」【義疏】③「因《した》しみて、其の親を失はざれば、」「親しむのに、親しむべき人を違わなければ、」【集解・義疏】④「因ること、其の親《した》しみを失はずんば、」「親しみを失わなければ、」【仁斎】⑤「因《いん》、其の親《しん》を失はざれば、」「外戚に親しんで、宗族を粗略にしなければ、」因を姻とする。【徂徠】

14

子《し》曰《い》はく、君子《くんし》は食《しょく》飽《あ》くを求《もと》むる無《な》く、居《きょ》安《やす》きを求《もと》むる無《な》く、事《こと》に敏《びん》にして言《げん》に慎《つつ》しみ、有道《ゆうどう》に就《つ》きて正《ただ》す。學《がく》を好《この》むと謂《い》ふべきのみ、と。

子曰、君子食無求飽、居無求安、敏於事而愼於言、就有道而正焉。可謂好學也已。

孔先生がおっしゃるには、「学問修養に志す人は、美食で満腹を望まず、また、住いも安楽などを望まず、

人としてなすべき仕事にはすばやく実行にうつり、言葉をひたすら慎しんで軽はずみに言わない。さらに、学徳のまさった人に自分から親しみ近づいて、自己の是非善悪を質問して、その誤りを正すようにする。こんな人こそ、本当に学問を好む努力の人だと言ってよいだろう」と。

別解 ①「事に敏《はや》くして、」「学問を実行するのを迅速にして、」【集解・義疏】

15

子《し》貢《こう》曰《い》はく、貧《ひん》にして諂《へつら》ふこと無《な》く、富《ふ》にして驕《おご》ること無《な》きは、何如《いかん》と。子《し》曰《い》はく、可《か》なり。未《いま》だ貧《ひん》にして樂《たの》しみ、富《と》みて禮《れい》を好《この》む者《もの》には若《し》かざるなり、と。子《し》貢《こう》曰《い》はく、詩《し》に云《い》ふ、切《せつ》するが如《ごと》く磋《さ》するが如《ごと》く、琢《たく》するが如《ごと》く磨《ま》するが如《ごと》しとは、其《そ》れ斯《これ》を之《こ》れ謂《い》ふか、と。子《し》曰《い》はく、賜《し》や、始《はじ》めて與《とも》に詩《し》を言《い》ふべきのみ。諸《これ》に往《おう》を告《つ》げて來《らい》を知《し》る者《もの》なり、と。

子貢曰、貧而無諂、富而無驕、何如。子曰、可也。未若貧而樂、富而好禮者也。子貢曰、詩云、如切如磋、如琢如磨、其斯之謂與。子曰、賜也、始可與言詩已矣。告諸往而知來者。

子貢が言うには、「貧乏でも卑屈に人のご機嫌をとらず、金持ちになっても傲慢に人を見下さなければ、(その評価は) どうでしょうか」と。孔先生がおっしゃるには、「まあ、それでもよかろう。だが、貧乏で

も楽しみ、金持ちでも礼を好む人には、まだ及ばないがね」と。すると子貢が言うには、『詩（経）』（衛風「淇奥」）に『象牙やツノを、刀で大まかに切り出し、更にヤスリで磨きあげ、玉や石を、ノミで大まかに砕き取り、更に砥石をかけるよう、次第に精巧に』とありますが、それはまさしくこの事でしょうか」と。孔先生がおっしゃるには、「おお賜よ、それでこそ始めて一緒に、『詩（経）』を語り合えるね。告げた内容から察して、まだ言わない趣旨までも君はわかるのだから」と。

【別解】①経文を「未だ貧にして道《みち》を樂しみ、」に作る。【義疏】②「未だ貧にして樂《がく》」（礼学によって民を統治すれば）、貧しくても音楽を好む」【徂徠】③詩は活動するものであり、言葉に一定の意味はなく、意味にも一定の基準がない。子貢はこれを理解していたので、孔先生は「一緒に『詩（経）』を語り合える」と言った。【仁斎】

16

子曰《しい》はく、人《ひと》の己《おのれ》を知《し》らざるを患《うれ》へず。人《ひと》を知《し》らざるを患《うれ》ふるなり、と。

子曰、不患人之不己知。患不知人也。

孔先生がおっしゃるには、「人が自分を理解してくれないことなど気にかけないで、自分が人の真価を見極めがつかないことこそを気にかけることだ」と。

【別解】①経文を「知られざるを患ふるなり。」（「認められるべきことがないのを気にかける。」）に作る。【釈文】

爲政第二

凡二十四章。

凡べて二十四章。

全二十四章。

17

子《し》曰《い》はく、政《まつりごと》を為《な》すに徳《とく》を以《もつ》てすれば、譬《たと》へば北辰《ほくしん》の其《そ》の所《ところ》に居《い》て、衆星《しゅうせい》の之《これ》に共《きょう》するが如《ごと》し、と。

子曰、爲政以德、譬如北辰居其所、而衆星共之。

孔先生がおっしゃるには、「為政者が道義で政治を執れば、まるで、北極星が不動のままにも関わらず、他の星々がそれを中心に巡るように、自然と民心が帰服するものだ」と。

別解 ①「政を為《と》るに、徳を以てすれば、」「政治を執るのに、徳のある人を用いれば、」【徂徠】②「北辰の其の所《ち》に居て、」「北極星がその場所にいて、」【義疏】③後世の政治経済を講ずる者は本章を理解せず、制度上の議論のみを行っている。【仁斎】

18

子《し》曰《い》はく、詩《し》三百《さんびゃく》、一言《いちげん》以《もつ》て之《これ》を蔽《おお》へば、曰《い》はく、思《おも》ひ邪《よこしま》無《な》し、と。

子曰、詩三百、一言以蔽之、曰、思無邪。

孔先生がおっしゃるには、『詩（経）』の詩三百篇は、内容も様々だが、全篇に通ずるものを、一言で言い尽くすなら、（魯頌「駉」の）『詩を作る人の心に、邪念の欠けらもない』だ」と。

別解 ①「一言以て之を蔽《あ》つれば、」「一言で該当させるならば、」【集解・義疏・徂徠】②「思ひ邪無し。」「真っ直ぐである。」【仁斎】③「思ひ邪無し」とは『詩経』のみならず、孔先生の道全体を言い尽くすものである。【仁斎】

19

子《し》曰《い》はく、之《これ》を道《みちび》くに政《まつりごと》を以《もっ》てし、之《これ》を齊《ととの》ふるに刑《けい》を以《もっ》てすれば、民《たみ》免《まぬが》れて恥《はじ》無《な》し。之《これ》を道《みちび》くに徳《とく》を以《もっ》てし、之《これ》を齊《ととの》ふるに禮《れい》を以《もっ》てせば、恥《はじ》有《あ》りて且《か》つ格《いた》る、と。

子曰、道之以政、齊之以刑、民免而無恥。道之以德、齊之以禮、有恥且格。

孔先生がおっしゃるには、「法律や命令で民衆を導き、刑罰で民衆の足並をそろえるならば、民衆はその刑罰さえ免れればよいと思って、悪いことをしても、何ら良心的に恥じない。それに反して、道徳によって民衆を導き、物事のそうあるべき条理によって、民衆の足並をそろえようとするならば、民衆はその行ないが他人に劣るのを恥ずかしく思う上に、自分から善に向かって歩み出すようになる」と。

別解 ①「民免れて恥無し。」「民衆は恥を無くして、恥を感じることさえ無くなる。」【義疏】②「之を道くに徳を以《もち》ひ、」「民衆を導くには有徳の人を用い、」後出の以も「用」の意。【徂徠】③「恥有りて且つ格《ただ》し。」「民衆は恥じて、正しくなる」。【集解・義疏・仁斎】④「恥有りて且つ格る。」「民衆は恥じて、感化される。」【徂徠】

20

子《し》曰《い》はく、吾十有《われじゅうゆう》五《ご》にして學《がく》に志《こころざ》す。三十《さんじゅう》にして立《た》つ。四十《しじゅう》にして惑《まど》はず。五十《ごじゅう》にして天命《てんめい》を知《し》る。六十《ろくじゅう》にして耳《みみ》順《したが》ふ。七十《しちじゅう》にして心《こころ》の欲《ほっ》する所《ところ》に從《したが》へども矩《のり》を踰《こ》え

子曰、吾十有五而志于學。三十而立。四十而不惑。五十而知天命。六十而耳順。

ず、と。

七十而従心所欲、不踰矩。

孔先生がその生涯を述懐なさっておっしゃるには、「私は十五歳で学問修養の道に志し、聖人の学に心を向けた。その後努力を重ねて、三十歳になると、一通りの学問は身につき、徳も身に修まって一人立ちできる自信がついた。けれどもなお世間の些事には迷いがあったが、四十歳になると、道理をよく身につけ、いかなることに出合っても取り乱すことなく、処置を誤らなくなった。そして五十歳になると、自分に与えられた使命をさとった。六十歳になると、他人の意見を素直に受け容れて、世の人とともに善事を行なえるようになった。七十歳になって、自分の心にこれがしたい、あれがしたいと思う通りに実践しても、人としての正しい道を踏みはずすことは決してないようになった」と。

別解 ①「心の欲する所を従《ほしい》ままにすれども」（1）「（後天的な習慣が先天的な性質と同化するので、）自分の心に従い勝手気ままに振る舞っても」【義疏】（2）「（精神・筋力ともに衰え、）自分の心に従い勝手気ままに振る舞っても」【徂徠】

21

孟懿子《もういし》 孝《こう》を問《と》ふ。子《し》曰《い》はく、違《たが》ふこと無《な》し、と。樊遲《はんち》 御《ぎょ》たり。子《し》之《これ》に告《つ》げて曰《い》はく、孟孫《もうそん》 孝《こう》を我《われ》に問《と》ふ。我《われ》對《こた》へ

孟懿子問孝。子曰、無違。樊遲御。子告之曰、孟孫問孝於我。

て曰《い》はく、違《たが》ふこと無《な》かれ、と、樊遅《はんちい》曰はく、何《なん》の謂《い》ひぞや、と。子《し》曰《い》はく、生《い》きては之《これ》に事《つか》ふるに禮《れい》を以《もつ》てし、死《し》しては之《これ》を葬《ほうむ》るに禮《れい》を以《もつ》てし、之《これ》を祭《まつ》るに禮《れい》を以《もつ》てす、と。

我對曰、無違。樊遲曰、何謂也。子曰、生事之以禮、死葬之以禮、祭之以禮。

魯の大夫の孟懿子が孔先生に孝行の道をお尋ねした。孔先生は「世の道理を踏み外さないことです。」とお答えした。樊遅が先生の御者だったので、先生は「孟孫が私に孝をお尋ねになったので、私は『踏み外さないように』と答えたのだよ。」とお話しになった。樊遅が「どういう意味でしょうか。」と言うと、先生がおっしゃるには、「親にどこまでも手厚くしたいのはやまやまだが、親の存命中は、常識を踏み外してまでは尽くさず、礼で節度をとってお仕えし、親が死去したなら、同じく礼で節度をとって葬り、礼で節度をとってお祭りすることだ」と。

別解　①「違ふこと無し。」(1)「礼に外れないことだ。」【仁斎】(2)「親の心に背かないことだ。」【徂徠】

22

孟武伯《もうぶはく》孝《こう》を問《と》ふ。子《し》曰《い》はく、父母《ふぼ》は唯《た》だ其《そ》の疾《やまい》を之《こ》れ憂《うれ》ふ、と。

孟武伯問孝。子曰、父母唯其疾之憂。

孟懿子の子の武伯が孔先生に孝行の道をお尋ねした。孔先生がおっしゃるには、「世の親とは、子の病気ばかりが心配です。だから健全に努めることが孝行です」と。

【別解】①「父母は唯だ其の疾のみ之れ憂へしめん。」「(子供が)親に心配をかけるのは病気だけにせよ。」【集解・徂徠】②「父母は唯だ其の疾を之れ憂へよ。」「(子供は)親の病気を心配せよ。」【仁斎】

23

子游《しゆう》孝《こう》を問《と》ふ。子曰《しい》はく、今《いま》の孝《こう》は、是《こ》れ能《よ》く養《やしな》ふを謂《い》ふ。犬馬《けんば》に至《いた》るまで、皆能《みなよ》く養《やしな》ふこと有《あ》り。敬《けい》せずんば、何《なに》を以《もっ》て別《わか》たんや、と。

子游問孝。子曰、今之孝者、是謂能養。至於犬馬、皆能有養。不敬、何以別乎。

子游が孔先生に孝行を質問した。孔先生がおっしゃるには、「近頃の孝行とは、衣食住など何一つ不自由ない生活で親を養えばよいと言うようだ。しかしそれなら、犬や馬にさえしているではないか。だから親を尊敬しないしたら、それこそ、犬や馬を養うのとどうして区別ができようか」と。

【別解】①「犬馬に至るまで、皆能く養ふこと有り。」「犬は家の門を守り、馬は人の代わりに労働し、人を養ってくれる。」【集解・徂徠】②孔先生が弟子の質問に答えるときは、その弟子の弊害を戒める場合と、弟子の質問によって、広く世を戒める場合があるが、本章は後者である。【仁斎】

24

子夏《しか》孝《こう》を問《と》ふ。子曰《しい》はく、色難《いろかた》し。事有《ことあ》れば弟子《ていし》其《そ》の勞《ろう》に服《ふく》す。酒食《しゅし》有《あ》れば先生《せんせい》饌《せん》す。曾《かつ》て是《ここ》を以《もっ》て孝《こう》と爲《な》すか、と。

子夏問孝。子曰、色難。有事弟子服其勞。有酒食先生饌。曾是以爲孝乎。

子夏が孔先生に孝行の道について質問した。すると孔先生がおっしゃるには、「心の底はふとした顔色にも表われるから、表情が難かしい。仕事があれば若者が力を惜しまず働き、酒や食物があれば年上の人に勧める、さて、そんな行動だけで、心から深く親を愛する孝行といえようか」と。

別解 ①「色難し。」[(父母の)顔色をみて、(その意向に沿うように)行動するのは難しい。]【集解・義疏】②「曾《すなわ》ち是を以て孝と爲さんや。」[なんとまあ、そんな行動だけで孝といえようか。]【仁斎・徂徠】

25

子曰《しい》はく、吾《われ》回《かい》と言《い》ふ。終日《しゅうじつ》違《たが》はざること愚《ぐ》なるが如《ごと》し。退《しりぞ》きて其《そ》の私《わたくし》を省《せい》すれば、亦《ま》た以《もっ》て發《はっ》するに足《た》る。回《かい》や愚《ぐ》ならず、と。

子曰、吾與回言。終日不違如愚。退而省其私、亦足以發。回也不愚。

孔先生がおっしゃるには、「顔回と一日中話しても、私の意に反したり対立することもなく、静かに聴

き入るばかりで、愚かしいかのようだった。しかし私の前から退いて独りの彼の寛ぐ姿を見入ると、教えた道の理解が深まった有様で、やはり啓発するに十分な資質が見えた。回は愚かではない」と。

【別解】①「其の私を省すれば、」〔（他の弟子たちと、道義について）話しているのを観察してみると、〕【集解】②「其の私を省《み》れば、」〔（他の弟子たちと）私語しているのを観察してみると、〕【義疏】

26

子曰《しい》はく、其《そ》の以《な》す所《ところ》を視《み》、其《そ》の由《よ》る所《ところ》を観《み》、其《そ》の安《やす》んずる所《ところ》を察《さつ》すれば、人焉《ひといず》くんぞ廋《かく》さんや、人焉《ひといず》くんぞ廋《かく》さんや、と。

子曰、視其所以、観其所由、察其所安、人焉廋哉、人焉廋哉。

孔先生がおっしゃるには、「その人の行動を見つめ、動機を十分に調べ、楽しみ落ち着くところを深く考えたなら、真実は露わになるので、どうして隠し通せよう、どうして隠し通せようか」と。

【別解】①「其の以《もち》ふる所を視、其の由《へ》る所を観、」〔その人の行動を注視して、その経歴を観察して、〕【集解・義疏】②「其の以《もち》ふる所を視、其の由る所を観、」〔（賢者は、国君の）用いた人材の賢否を注視して、（その次に、どの道に）よっているか観察する。〕【徂徠】③人を知ることは難しい。雍也第六・147のように堯や舜も心を悩ませていた。【仁斎】

27

子曰《しい》はく、故《ふる》きを温《たず》ねて新《あたら》しきを知《し》れば、以《もっ》て師《し》為《た》るべし、と。

子曰、温故而知新、可以爲師矣。

孔先生がおっしゃるには、「古典を学び、充分に習熟し、そこから新しい意義が発見できるようになれば、それこそ人類の師と称される資格がある」と。

【別解】①「故《こ》に温《なら》ひて」「祖先から伝えられた、自分が学ぶものに習熟して」【徂徠】②本章は師たることが難しいのを明らかにしている。【義疏】

28

子曰《しい》はく、君子《くんし》は器《うつわ》ならず、と。

子曰、君子不器。

孔先生がおっしゃるには、「徳を身にそなえた立派な人物とは、自分の全人格を最大限に活かし、一芸一能にだけ用が足りる器であってはならない。ただ一芸一能にだけ通ずる融通のきかない者ではない」と。

【別解】①「君子は器ならず。」「君や卿は百官ではなく、統括すべき立場である。」【徂徠】②「器」は用途に応じて用いること。君子は大きな仕事に用いるべきで、小さな仕事に用いるべきではない。【仁斎】

29

子貢《しこう》君子《くんし》を問《と》ふ。子曰《しい》はく、先《ま》づ其《そ》の言《げん》を行《おこな》ひて、而《しか》る後《のち》に之《これ》に従《したが》ふ、と。

子貢問君子。子曰、先行其言、而後從之。

子貢が孔先生に君子について質問した。すると孔先生がおっしゃるには、「徳を身にそなえた立派な人物とは、まず言う前に実行し、その後で言うべきことがあるならものを言うものだ」と。

30

子曰《しい》はく、君子《くんし》は周《しゅう》して比《ひ》せず。小人《しょうじん》は比《ひ》して周《しゅう》せず、と。

子曰、君子周而不比。小人比而不周。

孔先生がおっしゃるには、「徳を身にそなえた立派な人物というものは、人として実践すべき正しい筋道によって、あまねく公平に親しみ合うけれども、決して感情によって気の合う者とだけ親しむような、偏った交際はしない。それに反して、徳のないつまらない人物は、感情によって交際し、親しみ合うにも非常に偏っていて、人としての道によって、あまねく公平に親しみ合うことはしない」と。

【別解】①「周して比せず。」「偽りなく交際し、おもねり結託することはない。」【集解・義疏・徂徠】②本章は君子・小人の心を用いることの別を述べた。学問の要点は君子・小人の志向の違いを弁別することにある。【仁斎】

31

子《し》曰《い》はく、學《まな》びて思《おも》はずんば、則《すなわ》ち罔《くら》し。思《おも》ひて學《まな》ばずんば、則《すなわ》ち殆《あやう》し、と。

子曰、學而不思、則罔。思而不學、則殆。

孔先生がおっしゃるには、「詩・書・礼・楽などの優れた古典を通して、先人の説を広く勉強しても、その事柄について、自分でよく思索研究しなかったならば、物事の道理に通ずることがなく、何の役にも立たない。また、それとは反対に、いくらよく思索研究をしても、優れた古典を通して先人の説を広く学ばないならば、その結果は、一方に偏して危険である」と。

【別解】①「則ち罔《し》ふ。」「偽って言ってしまう。」【義疏一通・徂徠】②「則ち殆《つか》る。」「気力が萎えてしまう。」【集解・義疏】

32

子《し》曰《い》はく、異《い》端《たん》を攻《おさ》むるは、斯《こ》れ害《がい》あるのみ、と。

子曰、攻乎異端、斯害也已。

孔先生がおっしゃるには、「古の優れた聖人が窮め高められて来た道と、ことさらに違うところを狙って研究するのは、それこそ害に他ならない」と。

【別解】①「異端を攻むるは、」「(力を根本に用いずに)末端を研究するのは、」【仁斎】②「異端を攻《せ》むるは、」「謀反の心を持つ者を(急に)攻めると、」【徂徠】③この「異端」は諸子百家を指す。【義疏】

33

子《し》曰《い》はく、由《ゆう》女《なんじ》に之《これ》を知《し》るを誨《おし》へんか。之《これ》を知《し》るを之《これ》を知《し》ると爲《な》し、知《し》らざるを知《し》らずと爲《な》す。是《こ》れ知《し》れるなり、と。

子曰、由誨女知之乎。知之爲知之、不知爲不知。是知也。

孔先生がおっしゃるには、「子路よ。お前は私の教えを知っているか。お前がもし私の教えを知っているならば、知っているとし、知らないならば、知らないと言いなさい。このようにできるならば、これが（私の教えを）知っている人だ」と。

別解 ①「是れ知《ち》なり。」「知恵のある人だ。」【義疏一通】②天下のことは無窮であり、一人の知は有限である。【仁斎】③本章は物事を知ることではなく、人を知る方法を述べた。【徂徠】

34

子《し》張《ちょう》祿《ろく》を干《もと》めんことを學《まな》ぶ。子《し》曰《い》はく、多《おお》く聞《き》きて疑《うたが》はしきを闕《か》き、愼《つつし》みて其《そ》の餘《よ》を言《い》へば、則《すなわ》ち尤《とが》め寡《すくな》し。多《おお》く見《み》て殆《あやう》きを闕《か》き、愼《つつし》みて其《そ》の餘《よ》を行《おこな》へば、則《すなわ》ち悔《く》ひ寡《すくな》し。言尤《げんとが》め寡《すくな》く、行《おこな》ひ悔《く》ひ寡《すくな》ければ、祿《ろく》其《そ》の中《うち》に在《あ》り、

子張學干祿。子曰、多聞闕疑、愼言其餘、則寡尤。多見闕殆、愼行其餘、則寡悔。言寡尤、行寡悔、祿在其中矣。

と。

子張が孔先生に禄位を求めるには、どうしたらよいでしょうと質問した。すると孔先生がおっしゃるには、「広く物事について聞き、信じられないものを取り除き、慎しんでそれ以外の確信できることを言葉にだすならば、人からの批判は必ず少なくなる。また、広く見て、あやふやで安心できないものは取り除き、慎しんでそれ以外の明確なことを行なうならば、自分から罪を自覚し、後悔することが少なくなる。言葉に批難が少なければ、俸禄とは自然にそこからでてくるものである」と。

【別解】①「尤《あやま》ち寡し。」「過失は少なくなる。」【集解・義疏】②「悔《うら》み寡し。」「悔やみ惜しむことが少なくなる。」

【義疏】

35

哀公《あいこう》問《と》ひて曰《い》はく、何《なに》を爲《な》さば則《すなわ》ち民服《たみふく》せん、と。孔子《こうし》對《こた》へて曰《い》はく、直《なお》きを擧《あ》げて諸《もろもろ》ゝの枉《まが》れるに錯《お》けば、則《すなわ》ち民服《たみふく》せん。枉《まが》れるを擧《あ》げて諸《もろもろ》ゝの直《なお》きに錯《お》けば、則《すなわ》ち民服《たみふく》せず、と。

哀公問曰、何爲則民服。孔子對曰、擧直錯諸枉、則民服。擧枉錯諸直、則民不服。

魯の哀公が「どうしたら民衆が心から従うようになるだろうか」とお尋ねになったので、孔先生がおっ

しゃるには、「正直な人々を抜擢してよこしまな心を持つ人々の上に立てたなら、民衆は服従いたします。（しかし）よこしまな心を持つ人々をひきたてて正直な人々の上に登用したなら、民衆は服従いたしません」と。

【別解】①「直きを舉げて諸を枉れるに錯けば」は古言。直は「真っ直ぐな材木」、枉は「曲がった材木」、ともに比喩で、「善の人や仁の人を抜擢して、悪の人の上に置けば、」②も同じ比喩【徂徠】②「枉れるを舉げて諸を直きに錯けば」は古言。「悪の人を抜擢して、善の人や仁の人の上に置けば、」【徂徠】

36

季康子《きこうし》問《と》ふ、民《たみ》をして敬忠《けいちゅう》にして以《もっ》て勸《すす》ましめんには、之《これ》を如何《いかん》せん、と。子曰《しい》はく、之《これ》に臨《のぞ》むに莊《そう》を以《もっ》てすれば則《すなわ》ち敬《けい》す。孝慈《こうじ》なれば則《すなわ》ち忠《ちゅう》なり。善《ぜん》を舉《あ》げて不能《ふのう》を敎《おし》ふれば則《すなわ》ち勸《すす》む、と。

季康子問、使民敬忠以勸、如之何。子曰、臨之以莊則敬。孝慈則忠。舉善而敎不能則勸。

魯の大夫の季康子が孔先生に「民衆が慎しんで真心を尽くして仕事に励むようにさせるには、いったいどうしたらよいものでしょうね」とお尋ねになった。すると孔先生がおっしゃるには、「民衆には言行を正しくして威厳をもって臨むと、民衆は自然に主君を敬うようになる。親には孝を尽くし、子には慈愛をもって接すれば、民衆は真心を尽くすようになる。善い人物を登用し、できない者を親身に教え導くと、民衆は自然に仕事に励むようになるものである」と。

37

或《ある》ひと孔子《こうし》に謂《い》ひて曰《い》はく、子《し》奚《なん》ぞ政《まつりごと》を爲《な》さざる、と。子《し》曰《い》はく、書《しょ》に云《い》ふ、孝《こう》なるかな惟《こ》れ孝《こう》。兄弟《けいてい》に友《ゆう》に、有《ゆう》政《せい》に施《ほどこ》す、と。是《これ》も亦《ま》た政《まつりごと》を爲《な》すなり。奚《なん》ぞ其《そ》れ政《まつりごと》を爲《な》すを爲《な》さん、と。

或謂孔子曰、子奚不爲政。子曰、書云、孝乎惟孝。友于兄弟、施於有政。是亦爲政。奚其爲爲政。

ある人が孔先生に向かって「先生はどうして政治をなさらないのですか」と尋ねた。すると孔先生がおっしゃるには、『書（経）』（周書、君陳）には『孝行よ、ああ孝行よ。それによって親子の仲が良いのなら、兄弟とも仲が良くなり、一国の政治にまで及んで行く』とある。一国の政治にまで及ぶなら、一家の中をまとめるのも、やはり政治となる。どうして高い位にいなければ政治ができないことがあろうか」と。

別解 ①「書に云ふ、孝なるかな惟れ孝。」は、底本に従って読んだが、「書に孝を云へるか、惟れ孝」とも読める。②「子奚ぞ政を爲《と》らざる。」「先生はどうして政治を行わないのですか。」【徂徠】③『書経』君陳には「孝乎」がない。『論語』の引用が正しい。【仁斎・徂徠】④孔先生の大夫在任時だが、司空か大司寇かは不明。【徂徠】⑤孝友は人の善行である。褒めない人はおらず、従わない人もいない。孝友により修養すれば、我が身は修まる。孝友により他者を治めれば、他者も治まる。家族・国家・天下も従わない者はいない。【仁斎】

38

子《し》曰《い》はく、人《ひと》にして信《しん》無《な》くんば、其《そ》の可《か》なるを知《し》らざるなり。大車《たいしゃ》に輗《げい》無《な》く、小車《しょうしゃ》に軏《げつ》無《な》くんば、其《そ》れ何《なに》を以《もっ》て之《これ》を行《や》らん、と。

孔先生がおっしやるには、「人でありながら言行が一致しなければ、よい点がどこなのかわからない。大型車に牛を繋ぐ横木がなく、兵送の小型車に馬を繋ぐくびきがないなら、車馬共に離れ、どうして車を走らせよう。同様に、人に信がないなら、世と結びつくはずもなく、うまく生きられるはずがない」と。

別解 ①「其の可なるを知らざるなり。」「その他のことでも取り柄がない。」【集解・義疏】②信は人道の根本である。人でありながら信が無ければ、一日として天下に立つことはできない。【仁斎】

子曰、人而無信、不知其可也。大車無輗、小車無軏、其何以行之哉。

39

子張《しちょう》問《と》ふ、十世《じっせい》知《し》るべきや、と。子《し》曰《い》はく、殷《いん》は夏《か》の禮《れい》に因《よ》る。損益《そんえき》する所《ところ》知《し》るべきなり。周《しゅう》は殷《いん》の禮《れい》に因《よ》る。損益《そんえき》する所《ところ》知《し》るべきなり。其《そ》れ或《あるい》は周《しゅう》に繼《つ》ぐ者《もの》、百世《ひゃくせい》と雖《いえ》ども知《し》るべきなり、と。

子張問、十世可知也。子曰、殷因於夏禮。所損益可知也。周因於殷禮。所損益可知也。其或繼周者、雖百世可知也。

子張が「今後十代さきの王朝の姿がわかりましょうか」とお尋ねした。孔先生がおっしゃるには、「殷では前王朝の夏の制度を受け継ぐところがあって、改廃したあとがよく分かる。周でも前王朝の殷の制度を受け継ぐところがあって、改廃したあとがよく分かる。つまり、制度というものは、時代に応じて調整する部分があっても、本質は変わらないから、それを見極めれば、もし周の跡を継ぐものがあっても、たとい百代さきでも現在の制度の核心をつかんでいれば、類推してわかるのだ」と。

別解　①「十世知るべきや。」(1)「十世代先のことを予知できるでしょうか。」【義疏】(2)古言で「父子十代先のことを知ることができましょうか。」【徂徠】②子張は礼を質問していないのに、孔先生は礼について返答したのは、聖人が予知できるのは礼だけだからである。【徂徠】

40

子曰《しい》はく、其《そ》の鬼《き》に非《あら》ずして之《これ》を祭《まつ》るは、諂《へつら》ふなり。義《ぎ》を見《み》て爲《な》さざるは、勇《ゆう》無《な》きなり、と。

子曰、非其鬼而祭之、諂也。見義不爲、無勇也。

孔先生がおっしゃるには、「祭るべき自分の祖先以外を祭るのは、神に諂い幸福を求める魂胆だ。人としての道を知りながら、これに努めないのは、真の勇気がないのだ」と。

別解　①本章は、孔先生の識った発言であるが、誰に対するのかは分からない。【徂徠】②孔先生は樊遅には「民の義を務め、鬼神を敬して之を遠ざく」(雍也第六・139)と言い、本章と同じく鬼神と義を対にする。【仁斎】

八佾第三

凡二十六章。通前篇末二章。皆論禮樂之事。

凡べて二十六章。前篇の末二章に通ず。皆禮樂の事を論ず。

全二十六章。前の爲政篇末の二章と合わせて、みな礼と楽とを論じている。

41

孔子《こうし》季氏《きし》を謂《い》ふ、八佾《はちいつ》庭《てい》に舞《ま》はしむ。是《こ》れをも忍《しの》ぶべくんば、孰《いず》れをか忍《しの》ぶべからざらんや、と。

孔子謂季氏、八佾舞於庭。是可忍也、孰不可忍也。

孔先生が季氏についておっしゃるには、「魯の大夫に過ぎない季孫氏が、八列に並ぶ天子の舞楽を自分の廟の庭で演奏した。こんなことを平気でできるようでは、どんな非道もしでかそう」と。

別解 ①「孔子 季氏を謂ふ、」〔孔先生は季氏を評論していった、〕【義疏】②「八佾して庭に舞はしむ。」〔八列に並ぶ舞楽を自分の廟の庭で演奏させた。〕【義疏】③「八佾の舞 庭に於いてす。」〔八列に並ぶ舞楽を舞台で演奏させた。〕【徂徠】④「是れをも忍ぶべくんば、孰《たれ》をか忍ぶべからざらん。」〔これを大目に見ることができたら、誰でも大目に見ることができるだろう。〕【集解・義疏】⑤「是れをも忍ぶべくんば、孰れをか忍ぶべからざらんや。」〔これを耐えられるならば、どんなことでも耐えられるでしょう。〕【徂徠】⑥本章は魯の昭公のために発した。【徂徠】

42

三家者《さんかしゃ》雍《よう》を以《もっ》て徹《てっ》す。子《し》曰《い》はく、相《たす》くるは維《こ》れ辟公《へきこう》、天子《てん》は穆穆《ぼくぼく》たり、と。奚《なん》ぞ三家《さんか》の堂《どう》に取《と》らんや、と。

三家者以雍徹。子曰、相維辟公、天子穆穆。奚取於三家之堂。

魯の権勢家の孟孫・叔孫・季孫は、自分たちの先祖の祭で供物を下げる際、天子が先祖の祭で歌う「雍」

を歌った。孔先生がおっしゃるには、「歌詞に『お助けする諸侯がいる、天子はどこまでも奥ゆかしく』とある。どうしてこれを天子も諸侯もいない三家の廟で歌えよう（意味もわからず僭越だ）」と。

別解 ①「相くるは維れ辟公、」（1）［お助けするのは諸侯と夏王朝・殷王朝の子孫、］【集解・義疏・仁斎】（2）［案内をする人は国君・諸侯、］【徂徠】②本章は前章と同じく三氏が僭越し、礼に背いたことを明らかにした。これは孔先生が『春秋』を著した意でもある。【仁斎】③当時の人は三氏が礼に背いたことを見て、その非を糾すどころか美談とした。そのため、孔先生は、これを排斥し、それが罪であることを明確にし、三氏がこの言葉を聞いて、改めることを望んだ。【仁斎】

43

子《し》曰《い》はく、人《ひと》にして不仁《ふじん》ならば、禮《れい》を如何《いかん》せん。人《ひと》にして不仁《ふじん》ならば、樂《がく》を如何《いかん》せん、と。

子曰、人而不仁、如禮何。人而不仁、如樂何。

孔先生がおっしゃるには、「人がもし不仁で心の徳がないなら、どんなに行儀良く言葉巧みでも、何の役に立とう。人がもし不仁で心の徳がないなら、どんなに美声で器量よしでも、何の役に立とう」と

別解 ①「人にして不仁ならば、禮を如何せん。人にして不仁ならば、樂を如何せん。」（1）［人でありながら仁でなければ、礼を行うことはできない。人でありながら仁でなければ、楽を行うことはできない。］【集解】（2）［（上に立つ）人が仁者でなければ、礼は何の用もなさない。（上に立つ）人が仁者でなりれば、楽は何の用もなさな

い。」【徂徠】②本章も季氏のために述べたものである。【義疏】③礼楽を重視するのは、上を安んじ、民を治め、風俗や習慣を導き変えるためである。【義疏江熙】

44

林放《りんぽう》禮《れい》の本《もと》を問《と》ふ。子《し》曰《い》はく、大《だい》なるかな問《と》ひや。禮《れい》は其《そ》の奢《おご》らん與《よ》りは、寧《むし》ろ儉《けん》せよ。喪《そう》は其《そ》の易《おさ》まらん與《よ》りは、寧《むし》ろ戚《いた》めよ、と。

林放問禮之本。子曰、大哉問。禮與其奢也、寧儉。喪與其易也、寧戚。

林放が礼の根本について質問した。孔先生がおっしゃるには、「これはまことに大きな質問だ。儀礼は(中庸が最も善いのであるが)どちらかといえば、贅沢に過ぎるよりはむしろ質素にしなさい。(なかでも特に)喪礼は（どちらかといえば）形式が万端整い過ぎているよりも、むしろ心から哀しむほうがよい」と。

別解　①「喪は其の易《おだやか》ならん與りは、」〔葬式は穏やかな気持ちで行うよりは、〕【集解・義疏】②「禮は其の奢らん與りは」から「寧ろ戚めよ」は古語であり、孔先生が引用したのは林放自身に考えさせようとしたためである。【徂徠】

45

子《し》曰《い》はく、夷《い》狄《てき》すら之《こ》れ君《きみ》有《あ》り。諸《しょ》夏《か》の亡《な》きが如《ごと》くなら

子曰、夷狄之有君。

ず、と。

孔先生がおっしゃるには、「未開拓の国でさえもなお君主がいる。いまの中国が、君主があれども無きがごとく乱れているのとは違う」と。

不如諸夏之亡也。

別解 ①「夷狄の君有るは、諸夏の亡きに如《し》かず。」（1）［未開の異民族に君主があっても、中国に君主がいないのに及ばない。」【集解・義疏・仁斎】（2）［未開の異民族に君主があっても礼儀がなければ、禽獣と同じである。（周王朝が有名無実になっても、先王の余沢によって礼儀が存在しているので、）諸侯の国がまさっている。」【徂徠】②［君主がいて礼がないのは礼があって君主がいないのに及ばない。魯の季氏が君主（魯公）のいるのにも関わらず、（臣下としての）礼がないことを譏った。」【義疏釈恵琳】③孔先生は当時の中国に上下の分がないことを嘆いた。【仁斎】

46

季氏《きし》泰山《たいざん》に旅《りょ》せんとす。子《し》冉有《ぜんゆう》に謂《い》ひて曰《い》はく、女《なんじ》救《すく》ふこと能《あた》はざるか、と。對《こた》へて曰《い》はく、能《あた》はず、と。子《し》曰《い》はく、嗚呼《ああ》、曾《すなわ》ち泰山《たいざん》林放《りんぽう》に如《し》かずと謂《おも》へるか、と。

季氏旅於泰山。子謂冉有曰、女弗能救與。對曰、不能。子曰、嗚呼、曾謂泰山不如林放乎。

魯の季氏は諸侯でもないのに、領内の泰山の祭をしようとした。孔先生が弟子の冉有に向っておっしゃ

るには、「おまえは、主人の季氏が罪を犯そうとするのを救えないか」というと、冉有は「私ごときでは救えません」と答えた。孔先生がおっしゃるには、「ああ、それならば泰山の神は、（どんな祭でも咎めずにうける礼をわきまえない神で、非礼を許さない）林放より劣っていると思うのか」と。

別解 ①「女 救《や》むこと能はざるか。」「おまえは、主人の季氏を止めることはできないか。」【集解】②「女 救ふこと能はざるか。」「おまえは、主人の季氏を諌めることはできないか。」【義疏】③「曾《かっ》て泰山 林放に如かずと謂へるか。」「泰山の神は、（以前、礼の根本について質問した）林放より劣っていると思うのか。」【仁斎】④本章は、僭上ではなく、泰山の祭を美観を求め、贅沢に行ったことを問題としている。【徂徠】

47

子曰《しい》はく、君子《くんし》は争《あらそ》ふ所無《ところな》し。必《かな》らずや射《しゃ》か。揖譲《ゆうじょう》して升《のぼ》り、下《くだ》りて飲《の》ましむ。其《そ》の争《あらそ》ひや君子《くんし》なり、と。

子曰、君子無所爭。必也射乎。揖讓而升、下而飲。其爭也君子。

孔先生がおっしゃるには、「君子ほどの人格者ともなると、人とは争わない。もし争いがあるとすれば、それはきっと弓を射る礼の時だろう。それも互いに挨拶を交わして堂を昇り、終って降りると勝者は敗者に杯を執って酒を飲ませる。その争う様子はどこまでも君子らしい」と。

別解 ①「揖譲して升下《しょうか》し、而《しこう》して飲ましむ。」「挨拶し、譲り合い、（堂を）上り下りし、（弓の競技が終わると、勝者は敗者に酒を）飲ませる。」【集解・義疏・徂徠】②孔先生が君子について述べた諸章は深く考えるべきである

が、本章は、その中でも最も重要であろう。【仁斎】

48

子《し》夏《か》問《と》ひて曰《い》はく、巧笑倩《こうしょうせん》たり。美《び》目盼《もくへん》たり。素《そ》以《もっ》て絢《あや》を爲《な》すとは、何《なん》の謂《い》ひぞや、と。子《し》曰《い》はく、繪《え》の事《こと》は素《そ》より後《のち》にす、と。曰《い》はく、禮《れい》は後《のち》か、と。子《し》曰《い》はく、予《われ》を起《おこ》す者《もの》は商《しょう》なり。始《はじ》めて與《とも》に詩《し》を言《い》ふべきのみ、と。

子夏問曰、巧笑倩兮。美目盼兮。素以爲絢兮、何謂也。子曰、繪事後素。曰、禮後乎。子曰、起予者商也。始可與言詩已矣。

子夏が質問して言うには、『詩（経）』（衛風「碩人」）に『笑えば口元愛らしく、目元ぱっちり美しく、化粧で綺麗に仕上げたよ』とはどんな意味でしょうか」と。孔先生がおっしゃるには、「絵で言えば、まず胡粉で下地を作った後で色で飾るようなものだ」と。子夏が言うには、「（先ず真心という心の下塗りをして）礼は最後の仕上げでしょうか」と。孔先生がおっしゃるには、「私を啓発してくれるのは商（子夏）だね。（こんなに深くまで詩を解釈できるなら）それでこそ一緒に詩を語れるね」と。

別解 ①「繪の事は素《しろ》きを後《のち》にす。」［「絵では白色で仕上るようだ。」］【集解・義疏・仁斎・徂徠】

49

子曰《しい》はく、夏《か》の禮《れい》は吾《われ》能《よ》く之《これ》を言《い》へども、杞《き》徴《ちょう》するに足《た》らざるなり。殷《いん》の禮《れい》は吾《われ》能《よ》く之《これ》を言《い》へども、宋《そう》徴《ちょう》するに足《た》らざるなり。文獻《ぶんけん》足《た》らざるが故《ゆえ》なり。足《た》らば則《すなわ》ち吾《われ》能《よ》く之《これ》を徴《ちょう》せん、と。

子曰、夏禮吾能言之、杞不足徴也。殷禮吾能言之、宋不足徴也。文獻不足故也。足則吾能徴之矣。

孔先生がおっしゃるには、「夏王朝の礼制を私は十分に語れるが、夏の子孫の杞国から論証するには、材料が不十分だ。殷王朝の礼制を私は十分に語れるが、殷の子孫の宋国から論証するには、材料が不十分だ。それは、古記録や礼を知る賢者が不十分だからだ。もし十分なら、これらを根拠に論証するが」と。

別解 ①「杞徴《な》すに足らざるなり。」「杞国からでは（失われた礼制を）完成させるのは不十分だ。」後出の徴も「完成させる」の意。【集解・義疏】②「夏の禮は吾能く言ふ。杞に之《ゆ》きて徴《しるし》とするに足らず。殷の禮は吾能く言ふ。宋に之きて徴とするに足らず。」「夏王朝の礼制について私は十分に話すことができる。（しかし、夏の子孫の）杞国に行っても、（それを）証明するには不足する。殷王朝の礼制について私は十分に話すことができる。（しかし、殷の子孫の）宋国に行っても、（それを）証明するには不足する。」【仁斎】③「文獻足らざるが故なり。」「文章も賢才も足りないからである。」【集解・義疏】

50

子曰《しい》はく、禘《てい》既《すで》に灌《かん》せし自《よ》り往《のち》は、吾《わ》れ之《これ》を観《み》ることを欲《ほっ》せず、と。

子曰、禘自既灌而往者、吾不欲観之矣。

孔先生がおっしゃるには、「王者の大祭の禘では、香酒を地に注ぎ、神を招くまでは、誠意がこもり観ていられるが、その後は次第に緊張が緩んでいい加減になるから、私は観たくない」と。

【別解】①「吾れ之を観ることを欲せず。」(1)「(魯では位牌安置の順が乱れており)私は観るのがいやだ。」【集解・義疏】(2)(魯は侯爵でありながら、天子の礼を用いたため、)私は観るのがいやだ(と、深く憎んだ)。」【仁斎】

51

或《あ》る ひと禘《てい》の説《せつ》を問《と》ふ。子曰《しい》はく、知《し》らず。其《そ》の説《せつ》を知《し》る者《もの》の天下《てんか》に於《お》けるや、其《そ》れ諸《これ》を斯《ここ》に示《しめ》すが如《ごと》きか、と。其《そ》の掌《たなごころ》を指《さ》す。

或問禘之說。子曰、不知也。知其說者之於天下也、其如示諸斯乎。指其掌。

ある人が禘祭の意味を質問した。孔先生は(遥か昔を慕う真心ある者でなければ、禘祭の深意はつかめないし、天子でもない魯国が挙行するのは、実は礼に外れるから)、「わからないね。禘祭の深意を知る人がいたなら、ほらここに視るように天下を治めるのは簡単だろうね」とおっしゃって、自分の手の平を指した。

別解　①「知らず。」（1）［（禘の祭の意味を知っていたが、魯公のために諱み、）答えなかった。］【集解】（2）［（ある人は、もとの禘の祭りの意味を尋ねたが、もとの意味を答えると、魯が礼に背いていることが明らかになる。いまの意味を答えると正しい教えに背くことになる。そのため、魯のために）答えなかった。］【義疏】（3）［（魯の初代君主の伯禽の時の禘の祭りの意味は変わってしまったので、もとの禘の意味を）答えなかった。］【徂徠】

52

祭《まつ》るには在《いま》すが如《ごと》くす。神《かみ》を祭《まつ》るには神在《かみいま》すが如《ごと》くす。子曰《しい》はく、吾《われ》祭《まつり》に與《あずか》らずんば、祭《まつ》らざるが如《ごと》し、と。

祭如在。祭神如神在。子曰、吾不與祭、如不祭。

先祖祭りでは、まるで御先祖がいまそこにいるかのようにお祭りし、その他の神々の祭りでは神が目前にいるかのように心を尽くすものだ。孔先生がおっしゃるには、「私は何か差し支えがあって、祭を他人に代行してもらったりすると、お祭りそのものが無かったような気がする」と。

別解　①「祭るには在すが如くす。」は古経の言。「神を祭るには神在すが如くす。」は、その解釈。以下が孔先生の言葉である。『論語』を孔先生の語録のみと思ってはいけない。【徂徠】

53

王孫賈《おうそんか》問《と》ひて曰《い》はく、其《そ》の奥《おう》に媚《こ》びん與《よ》りは、寧《むし》ろ竈《そう》に

王孫賈問曰、與其媚

媚《こ》びよとは、何《なん》の謂《い》ひぞや、と。子曰《しい》はく、然《しか》らず。罪《つみ》を天《てん》に獲《う》れば、禱《いの》る所《ところ》無《な》きなり、と。

於奥、寧媚於竈、何謂也。子曰、不然。獲罪於天、無所禱也。

衛の大夫王孫賈が質問して、『奥の神のご機嫌より、竈の神のご機嫌を取れ』とのことわざは、どんな意味ですか」と（衛公を奥の神に、自分を竈の神に例えて）謎をかけた。孔先生がおっしゃるには、「そのことわざは道理に外れます。そんなことをして、道理を司る天から罪を受けたなら、どんな神に祈ろうが救われません（天とは比べものにならないので、媚びる必要はありません）」と。

別解 ①奥は「近臣」、竈は「執政」（王孫賈）、天は「君主」に譬えている。【集解】②王孫賈は、祭祀の言葉を用いて、奥を「君主」に、竈を「執政」に譬えて、当てこすったが、孔先生は祭祀のことのみで答えた。【徂徠】③当時の周王朝は衰弱し、権力は諸侯にあった。王孫賈は周から出て、衛に仕えて大夫となった。そのため、世俗の言葉に託して、孔先生に言った。【義疏纂箋】④朱熹は天を理、仁斎は天を直とする。自分の心で解釈し、天を知ると自負するのは傲慢である。【徂徠】

54

子曰《しい》はく、周《しゅう》は二代《にだい》に監《かんが》みて、郁郁乎《いくいくこ》として文《ぶん》なるかな。吾《われ》は周《しゅう》に従《したが》はん、と。

子曰、周監於二代、郁郁乎文哉。吾従周。

孔先生がおっしゃるには、「周は夏と殷の二代の礼楽制度をじっくり観察して、匂い立つような華麗な文化を創造した。私はすべて周の制度を参考にしたい」と。

【別解】①「周を二代に監《くら》ぶれば、郁郁乎として文なるかな。」〔周を夏と殷の二代と比べてみると、礼楽や制度は明らかだ。〕【集解・義疏】②「周は二代に監みて、」〔周は夏や殷の二代を監戒とし、（その欠点を防いだので）〕【徂徠】

55

子《し》大廟《たいびょう》に入《い》りて、事毎《ことごと》に問《と》ふ。或《あ》るひと曰《い》はく、孰《たれ》か鄹人《すうひと》の子《こ》を禮《れい》を知《し》ると謂《い》ふか。大廟《たいびょう》に入《い》りて事毎《ことごと》に問《と》ふ、と。子《し》之《これ》を聞《き》きて曰《い》はく、是《こ》れ禮《れい》なり、と。

子入大廟、毎事問。或曰、孰謂鄹人之子知禮乎。入大廟毎事問。子聞之曰、是禮也。

孔子が周公の廟に入って、初めてお祭りの補助をなさった時、その祭式について一つ一つ人に尋ねて行われた。ある人が（非難して）言った、「いったい誰があの鄹のいなか役人叔梁紇の子が、礼に通じているなどと言ったのか。大廟に入って何をするにも一々人に訊いているじゃないか」と。孔先生がこれを聞いておっしゃるには、「このように（知っていても慎重に）することこそ礼そのものなのだ」と。

【別解】①「事毎に問ふ。」（1）〔宗廟の事は重大である。知れば知るほど質問する。これが敬い慎む礼である。〕

【義疏】（2）［礼は判るが、器物や細事は不分明のため謙虚に尋ねた。］【仁斎】（3）［一つ一つ聞くことは古の礼である。］【徂徠】

56

子曰《しい》はく、射《しゃ》は皮《ひ》を主《しゅ》とせず。力《ちから》科《か》を同《おな》じくせざるが爲《ため》なり。古《いにしえ》の道《みち》なり、と。

子曰、射不主皮。爲力不同科。古之道也。

孔先生がおっしゃるには、『儀礼』郷射礼に「礼射では的の皮を貫くのを重視しない」とあるのは、腕力に強弱があって不平等だからだ。これが（徳を尊び、力を尊ばなかった）古代の道である」と。

別解 ①「射は皮を主とせず。力を爲《な》すに科を同じくせず。」［射は的に当てるのを目的とはしない。力仕事では、（力に応じて、等級を設け、）同じとはしない。］【集解・義疏・仁斎】②「射は主皮《しゅひ》せず。爲力《いりき》は科を同じくせず。」［射は（庶民の射の）皮に当てる射をしない。］主皮・爲力を古語とする。【徂徠】

57

子貢《しこう》告朔《こくさく》の餼羊《きよう》を去《さ》らんと欲《ほっ》す。子曰《しい》はく、賜《し》や、爾《なんじ》は其《そ》の羊《ひつじ》を愛《お》しむ。我《われ》は其《そ》の禮《れい》を愛《お》しむ、と。

子貢欲去告朔之餼羊。子曰、賜也、爾愛其羊。我愛其禮。

門人の子貢は、魯の国で、ついたちを先祖の廟に奉告する儀式は既に行われなくなったのに、まだ毎月一頭ずつ羊をいけにえに供えることだけは続けているのを見て、無駄だと思い、止めさせようとした。孔先生がおっしゃるには、「賜よ。おまえは羊を惜しんでいるが、私はその礼が滅びることが惜しいのだ（もし羊を供えることまで止めてしまえば、この礼は復興する手掛りすらなくなってしまうから）」と。

58

子曰《しい》はく、君《きみ》に事《つか》ふるに禮《れい》を盡《つ》くせば、人《ひと》以《もっ》て諂《へつら》へりと爲《な》すなり、と。

子曰、事君盡禮、人以爲諂也。

孔先生がおっしゃるには、「君主にお仕えする時に礼を尽くすと、人はこれを諂いだと言う」と。

【別解】①春秋時代では、君主に仕える礼が分からなかった。そのため、当時の人々は孔先生が魯の君主に礼を尽くすのを諂いだと言ったのである。【仁斎】②本章は孔先生が軽薄な風俗を悲しみ、嘆いた章である。【仁斎】③本章は魯の国のためである。当時の魯は三桓氏が強く、魯公は弱く、軽く見られていた。そのため、孔先生は三桓氏に諂っていると述べた。【徂徠】

59

定公《ていこう》問《と》ふ、君《きみ》臣《しん》を使《つか》ひ、臣《しん》君《きみ》に事《つか》ふるには、之《これ》を如何《いかん》せ

定公問、君使臣、臣事君、如之何。孔子

ん、と。孔子《こうし》對《こた》へて曰《い》はく、君《きみ》は臣《しん》を使《つか》ふに禮《れい》を以《もっ》てし、臣《しん》は君《きみ》に事《つか》ふるに忠《ちゅう》を以《もっ》てす、と。

對曰、君使臣以禮、臣事君以忠。

定公がお尋ねになった、「君主が臣下を使い、臣下が君主に仕えるには、どうあるべきだろうか」と。孔先生がおっしゃるには、「君主は礼によって臣下を使い、臣下は真心をもって君に仕えるべきです」と。

別解 ①「君は臣を使ふに禮を以てすれば、臣は君に事ふるに忠を以てす。」「君主が礼によって臣下を使うならば、臣下はまごころをもって君に仕えるべきです。」【義疏・徂徠】

60

子《し》曰《い》はく、關雎《かんしょ》は樂《たの》しめども淫《いん》せず、哀《かな》しめども傷《やぶ》らず、と。

子曰、關雎樂而不淫、哀而不傷。

孔先生がおっしゃるには、「『詩（経）』にある）関雎の詩は、楽しさに満ちあふれていてもおぼれることなく、深く悲しんでも沈みきって身心を傷つけることがない（調和がとれている）」と。

別解 ①「關雎」以下は、内容ではなく、詩の音楽の調子を論じている。【集解・仁斎・徂徠】

61

哀公《あいこう》社《しゃ》を宰我《さいが》に問《と》ふ。宰我《さいが》對《こた》へて曰《い》はく、夏后氏《かこうし》は松《まつ》を以《もっ》てし、殷人《いんひと》は柏《はく》を以《もっ》てし、周人《しゅうひと》は栗《りつ》を以《もっ》てす、と。曰《い》はく、民《たみ》をして戰栗《せんりつ》せしむるなり、と。子之《しこれ》を聞《き》きて曰《い》はく、成事《せいじ》は説《と》かず。遂事《すいじ》は諫《いさ》めず。既往《きおう》は咎《とが》めず、と。

哀公問社於宰我。宰我對曰、夏后氏以松、殷人以柏、周人以栗。曰、使民戰栗。子聞之曰、成事不說。遂事不諫。既往不咎。

魯の君主の哀公が、孔門の宰我に土地の神の「社」についてお尋ねになった。宰我がお答えして言った、「(社にはその土壌に適した木を植えて御神木としたから)夏王は松を植えました。殷王は柏(ひのき)を植えました。周王は栗を植えました。それは社で罪人を処刑して、民を戦慄(リツ)させるために栗(リツ)を植えたのでございます」と。孔先生がこれを聞いておっしゃるには、「できてしまったことは何も言うまい。やってしまったことはしかたがない。過ぎたことはとがめまい(今後はこんなでまかせを言うでないぞ)」と。

別解 ①経文を「哀公 主《しゅ》を宰我に問ふ。」(「魯の君主の哀公が、宰我に木主(位牌)についてお尋ねになった。」)に作る。【義疏鄭玄・徂徠】②「曰はく、民をして戰栗せしむるなり。」は哀公の発言である。【義疏】③「遂事は諫めず。」「(お前は)哀公のやってしまったことを諫めるでないぞ。」【義疏】④「成事は説かず。遂事は諫めず。既往は咎めず。」は古語であり、孔先生はこれを用いて、宰我を責めた。【徂徠】⑤周王が木主に栗を用いた理由は伝わらない、それなのに宰我は穿鑿し、こじつけて答えた。そのため孔先生は取らなかった。【徂徠】

子《し》曰《い》はく、管《かん》仲《ちゅう》の器《き》は小《しょう》なるかな、と。或《ある》ひと曰《い》はく、管《かん》仲《ちゅう》は儉《けん》なるか、と。曰《い》はく、管《かん》氏《し》に三《さん》歸《き》有《あ》り、官《かん》事《じ》は攝《か》ねず、焉《いず》くんぞ儉《けん》なるを得《え》ん、と。然《しか》らば則《すなわ》ち管《かん》仲《ちゅう》は禮《れい》を知《し》れるか、と。曰《い》はく、邦《ほう》君《くん》は樹《じゅ》して門《もん》を塞《ふさ》ぐ。管《かん》氏《し》も亦《ま》た樹《じゅ》して門《もん》を塞《ふさ》ぐ。邦《ほう》君《くん》兩《りょう》君《くん》の好《よしみ》を爲《な》すに、反《はん》坫《てん》有《あ》り。管《かん》氏《し》も亦《ま》た反《はん》坫《てん》有《あ》り。管《かん》氏《し》にして禮《れい》を知《し》らば、孰《たれ》か禮《れい》を知《し》らざらん、と。

子曰、管仲之器小哉。或曰、管仲儉乎。曰、管氏有三歸、官事不攝、焉得儉。然則管仲知禮乎。曰、邦君樹塞門。管氏亦樹塞門。邦君爲兩君之好、有反坫。管氏亦有反坫。管氏而知禮、孰不知禮。

孔先生がおっしゃるには、「管仲は人物が小さいね」と。するとある人が（人物が小さいというのは倹約なところを指して言ったのかと思って）言うには、「管仲は倹約だったのでございますか」と。孔先生がおっしゃるには、「管氏は邸宅に華美な三帰台を建てている。（家臣は多くの仕事でも苦も無く一人で兼任できるのに、大勢雇って）管氏は仕事を兼任させない。ここまで贅沢な人物をどうして倹約と言えようか」と。（ある人は、それをけちけちしない長所かと思って）「それでは、管仲は礼を心得ておりますか」と。（孔先生は）「諸侯は、目隠しの塀を建てて門を覆うが、管氏は家来なのに、諸侯のように塀を設けて門を覆った。諸侯同士で友好の宴会をする時には、特別に杯を置く台を用意するが、管氏の酒宴にもまたこの台が用意されていた。こんな管氏が礼を知るというならば、礼を知らない者などいないでしょう」と。

【別解】①「管仲の器は小なるかな。」（1）「管仲の器量は小さかった。」【集解】（2）「管仲の見識・度量は小さかった。」【義疏】（3）「管仲は（王道に務めず、その）やり方は小さかった。」【仁斎】②「三帰」（1）「三つの姓の女性を嫁に迎えた。」【集解】（2）「三つの国の女性を妻とした。」【義疏】③孔先生の時代は、文王・武王から五百年経過し、革命の時であった。孔先生が管仲の地位にあったなら、管仲の事業どころではなかっただろう。【徂徠】

63

子《し》魯《ろ》の大師《たいし》に樂《がく》を語《かた》りて曰《い》はく、樂《がく》は其《そ》れ知《し》るべきなり。始《はじ》めて作《おこ》すに、翕《きゅうじょ》如たり。之《これ》を從《はな》つに、純《じゅんじょ》如たり。皦《きょう》如《じょ》たり。繹《えきじょ》如たり。以《もっ》て成《な》る、と。

子語魯大師樂曰、樂其可知也。始作、翕如也。從之、純如也。皦如也。繹如也。以成。

孔先生が魯国の宮廷楽師長におっしゃるには、「優れた楽とはわかりやすいものですね。演奏の初めには、ぴたりとそろって美しい。続いて各楽器がそれぞれ音を奏でるところになると、調和して美しい。音がはっきりと響いて美しい。途切れることなく美しい。そして優れた楽曲ができあがるのですね」と。

【別解】①「之を從《ほしいまま》にするに、」「各楽器がそれぞれ五音を思うままに奏でるところになると、」【集解・義疏】②楽と天下の関係は、舵と舟、大将と兵卒の関係に似ており、治乱・盛衰は楽と通じ合っている。そのため、孔先生は大師に、ひとつひとつ教えたのである。【仁斎】

儀《ぎ》の封人《ほうじん》見《まみ》えんことを請《こ》ふ。曰《い》はく、君子《くんし》の斯《ここ》に至《いた》れるや、吾《われ》未《いま》だ嘗《かつ》て見《まみ》ゆるを得《え》ずんばあらざるなり、と。従《じゅう》者《しゃ》之《これ》を見《まみ》えしむ。出《い》でて曰《い》はく、二三子《にさんし》何《なん》ぞ喪《うしな》ふを患《うれ》へんや。天下《てんか》の道《みち》無《な》きや久《ひさ》し。天《てん》将《まさ》に夫子《ふうし》を以《もっ》て木鐸《ぼくたく》と為《な》さんとす、と。

儀封人請見。曰、君子之至於斯也、吾未嘗不得見也。從者見之。出曰、二三子何患於喪乎。天下之無道也久矣。天將以夫子爲木鐸。

儀の国の関守りが孔先生に面会を求めて言った、「賢者がこの関所をお通りになる時に、私はいままでお目通りできなかったことはありません」と。(そこで)孔先生の従者が取次いで面会させた。面会がすんで、関守りが孔先生の前から退出して来て言った、「皆さん、先生が浪人となって旅するのを、どうして御心配されましょう。天下に道義がすたれて、長くなりました。(しかし、乱が極まれば正に返るものです)天は必ず先生を、人々を導く鐘のような天下の指導者とするでしょう」と。

別解 ①「儀の封人」(1)「儀の封人が」封人は官職名。【集解・義疏】(2)賢者【義疏】②「喪ふを患へんや。」(1)「(孔先生の聖道が失われたと)どうして御心配になられましょう。」【集解・義疏】(2)「(孔先生が大夫の位を失ったと)どうして御心配になられましょう。」【劉敞】③門人は孔先生を深く親愛していた。そのため孔先生が位を失ったのを思い悩んだ。封人は孔先生を見て、すぐに木鐸になぞらえた。これは門人のこの上ない慰めとなった。封人は一時の得失は気にせず、万世の木鐸となることを幸いとせよとしたが、卓越した見識である。【仁斎】

65

子《し》韶《しょう》を謂《い》ふ。美《び》を盡《つ》くせり。又《また》善《ぜん》を盡《つ》くせり、と。武《ぶ》を謂《い》ふ。美《び》を盡《つ》くせり。未《いま》だ善《ぜん》を盡《つ》くさざるなり、と。

子謂韶。盡美矣。又盡善也。謂武。盡美矣。未盡善也。

孔先生が舜の楽（ガク）を評しておっしゃるには、「外から目に見え耳に聞こえる美しさを尽くしている。内面の美である善をも尽くしている」と。また、周の武王の楽を評しておっしゃるには、「外面的には美を尽くしているが、善を尽くしてはいないね」と。

別解　①「又善を盡くせり。」［（舜は聖徳によって禅譲を受けたので、）善をも尽くしている。］【集解・義疏】②「美を盡くせり。未だ善を盡くさざるなり。」［（武王は民に従って紂王を伐ったので、）美を尽くしているが、（臣下でありながら、主君を伐ったので、）善を尽くしてはいない。］【集解・義疏】③舜は禅譲で天下を手に入れたが、武王は征伐で天下を獲た。これが舜の楽は美を尽くし、善を尽くしたが、武王の楽は善を尽くしていない理由である。孔先生は右文左武（文武ともに重んじる）であったが、徳を尊び、殺傷を憎まれた。だから舜と武王の優劣を論じたのではない。④「善」「美」はともに楽であり、舜や武王の行為とは関係ない。【徂徠】⑤舜や武王のような王朝の始祖は自ら楽を制作しない。例えば、舜の楽官の后夔が補佐し、制作するのである。古今、人材が多かったのは舜と周である。そのため、舜・夏・殷・周の楽は、舜と武王のみが美を尽くしたのである。武王の楽が善を尽くさないのは、役人が伝承を失ったか、周の楽官の力量が后夔に及ばなかったのであろう。【徂徠】

66

子曰《しい》はく、上《かみ》に居《い》て寛《かん》ならず、禮《れい》を爲《な》して敬《けい》せず、喪《そう》に臨《のぞ》みて哀《かなし》まずんば、吾《われ》何《なに》を以《もつ》て之《これ》を觀《み》んや、と。

子曰、居上不寛、爲禮不敬、臨喪不哀、吾何以觀之哉。

孔先生がおっしゃるには、「人の上に立ちながら民に寛大でなく、礼を行ってはいても慎みがなく、葬儀に参列しても悲しまないなら、私は（そんな者の）どこに目をつけて見る価値があるだろうか」と。

別解 ①「上に居て寛ならず、」〔人の上に立ちながら民に寛容ではなく、〕【徂徠】②「禮を爲して敬せず、」〔礼を行っても天や祖先を敬わず、〕【徂徠】③「喪に臨みて哀まずんば、」〔（他人の）葬儀に参列して、（哭することなく、）悲しまないならば、〕【徂徠】④当時の徳を失った君主について説いた。【義疏】⑤「上に居て寛ならず、禮を爲して敬せず、喪に臨みて哀まず」の三事は、礼に背く行為である。そのため、孔先生は「吾何を以て之を觀んや」といった。【義疏】⑥礼を行っても慎み深くなく、葬儀に参列しても悲しまないなら、（人としての）根本と実質とが消えてなくなる。どうして（他人がこのような人に接して）感動しようか。【仁斎】

里仁第四

凡二十六章。

凡べて二十六章。

全二十六章。

67

子曰《しい》はく、里《り》は仁《じん》なるを美《び》と爲《な》す。擇《えら》びて仁《じん》に處《お》らずんば、焉《いず》くんぞ知《ち》なるを得《え》ん、と。

子曰、里仁爲美。擇不處仁、焉得知。

孔先生がおっしゃるには、「住む里は、思いやりと人情あふれる土地を美しい所と言うのだ。仁の風俗あふれる町村を選んで住もうとしなければ、どうして智者といえよう」と。

別解 ①「仁に里《お》るを美と爲す。」(1)古語で「仁にいることができたら、(多くの)美がやってくる。」【徂徠】(2)「仁にいることは美である。」【劉敞】②住む場所が良くなければ、すぐに転居すべきである。【仁斎】

68

子曰《しい》はく、不仁者《ふじんしゃ》は以《もっ》て久《ひさ》しく約《やく》に處《お》るべからず。以《もっ》て長《なが》くは樂《たの》しみに處《お》るべからず。仁者《じんしゃ》は仁《じん》に安《やす》んじ、知者《ちしゃ》は仁《じん》を利《り》とす、と。

子曰、不仁者不可以久處約。不可以長處樂。仁者安仁、知者利仁。

孔先生がおっしゃるには、「仁の心を持たない者は、苦しい生活に長くは耐えられない。また安楽な生活も(傲慢になって、人の道を外れるか、馴れて飽きて)長くは続けられない。(しかし)仁の心を持つ者は、どんな境遇にいても人間性を失わずに落ち着いて、智者は仁の心を持って生活するのが良いと知っている」と。

【別解】①「以て久しく約《くるしき》に処るべからず。」「長い苦しみには耐えられない。」【集解・仁斎】②「以て久しく約《まずしき》に処るべからず。」「長い貧困に耐えられない。」【義疏】③「以て長くは楽しみに処るべからず。」「富貴も長くは続けられない。」【義疏】④「仁者は仁に安んじ、知者は仁を利とす。」「仁の心を持つ人は、（体が安楽を求めるように、）仁から離れることがあれば、すぐに復帰しようとする。知者は、（小人が利を見るように、力を尽くして）仁を得ようとする。」【徂徠】⑤知者は仁が美であることを理解している。そのため、仁を利とする。【義疏王粛】⑥不仁の人は一度は無理に行うが、徳がないため、長い苦しみには耐えられず、長い安楽には驕ることになる。仁の人の仁への態度は、体が衣服になれ、足がくつになれるようなものである。【仁斎】

69

子《し》曰《い》はく、唯《た》だ仁者《じんしゃ》のみ能《よ》く人《ひと》を好《この》み、能《よ》く人《ひと》を悪《にく》む、と。

子曰、唯仁者能好人、能惡人。

孔先生がおっしゃるには、「仁の心を持つ者だけが（私情が無いから、誰が見ても）好ましい人を本当に好きになれるし、憎らしい人を心から憎める」と。

【別解】①「唯だ仁者のみ」「仁の極致に至る顔回だけが」【義疏一解】②（1）「仁の心を持つ者だけが、人の好むこと、人の憎むことを明らかにできる。」【集解】（2）「仁の心を持つ者だけが、民の好むこと、民の憎むことを明らかにできる。」【徂徠】

70

子曰《しい》はく、苟《まこと》に仁《じん》に志《こころざ》せば、惡《あく》無《な》きなり、と。

孔先生がおっしゃるには、「本当の意味で仁に向けて努力するなら、悪事を働くことはない」と。

別解 ①「苟《いや》しくも仁に志せば、惡《にく》まるること無きなり。」「(一時の間でも)仁にむかって努力しているなら、(人から)憎まれることはない。」【仁斎】②「苟《も》し仁に志せば、」「(もしも)仁にむかって努力しているなら、」【徂徠】

子曰、苟志於仁矣、無惡也。

71

子曰《しい》はく、富《ふう》と貴《き》とは、是《こ》れ人《ひと》の欲《ほっ》する所《ところ》なり。其《そ》の道《みち》を以《もっ》てせずんば、之《これ》を得《う》とも處《お》らざるなり。貧《ひん》と賤《せん》とは、是《こ》れ人《ひと》の惡《にく》む所《ところ》なり。其《そ》の道《みち》を以《もっ》てせずんば、之《これ》を得《う》とも去《さ》らざるなり。君子《くんし》仁《じん》を去《さ》りて、惡《いず》くにか名《な》を成《な》さん。君子《くんし》は終食《しゅうしょく》の間《かん》も仁《じん》に違《たが》ふこと無《な》く、造次《ぞうじ》にも必《かな》らず是《ここ》に於《お》てし、顚沛《てんぱい》にも必《かな》らず是《ここ》に於《お》てす、と。

孔先生がおっしゃるには、「財産と地位は誰でも欲しがるものだ。(しかし)まっとうな方法でなく得たならば、恥じて身を置かない。貧乏や下積みは誰でも嫌がるものだ。(しかし)そうなっても仕方がない

子曰、富與貴、是人之所欲也。不以其道、得之不處也。貧與賤、是人之所惡也。不以其道、得之不去也。君子去仁、惡乎成名。君子無終食之間違仁、造次必於是、顚沛必於是。

ような悪い事をしないのに、こんな境遇に陥ったなら、抜け出そうとあがかない。もし（そうせずに）君子が仁を失ったなら、どうして君子と呼べようか。君子は食事の僅かな時間でも仁の心を失わない。差し迫って余裕のない時でも、とっさに我が身が危険な時でもそうなのだ」と。

【別解】①「其の道を以てせずんば、」「仁を用いなければ、」後出も同じ。【仁斎】②「其の道を以て之を得ざれば處らず。」「仁ではないのに富貴になったならば、（それは）仁ではない。」【徂徠】③「其の道を以て之を得ざれば去らず。」「仁であるのに貧賤になったならば、（それは）仁ではない。」【徂徠】

72

子《し》曰《い》はく、我《われ》未《いま》だ仁《じん》を好《この》む者《もの》、不仁《ふじん》を惡《にく》む者《もの》を見《み》ず。仁《じん》を好《この》む者《もの》は、以《もっ》て之《これ》に尙《くわ》ふること無《な》し。不仁《ふじん》を惡《にく》む者《もの》は、其《そ》れ仁《じん》を爲《な》さん。不仁者《ふじんしゃ》をして其《そ》の身《み》に加《くわ》へしめざればなり。能《よ》く一日《いちじつ》も其《そ》の力《ちから》を仁《じん》に用《もち》ふること有《あ》らんか、我《われ》未《いま》だ力《ちから》の足《た》らざる者《もの》を見《み》ず。蓋《けだ》し之《これ》有《あ》らん。我《われ》未《いま》だ之《これ》を見《み》ざるなり、と。

子曰、我未見好仁者、惡不仁者。好仁者、無以尚之。惡不仁者、其爲仁矣。不使不仁者加乎其身。有能一日用其力於仁矣乎、我未見力不足者。蓋有之矣。我未之見也。

孔先生がおっしゃるには、「私はまだ本当の意味で仁を好む者と不仁を憎む者とを見たことがない。仁

を好む者は（深く理解しているから）この世に仁に勝るものはないと知っている（だから他の事に誘惑されない）。不仁を憎む者は、（深く理解しているから）自分が仁にあふれた行いをする時には、不仁の要素を必ず除いて、身に及ばないようにする。（この二つは、人徳が完成した人のすることだからなかなかいないが）もし一日でも心の力を奮って仁に向かうことなら、それすら力不足で出来ない者を、私はまだ見たことはない。あるいは力不足の者もいるだろうが、私はまだ見たことはない」と。

【別解】①「仁を好む者は、以て之に尚ふること無し。」「仁を好む者は、（それ以上、何も）加えることはない。」【集解・義疏】②「能く一日も其の力を仁に用ふること有らんか。」「一日でも、その力で仁を修めようとする者があるだろうか。」【集解】③「能く一日も其の力を仁に用ふること有れば、」「一日でも、仁に力を用いる者がいれば、」【徂徠】

73

子《し》曰《い》はく、人《ひと》の過《あやま》つや。各〻《おのおの》其《そ》の黨《とう》に於《おい》てす。過《あやま》ちを觀《み》て斯《ここ》に仁《じん》を知《し》る、と。

子曰、人之過也。各於其黨。觀過斯知仁矣。

孔先生がおっしゃるには、「人の過ちの姿はその人の人格に応じた型がある。だから人の過失を注意深く観察していると仁者か不仁者かがわかる」と。

【別解】①「人の過つや。各〻其の黨に於てす。」（1）「人の過ちは、それぞれ、その親戚や僚友による。」【仁斎】

（2）［（朝廷や宗廟では、君子は慎むので過ちは少ない。しかし、）郷党では、親戚・朋友の親愛ゆえに過ちがあるのは当然である。］【徂徠】②「過ちを観て斯に仁を知る。」は古語であり、それ以外は孔先生の解釈である。【徂徠】

74

子《し》曰《い》はく、朝《あした》に道《みち》を聞《き》かば、夕《ゆうべ》に死《し》すとも可《か》なり、と。

子曰、朝聞道、夕死可矣。

孔先生がおっしゃるには、「朝に道理を聞いて真に理解できたなら、その晩に死んでもいい」と。

別解 ①「道」（1）人が人である理由の道【仁斎】（2）先王の道【徂徠】（3）仁【劉敞】②本章は世の無道を嘆いた。【義疏】③本章は老衰あるいは軽い病気を理由として、学ばない者のために発した。【仁斎】

75

子《し》曰《い》はく、士《し》道《みち》に志《こころざ》して、惡衣《あくい》惡食《あくしょく》を恥《は》づる者《もの》は、未《いま》だ與《とも》に議《はか》るに足《た》らざるなり、と。

子曰、士志於道、而恥惡衣惡食者、未足與議也。

孔先生がおっしゃるには、「士たる者が道に志しているのに、自分の衣服や食事の粗末を恥じる者は、一緒に道について議論する資格は無い」と。

別解 ①「未だ與に議るに足らざるなり。」［一緒に仁義を行うことはできない。］【義疏一云】②「士 道に志す」

から「未だ與に議するに足らざるなり」まで［士は先王の道に志す。自分の衣服や食事が粗末なことを恥に思う者は、一緒に政治を議論する資格は無い。］【徂徠】

76

子曰《しい》はく、君子《くんし》の天下《てんか》に於《お》けるや、適《てき》も無《な》く、莫《ぼ》も無《な》し。義《ぎ》と與《とも》に比《ひ》す、と。

子曰、君子之於天下也、無適也、無莫也。義之與比。

孔先生がおっしゃるには、「君子は天下のあらゆる事に応ずる際に、予めこうしようと決めてかかることなく、また必ずこうしてはならないと決めてかからない。ただ正義に従って行うだけだ」と。

別解 ①「適《あつ》きも無く、莫《うす》きも無し。義と與に比《した》しむ。」［厚くもなければ、薄くもない。ただ正義に親しむ。］【義疏范寧】②「適も無く、莫も無し。義と與に比《した》しむ。」［親密なこともなければ、疎遠なこともない。ただ正義に親しむ。］【徂徠・筆解】

77

子曰《しい》はく、君子《くんし》は徳《とく》を懐《おも》ひ、小人《しょうじん》は土《ど》を懐《おも》ふ、と。君子《くんし》は刑《けい》を懐《おも》ひ、小人《しょうじん》は恵《けい》を懐《おも》ふ、と。

子曰、君子懷德、小人懷土。君子懷刑、小人懷惠。

孔先生がおっしゃるには、「君子は道徳をいつも心に置き、小人は心身の安楽な土地を思ってばかりいる。

君子は法律を畏敬し、小人は恩恵ばかりに捉れている」と。

別解 ①「君子は徳を懐《やす》んじ、」「君子は道徳に（その身を）落ち着かせ、」後出も「懐《やす》んず」（落ち着かせ）の意【集解・義疏】②「君子は徳に懐《なつ》き、」「君子は道徳に懐き従い、」後出も「懐《なつ》く」（懐き従い）の意【仁斎】③「君子は徳を懐《おも》へば、小人は土を懐《おも》ふ。君子は刑を懐《おも》へば、小人は恵を懐《おも》ふ。」「上位の者が賢人を思えば、民はその土地に落ち着く。上位にある者が刑罰を思えば、民は恩恵を思う。」【徂徠】④本章の君子は上位にある者を指す。【劉敞】

78

子曰《しい》はく、利《り》に放《よ》りて行《おこな》へば、怨《うらみ》多《おお》し、と。

子曰、放於利而行、多怨。

孔先生がおっしゃるには、「もし何事も利害ばかり考えて行えば、人から怨まれる」と。

別解 ①「利に放りて行へば、」「もし何事も利益ばかり考えて行えば、」【集解・義疏】②本章は上位にある者について述べた。【徂徠】③人に怨まれないことは徳であり、怨みが多いのは不祥である。【仁斎】

79

子曰《しい》はく、能《よ》く禮譲《れいじょう》を以《もっ》て國《くに》を爲《おさ》めんか、何《なに》か有《あ》らん。禮譲《れいじょう》を以《もっ》て國《くに》を爲《おさ》むること能《あた》はずんば、禮《れい》を如何《いかん》せん、

子曰、能以禮讓爲國乎、何有。不能以禮讓爲國、如禮何。

と。

孔先生がおっしゃるには、「君主が礼儀と譲りあいの心で国を治めるならば、どんな困難があろうか。礼儀と譲りあいの心で国を治められないならば、いかに礼の制度が備わっても何の役に立とうか」と。

別解 ①「禮讓を以て國を爲むること能はずんば、禮を如何せん。」「(先王は国を治めるために礼を設けた。しかし、)礼儀と互譲で国を治められなければ、先王の礼も用いようがない。」【徂徠】②「禮を如何せん。」「礼を用いられない。」【集解】③古えは、礼を統治規範としていた。後世の法令と同様である。【仁斎】

80

子曰《しい》はく、位《くらい》無《な》きことを患《うれ》へずして、立《た》つ所以《ゆえん》を患《うれ》へよ。己《おのれ》を知《し》ること莫《な》きを患《うれ》へずして、知《し》らるべきを爲《な》さんことを求《もと》めよ、と。

子曰、不患無位、患所以立。不患莫己知、求爲可知也。

孔先生がおっしゃるには、「地位のないことを気にせず、その地位に就くに足る人格・教養がないことを気にかけなさい。自分の真価を認める人がいないのを気にせず、人から認められるだけの人徳を身につけようと、努力することだ」と。

別解 ①「求めて知るべきを爲せ。」「(正しい道を)求めて（学び行い、人に）知られるようにせよ。」【集解・

義疏】②本章も孔先生が常に口にされたことで、学ぶ者の準則である。よく聴き、実行しなければならない。【仁斎】

81

子曰《しい》はく、參《しん》や、吾《わ》が道《みち》は一《いつ》以《もつ》て之《これ》を貫《つらぬ》く、と。曾子曰《そうしい》はく、唯《い》、と。子出《しい》づ。門人問《もんじんと》ひて曰《い》はく、何《なん》の謂《い》ひぞや、と。曾子曰《そうしい》はく、夫子《ふうし》の道《みち》は、忠恕《ちゅうじょ》のみ、と。

子曰、參乎、吾道一以貫之。曾子曰、唯。子出。門人問曰、何謂也。曾子曰、夫子之道、忠恕而已矣。

孔先生がおっしゃるには、「参よ、わが道はただ一つの原理で貫かれているのだよ」と。曽先生は（これを聞いて何の疑いもなくただちに）言った、「はい」と。孔先生が出て行かれた後、他の門人が曽先生に言った、「どんな意味でしょう」と。曽先生が言った、「先生の道とは、まごころと思いやりに他なりません」と。

【別解】①「吾が道は一以て之を貫《す》ぶ。」［わが教化の道は一つの原理で天下の万理を貫通している。］【義疏】②「吾が道は」［先王の道は］【徂徠】③「門人問ひて曰はく、」［（曽先生の）門人は（孔先生の言葉が理解できず）質問した、］【義疏】

82

子曰《しい》はく、君子《くんし》は義《ぎ》に喩《さと》り、小人《しょうじん》は利《り》に喩《さと》る、と。

子曰、君子喩於義、小人喩於利。

孔先生がおっしゃるには、「君子は正義をすばやく理解し、小人は利益をすばやく理解する」と。

【別解】①「君子は義に喩り、小人は利に喩る。」〔君子は仁義を理解し、小人は（金銭の）利益を理解する。〕【義疏】②「君子には義を喩《さと》し、小人には利を喩《さと》す。」〔上位にいる人には『詩（経）』『書（経）』の古義を理解させ、庶民には利益を理解させる。〕【徂徠】③〔金銭の利益を捨て、仁義を理解すれば君子となり、金銭の利益を理解し、仁義を捨てれば、小人となる。〕【義疏范寧】

83

子曰《しい》はく、賢《けん》を見《み》ては齊《ひと》しからんことを思《おも》ひ、不賢《ふけん》を見《み》ては内《うち》に自《みずか》ら省《かえり》みる、と。

子曰、見賢思齊焉、見不賢而内自省也。

孔先生がおっしゃるには、「賢く人徳のある人を見れば、この人のようになりたいと思い、賢くも人徳もない人を見ては、自分もこの人のようではないかと反省する」と。

【別解】①「内に自ら省《み》る。」〔（自分の）心の中で従来の行いが、この人のようではないかと観察する。〕【義疏】②賢く人徳のある人を見て、そのようになりたいと思わない者は志のない人である。賢くも人徳もない人を見て、反省しないのは恥を知らない人である。志もなく、恥も知らない人は、いわゆる「自暴自棄」（自分で自分をそこない、大事にしない）であり、ともに何かを為すことはできない。【仁斎】

84

子曰《しい》はく、父母《ふぼ》に事《つか》へては幾諫《きかん》す。志《こころざし》の従《したが》はざるを見《み》ては、又敬《またけい》して違《たが》はず、労《ろう》して怨《うら》みず、と。

子曰、事父母幾諫。見志不従、又敬不違、労而不怨。

孔先生がおっしゃるには、「父母に仕える際には、（父母に過ちがあった時は、穏やかな顔で優しい声で）それとなく諫め、もし父母が気持ちの上で受け容れなければ、また更に慎み深くして逆らわず、（父母が心楽しい様子の時にまた諫め）そのために苦労しても、決して父母を怨んではいけない」と。

【別解】①「父母に事へては幾《ひそか》に諫む。」「父母に仕える際には、（過ちがあったならば、）言葉を遠回しにして諫める。」【集解・義疏・仁斎】②父母を諫める方法は、真っ直ぐであることを嫌う。その要点は、諫める言葉は微妙にし、遠回しに導くことである。【仁斎】③本章および以下の三章（85・86・87）は孝を明らかにしている。【義疏】

85

子曰《しい》はく、父母《ふぼ》在《いま》せば、遠《とお》く遊《あそ》ばず。遊《あそ》べば必《かな》らず方有《ほうあ》り、と。

子曰、父母在、不遠遊。遊必有方。

孔先生がおっしゃるには、「父母が生きている時には、（父母はいくつになっても子供のことが心配でたまらないのだから）用もないのに遠くへ出かけない。もしやむを得ず遠くへ出かけるならば、必ず行く先を知らせておく（父母がいらぬ心配をすることもないし、万一の時に困らないようにしておく）」と。

【別解】①「遊べば必らず方有《つね》り。」「出かけるときは、(親に心配をかけないように、)決まった場所にいる。」【集解・義疏・仁斎・徂徠】②子供が遠くに出かけ、長い日が経過すると、親の世話ができないことが多い。父母が門の前に待ちわびるようにしてはならない。そのため、「遠くには出かけない」のである。【仁斎】

86

子曰《しい》はく、三年《さんねん》父《ちち》の道《みち》を改《あらた》むること無《な》きは、孝《こう》と謂《い》ふべし、と。

子曰、三年無改於父之道、可謂孝矣。

孔先生がおっしゃるには、「(親が亡くなったとたんに全てそれまでのやり方を改めるのではなく)少なくとも三年の間は、父親の積み重ねてきた筋道を改めない人は、真心ある孝行とこそ言えよう」と。

【別解】①學而第一・11の後半に重出。②重出の諸章は、孔先生がしばしば言い、門人が互いに記録したものであり、その意味は奥深い。学ぶ者は深く味わい、詳しく考える必要がある。【仁斎】

87

子曰《しい》はく、父母《ふぼ》の年《とし》は知《し》らざるべからざるなり。一《いつ》は則《すなわ》ち以《もつ》て喜《よろこ》び、一《いつ》は則《すなわ》ち以《もつ》て懼《おそ》る、と。

子曰、父母之年不可不知也。一則以喜、一則以懼。

孔先生がおっしゃるには、「父母の年齢は常に覚えておかなくてはならない。一方でその年を重ねた長寿を喜び、また一方でそれで生い先を気遣う（あとで後悔しないように孝行する）べきだ」と。

別解 ①「一は則ち以て喜び、一は則ち以て懼る。」「（父母が高齢で、姿も年老いたならば、）一方では（長寿を）喜び、一方では（老身を）気遣うべきだ。」【義疏一釈】②本章は平易でも、おろそかにできない。【仁斎】

88

子曰《しい》はく、古者《こしゃ》言《げん》を之《こ》れ出《い》ださざるは、躬《み》の逮《およ》ばざるを恥《は》づればなり、と。

子曰、古者言之不出、恥躬之不逮也。

孔先生がおっしゃるには、「古人が軽々しく言葉を出さなかったのは、実行が伴わないのを恥じるからだ」と。

別解 ①本章は言葉を出すのは易しく、身をもって実行することは難しいことを述べた。【仁斎】

89

子曰《しい》はく、約《やく》を以《もっ》て之《これ》を失《うしな》ふ者《もの》は鮮《すくな》し、と。

子曰、以約失之者鮮矣。

孔先生がおっしゃるには、「人は慎ましく心を引きしめていても過失を犯すことは、ほとんど無い」と。

【別解】①「約を以て之を失ふ者は鮮し。」(1)「(自ら)倹約すれば、(中庸を得られなくも)国家を失う者は少ない。」【義疏】(2)「心を引き締め行動を慎み、事に対処すれば、失敗することはほとんど無い。」【仁斎】②「約《くる》しみを以て之を失ふ者は鮮し。」「困窮した状況でも、安楽に死ぬ者は少ない。」【徂徠】

90

子《し》曰《い》はく、君子《くんし》は言《げん》に訥《とつ》にして、行《おこな》ひに敏《びん》ならんことを欲《ほっ》す、と。

子曰、君子欲訥於言、而敏於行。

孔先生がおっしゃるには、「君子は口下手でも、実行には敏捷でありたい思うものだ」と。

【別解】①「君子は言に訥《おそ》くして、行ひに敏《はや》からんことを欲す。」「君子は言葉を慎重にして、行動を迅速でありたい。」【集解・義疏・仁斎】②孔先生が君子の心を述べて、学ぶ者を励ました。【仁斎】

91

子《し》曰《い》はく、徳《とく》孤《こ》ならず。必《かな》らず鄰《となり》有《あ》り、と。

子曰、徳不孤。必有鄰。

孔先生がおっしゃるには、「人格者は孤立しない。必ず(家が隣り合うように)心を寄せる同志が集まってくるものだ」と。

【別解】①「必らず鄰有り。」（1）「必ず（人からの）恩恵があるものだ。」【義疏一云】（2）「必ず（人からの）助けがあるものだ。」【徂徠】②学ぶ者は、（自分の）徳が完成しないことを心配すべきであり、食べ物や飲み物がないといったことを心配すべきではない。【仁斎】③徳があっても（具体的な）助けがなければ、殷の湯王や文王が七十里や百里から興ることもなかっただろう。【徂徠】

92

子游《しゆう》曰《い》はく、君《きみ》に事《つか》へて數〻《しばしば》すれば、斯《ここ》に辱《はずかし》めらる。朋友《ほうゆう》に數〻《しばしば》すれば、斯《すなわ》ち疏《うと》んぜらる、と。

子游曰、事君數、斯辱矣。朋友數、斯疏矣。

子游が言うには、「主君に仕えてうるさく諫めると、（かえって嫌がられて）辱めにあう（過失があれば必らず諫めるが、聞き入れられなければ、まずは退くものだ）。友にうるさく忠告すると（かえって煙たがられて）疎遠にされる（過失があれば必らず忠告はするが、逆に怨まれるものだ）」と。

【別解】①「君に事へて數〻すれば、」（1）「君主に仕えて、（決められた時でもないのに）拝謁すれば、」【義疏】（2）「君主に仕えて、はかりごとをすれば、」【義疏一云】（3）「君主に仕えて、煩わしいほど（慣れ親しみ）何度も往来すれば、」【仁斎】（4）「君主に仕えて、何度も諫めると、」なお數は古語である。【徂徠】②「朋友に數〻すれば、」（1）「友だちに、（約束した時でもないのに）会いに行けば、」【義疏】（2）「友だちに、はかりごとをすれば、」【義疏一云】（3）「友だちに、煩わしいほど（慣れ親しみ）何度も往来すれば、」【仁斎】③本章は君主に仕官すること、友

人と交際することは、礼に基づき、進めるべきであることを述べた。【仁斎】④人は言葉では分からせることはできない。（相手を）自分で分かるようにさせるのが重要である。【徂徠】

公冶長第五

此篇皆論古今人物賢否・得失。蓋格物窮理之一端也。凡二十七章。胡氏以爲、疑多子貢之徒所記云。

此の篇 皆古今の人物の賢否・得失を論ず。蓋し格物窮理の一端ならん。凡べて二十七章。胡氏以爲へらく、疑ふらくは子貢の徒の記す所多しと云ふ。

この篇は、みな古今の人物の賢愚と得失とを論じる。これも「格物窮理」の一端となる。全二十七章。胡氏（胡寅）は、子貢の門人が記したものが多いと推定する。

93

子《し》公冶長《こうやちょう》を謂《い》ふ、妻《めあ》はすべきなり。縲絏《るいせつ》の中《うち》に在《あ》りと雖《いえ》ども、其《そ》の罪《つみ》に非《あら》ざるなり、と。其《そ》の子《こ》を以《もっ》て之《これ》に妻《めあ》はす。子《し》南容《なんよう》を謂《い》ふ、邦《くに》道《みち》有《あ》れば廢《はい》せられず。邦《くに》道《みち》無《な》きも刑戮《けいりく》に免《まぬが》る、と。其《そ》の兄《あに》の子《こ》を以《もっ》て之《これ》に妻《めあ》はす。

子謂公冶長、可妻也。雖在縲絏之中、非其罪也。以其子妻之。子謂南容、邦有道不廢。邦無道免於刑戮。以其兄之子妻之。

孔先生が公冶長について、「彼は娘と結婚させるに相応しい人物だ。以前獄中で縄目の辱めを受けたが、彼自身の罪ではなかった」とおっしゃって、御自分の娘を公冶長に嫁がせた。また、南容について、「平素から言行を慎んでいるから、国が善く治まっていれば捨て置かれず、国が乱れていれば刑罰の禍を免れるだろう」とおっしゃって、先生の兄の娘を南容に嫁がせた。

別解 ①「子 公冶長を謂ふ、」「孔先生は公冶長を論評して、」後出「謂」も「論評」の意。【義疏】②孔先生の兄の子を見ること我が子のようであった。【徂徠】③公冶長・南容の二人に優劣はない。【義疏・徂徠】④『論語』を編纂した人は二人の弟子を併録し、孔先生の臨機応変の姿勢を明らかにした。学ぶ者は注意すべきだ。【仁斎】⑤公冶長は鳥の言葉を理解できた。【義疏論釈】

94

子《し》子賤《しせん》を謂《い》ふ、君子《くんし》なるかな、若《かくのごと》き人《ひと》。魯《ろ》に君子者《くんししゃ》無《な》

子謂子賤、君子哉、若人。魯無君子者、

くんば、斯《こ》れ焉《いず》くんぞ斯《これ》を取《と》らん、と。

斯焉取斯。

孔先生が宓子賤についておっしゃるには、「なんと立派な君子だなあ、この人は。それにしても、魯の国にもしも君子がいなかったなら、子賤はどこから君子の人徳を学べただろうか」と。

別解 ①「子 子賤を謂ふ、」「孔先生は宓子賤を論評して、」【義疏】②魯には君子が多かった。そのため、子賤は君子の人徳を学べた。【義疏】③賢い師友の薫陶の成果が非常に大きいと称えている。【仁斎】

95

子《し》貢《こう》問《と》ひて曰《い》はく、賜《し》や何如《いかん》、と。子《し》曰《い》はく、女《なんじ》は器《き》なり、と。曰《い》はく、何《なん》の器《き》ぞや、と。曰《い》はく、瑚璉《これん》なり、と。

子貢問曰、賜也何如。子曰、女器也。曰、何器也。曰、瑚璉也。

子貢が質問して「賜（私）は、どんな者とご覧ですか」と言うと、孔先生は「役立つ器だ」とおっしゃった。そこで「何の器ですか」と言うと、「宗廟に供する貴重で華やかな瑚璉だ」とおっしゃった。

別解 ①「子貢問ひて曰はく、」「子貢は（孔先生が弟子たちを次々と評価するのを聞き、自分には至らないため、）質問して言った、」【義疏】②孔先生は子貢の才能を日用品ではなく貴重品に喩えた。子貢へのこの戒めには深い意味がある。【仁斎】③孔先生が子貢を評するに、当時の周の呼び方ではなく、夏・殷の呼び方である「瑚璉」を用いたのは微旨がある。【義疏或通】

96

或《ある》ひと曰《い》はく、雍《よう》や仁《じん》なれども佞《ねい》ならず、と。子曰《しい》はく、焉《いず》くんぞ佞《ねい》を用《もち》ひん。人《ひと》に禦《あた》るに口給《こうきゅう》を以《もっ》てすれば、屢〻《しばしば》人《ひと》に憎《にく》まる。其《そ》の仁《じん》を知《し》らず。焉《いず》くんぞ佞《ねい》を用《もち》ひん、と。

或曰、雍也仁而不佞。子曰、焉用佞。禦人以口給、屢憎於人。不知其仁。焉用佞。

ある人が、「雍は仁徳が備わっているが、弁舌の才がない」と言うと、孔先生がおっしゃるには、「どうして弁舌など役に立とうか。口先で人をかわして実がなければ、しばしば人に憎まれるものだ。雍が仁徳が備わっているかどうかは知らない。しかしどうして弁舌の才など必要だろうか」と。

別解　①「人に禦《こた》ふに口給を以てすれば、」「人に答えるのに口先を用い、誠実さがなければ、」【義疏】②本章の段階では雍（仲弓）は仁ではなかったが、後に雍也第六・120の人物となった。【徂徠】

97

子《し》　漆雕開《しっちょうかい》をして仕《つか》へしむ。對《こた》へて曰《い》はく、吾《われ》　斯《これ》を之《こ》れ未《いま》だ信《しん》ずること能《あた》はず、と。子説《しよろこ》ぶ。

子使漆雕開仕。對曰、吾斯之未能信。子說。

孔先生が漆雕開を仕官させようとした。すると漆雕開はお答えして、「私は、人を治めるための揺るぎ無い自信が、まだありません」と申し上げた。孔先生は、彼の小成に安んじない向学心の篤さを、心からお喜びになった。

【別解】①「吾 斯を之れ未だ信ずること能はず。」（1）〔私は、まだ学問を研究しておりません。〕【集解】（2）〔私は、（その）君主を信じることができません。〕【義疏一云】（3）〔私は、役人となって仕える自信がありません。〕【仁斎】②「子說ぶ。」〔孔先生は、漆雕開の志が大きく、小さく用いることを求めていないのを心からお喜びになった。〕【徂徠】

98

子曰《しい》はく、道行《みちおこな》はれず、桴《いかだ》に乗《の》りて海《うみ》に浮《うか》ばん。我《われ》に従《したが》ふ者《もの》は、其《そ》れ由《ゆう》か、と。子路《しろ》之《これ》を聞《き》きて喜《よろこ》ぶ。子曰《しい》はく、由《ゆう》や勇《ゆう》を好《この》むこと我《われ》に過《す》ぎたり。材《ざい》を取《と》る所無《ところな》し、と。

子曰、道不行、乘桴浮于海。從我者、其由與。子路聞之喜。子曰、由也好勇過我。無所取材。

孔先生がおっしゃるには、「世に賢君無く、道は行われない。いっそいかだに乗って海に出ようか。私についてくる者は、さて、由くらいか」と。子路（由）はこれを耳にして喜んだ。孔先生がおっしゃるには、「由は勇ましいことが好きな点では私以上だ。しかし、道理を慎重に考える分別がない」と。

【別解】①「取る所無き材《かな》。」〔（私より勇気があるが、）私はこの方法を取る所がないなあ。〕【集解】②「材を取る所無し。」〔（どこで、いかだの）材料をとってくるか。〕【義疏・仁斎・徂徠】③「我に従ふ者は、其れ由《よ》りてか。子路之を聞きて喜ぶ。」〔私についてくる者も理想を実現できなかったのは、私のせいだ。子路は「由」を自分のことだと勘違いし、喜んだ。〕【義疏一家】④本章は「子 九夷に居らんと欲す」（子罕第九・218）と同じで、孔先生の平素

からの願いであった。君主は愚かで臣下は驕り、行く場所はなかった。そのため、いかだに乗って、海に出て、夷狄を教化し、礼儀にかなう風俗にしようした。【仁斎】

99

孟《もう》武《ぶ》伯《はく》問《と》ふ、子《し》路《ろ》仁《じん》なるか、と。子《し》曰《い》はく、知《し》らざるなり、と。又《また》問《と》ふ、子《し》曰《い》はく、由《ゆう》や、千乗《せんじょう》の國《くに》、其《そ》の賦《ふ》を治《おさ》めしむべきなり。其《そ》の仁《じん》を知《し》らざるなり、と。求《きゅう》や何如《いかん》と。子《し》曰《い》はく、求《きゅう》や、千室《せんしつ》の邑《ゆう》、百乗《ひゃくじょう》の家《いえ》、之《これ》が宰《さい》爲《た》らしむべきなり。其《そ》の仁《じん》を知《し》らざるなり、と。赤《せき》や何如《いかん》と。子《し》曰《い》はく、赤《せき》や、束帯《そくたい》として朝《ちょう》に立《た》ち、賓客《ひんかく》と言《い》はしむべきなり。其《そ》の仁《じん》を知《し》らざるなり、と。

孟武伯問、子路仁乎。子曰、不知也。又問、子曰、由也、千乘之國、可使治其賦也。不知其仁也。求也何如。子曰、求也、千室之邑、百乘之家、可使爲之宰也。不知其仁也。赤也何如。子曰、赤也、束帯立於朝、可使與賓客言也。不知其仁也。

孟武伯が質問して言うには、「子路は仁徳ある人物でしょうか」と。孔先生がおっしゃるには、「わかりません」と。孟武伯は重ねて質問したので、孔先生がおっしゃるには、「由（子路）は勇ましいことを好むので、兵車一千乗を出すほどの諸侯の国で、兵の調練を任せるには相応しいでしょう。彼が仁徳ある者

かどうかはわかりません」と。「では冉求はどうでしょう」。孔先生がおっしゃるには、「求は戸数一千の町の代官や、兵車百乗を出すほどの卿大夫家の家老には相応しいでしょう。彼が仁徳ある者かどうかはわかりません」と。「公西赤はどうでしょうか」。孔先生がおっしゃるには、「赤は礼装して宮廷に立ち、外国の賓客に応接させるには相応しいでしょう。彼が仁徳ある者かどうかはわかりません」と。

【別解】①孔先生が三人の弟子に評価したことは彼らが述べた志（先進第十一・279）と合致している。【徂徠】

100

子《し》 子貢《しこう》に謂《い》ひて曰《い》はく、女《なんじ》と回《かい》と孰《いず》れか愈《まさ》れる、と。對《こた》へて曰《い》はく、賜《し》や何《なん》ぞ敢《あえ》て回《かい》を望《のぞ》まんや。回《かい》や一《いち》を聞《き》いて以《もっ》て十《じゅう》を知《し》る。賜《し》や一《いち》を聞《き》いて以《もっ》て二《に》を知《し》る、と。子《し》曰《い》はく、如《し》かざるなり。吾《われ》は女《なんじ》の如《し》かずとするを與《ゆる》す、と。

子謂子貢曰、女與回也孰愈。對曰、賜也何敢望回。回也聞一以知十。賜也聞一以知二。子曰、弗如也。吾與女弗如也。

孔先生が子貢におっしゃるには、「お前と顔回とでは、どちらが優れていると思うか」と。子貢がお答えして言うには、「賜（私）は、どうして顔回と比べものになりましょう。顔回は一を聞けば十を悟ります。私は一を聞いて僅かに二しかわかりません」と。孔先生がおっしゃるには、「確かにお前は顔回には及ばない。しかしお前が自己を見る目が厳しく、及ばないと率直に言ったことを、私は認めよう」と。

【別解】①「女と回と孰《たれ》か愈れる。」「お前と顔回では、誰が優れていると思うか。」【義疏】②「吾と女と如かざるなり。」「私もお前と同じで、顔回に及ばない。」【集解・義疏・徂徠】③他人の善を知り、自分がそれに及ばないと認めるのは、天下で最も困難なことである、子貢のこの答えによって、その徳に進む深さが分かる。子貢は頭の働きが早いだけの人物と見えるようでは、まだまだである。【仁斎】

101

宰《さい》予《よ》晝《ひる》寝《しん》す。子《し》曰《い》はく、朽木《きゅうぼく》は雕《ほ》るべからず。糞土《ふんど》の牆《しょう》は、杇《ぬ》るべからず。予《よ》に於《おい》てか何《なん》ぞ誅《せ》めん、と。子《し》曰《い》はく、始《はじ》め吾《われ》人《ひと》に於《お》けるや、其《そ》の言《げん》を聴《き》きて其《そ》の行《おこな》ひを信《しん》ず。今《いま》吾《われ》人《ひと》に於《お》けるや、其《そ》の言《げん》を聴《き》きて其《そ》の行《おこな》ひを観《み》る。予《われ》に於《おい》てか是《これ》を改《あらた》む、と。

宰予晝寝。子曰、朽木不可雕也。糞土之牆、不可杇也。於予與何誅。子曰、始吾於人也、聴其言而信其行。今吾於人也、聴其言而観其行。於予與改是。

宰予が昼寝していた。孔先生がおっしゃるには、「腐りきった木には彫刻はできない。掃き溜めの土で作った垣根は、ぼろぼろ落ちて上塗りできない。それと同様、宰予は学ぶ気も努める気もないから、教えるべき下地がない。だから私は、宰予をどうして叱責しようか、しても無駄だ」と。孔先生がおっしゃるには、「私は以前、誰に対しても、その言葉を聞いて、その通り実行していると信じて疑わなかったもの

だ。しかし、もうこれからは誰に対しても、その人の言葉を聞いても信用せず、行動を見極めることとする。宰予で失敗したから、今後は我が方針を改める」と。

【別解】①「晝寝す。」（1）「（後学の者に慢心が生じる懸念から、わざと）昼寝し（孔先生の教えを発しさせ）た。」【義疏珊琳公】（2）「（当時は師弟がともに後学を導く教えがなかったので、わざと）昼寝し（孔先生の教えを発しさせ）た。」【義疏范寧】（3）「昼間から女性と寝ていた。」【徂徠・劉敞】②「寝に畫《えが》く。」「寝室に絵画を画いていた。」晝（昼）を畫（画）の誤りとする。【筆解】③「始め吾 人に於けるや、」「私は少年時代、誰に対しても、」【義疏

102

子《し》曰《い》はく、吾《われ》未《いま》だ剛者《ごうしゃ》を見《み》ず、と。或《ある》ひと對《こた》へて曰《い》はく、申棖《しんとう》なり、と。子《し》曰《い》はく、棖《とう》や慾《よく》あり。焉《いず》くんぞ剛《ごう》を得《え》ん、と。

子曰、吾未見剛者。或對曰、申棖。子曰、棖也慾。焉得剛。

孔先生がおっしゃるには、「私は何ものにも動かされない堅固な意志を持った人物を、まだ見たことがない」と。ある人がお答えして言うには、「申棖がいます」と。孔先生がおっしゃるには、「申棖には欲がある。だから意志がぐらつく。どうして堅固な意志を持つといえよう」と。

【別解】①「吾 未だ剛者を見ず。」（1）「私は勇ましく無欲な人物を、まだ見たことがない。」【義疏】（2）「私は性質が果烈な人物を、まだ見たことがない。」【徂徠】②人は欲があると世間が恋しくなり、忘れられない。当然果た

すべき義にも逡巡し、進もうと思っても進めなくなる。このために欲があると剛者にはなれないのである。【仁斎】
③寛容温厚で、道義によって自己に打ち克つ者が、真の剛者とすることができる。【仁斎】

103

子《し》貢《こう》曰《い》はく、我《われ》人《ひと》の諸《これ》を我《われ》に加《くわ》ふることを欲《ほっ》せざるや、吾《われ》も亦《ま》た諸《これ》を人《ひと》に加《くわ》ふること無《な》からんことを欲《ほっ》す、と。子《し》曰《い》はく、賜《し》や、爾《なんじ》の及《およ》ぶ所《ところ》に非《あら》ざるなり、と。

子貢曰、我不欲人之加諸我也、吾亦欲無加諸人。子曰、賜也、非爾所及也。

子貢が言うには、「私は、他人から私にされたくないことは、私も他人にしたくないと思います」と。孔先生がおっしゃるには、「賜よ。それはまだ、お前にできることではない」と。

別解 ①「我れ人の諸を我に加《しの》ぐを欲せざるなり。吾も亦た諸を人に加《しの》ぐこと無からんことを欲す。」「私は、他人から道理ではないことを押しつけられたくありません。私も他人に道理ではないことを押しつけたくありません。」【集解・義疏】②子貢の発言は仁者のようであり、進歩を求めようとしていない。そのため、孔先生は子貢を抑えた。【仁斎】

104

子貢曰《しこういは》く、夫子《ふうし》の文章《ぶんしょう》は、得《え》て聞《き》くべきなり。夫子《ふうし》の性《せい》と天道《てんどう》とを言《い》ふは、得《え》て聞《き》くべからざるなり、と。

子貢曰、夫子之文章、可得而聞也。夫子之言性與天道、不可得而聞也。

子貢が言うには、「孔先生の人徳が、言動に現れたところは聞き知ることができる。しかし、先生が人間の本質や天の道理についておっしゃることは、内容が高尚深遠なため、門弟すべてに話されることも無く、なかなか聞き知ることができなかった」と。

【別解】①「夫子の文章は、得て聞くべきなり。」(1)「孔先生の六経は、聞くことができる。」【義疏】(2)「孔先生の礼楽は、(稀であるが)聞くことができる。」【徂徠】②「夫子の性と天道とを言ふは、」「孔先生が人間の本質や天命についておっしゃることは、」【劉敞】

105

子路《しろ》聞《き》くこと有《あ》りて、未《いま》だ之《これ》を行《おこな》ふこと能《あた》はずんば、唯《た》だ聞《き》くこと有《あ》らんことを恐《おそ》る。

子路有聞、未之能行、唯恐有聞。

子路は教えを聞いて、まだそれを実行できないうちは、さらに進んで教えを聞いてますます実行が追いつかなくなることを、ただただ恐れた。

【別解】①門人が「唯だ聞くこと有らんことを恐る。」と子路の賢さを表現したのは「古文辞」の妙である。【徂徠】②子路は勇ましく、善を行うのに思い切りがよかった。門人は子路にはとても及ばないと思った。そのため『論語』の編者は記録し、学ぶ者の模範とした。【仁斎】

106

子《し》貢《こう》問《と》ひて曰《い》はく、孔《こう》文《ぶん》子《し》は何《なに》を以《もっ》て之《これ》を文《ぶん》と謂《い》ふか、と。子《し》曰《い》はく、敏《びん》にして學《がく》を好《この》み、下《か》問《もん》を恥《は》ぢず。是《ここ》を以《もっ》て之《これ》を文《ぶん》と謂《い》ふなり、と。

子貢問曰、孔文子何以謂之文也。子曰、敏而好學、不恥下問。是以謂之文也。

子貢が質問して言うには、「孔文子はどうして諡を『文』と言うのでしょうか」と。孔先生がおっしゃるには、「聡明で学ぶことを好み、高位に在りながら目下の者に教えを乞うことを、恥じなかった。まさしく諡法の「文」に当たる人柄だった。このため諡を『文』と言うのだよ」と。

【別解】①孔文子は賓客をよく待遇し、無道な衛の霊公にも仕えて身を全うしたのであるから、孔先生の言葉でも褒めすぎではない。【仁斎】

107

子《し》、子《し》産《さん》を謂《い》ふ、君《くん》子《し》の道《みち》四《し》有《あ》り。其《そ》の己《おのれ》を行《おこな》ふや恭《きょう》な

子謂子産、有君子之

り。其《そ》の上《かみ》に事《つか》ふるや敬《けい》なり。其《そ》の民《たみ》を養《やしな》ふや恵《けい》なり。其《そ》の民《たみ》を使《つか》ふや義《ぎ》なり、と。

道四焉。其行己也恭。其事上也敬。其養民也惠。其使民也義。

孔先生が子産を評しておっしゃるには、「子産は君子の道を四つ備えていた。それは、己れの身の処し方は謙遜、目上には敬意を失わず、民を養うには常に相手のためになるように、民を治めるには公正を旨とすることであった」と。

別解 ①子産は春秋時代の賢い大夫であったが、君子の道があったことを人々は知らなかった。そのため孔先生は公にされた。【仁斎】②鄭は晋・楚に挟まれていたが、子産は大臣となり、礼によって、国家を維持したのは、その功績である。しかし、孔先生が必ずしも賞賛しないのは、君子として不足のものがあったのだろうか。【徂徠】

108

子《し》曰《い》はく、晏平仲《あんぺいちゅう》善《よ》く人《ひと》と交《まじ》はり、久《ひさ》しうして而《しか》も之《これ》を敬《けい》せり、と。

子曰、晏平仲善與人交、久而敬之。

孔先生がおっしゃるには、「晏平仲は上手に人と交際し、付合いが長くなっても狎れ狎れしくならず、相手に対する敬意を失わなかった」と。

別解 ①経文を「久しうして人《ひと》之を敬す。」(〔(交際から)久しく時が経っても人は晏平仲を尊敬していた。〕)

に作る。【義疏・徂徠】

109

子曰《しい》はく、臧文仲《ぞうぶんちゅう》　蔡《さい》を居《お》く。節《せつ》を山《やま》にし、棁《せつ》に藻《そう》す。何如《いかん》ぞ其《そ》れ知《ち》ならんや、と。

子曰、臧文仲居蔡。山節、藻棁。何如其知也。

孔先生がおっしゃるには、「臧文仲は魯の大夫に過ぎないのに、諸侯が亀卜に用いる大亀を貯め込み、蔵の柱上の枡形に山を彫刻し、梁上の棁（セツ）に水草を描くなど、天子にしか許されない華美な装飾を施し、鬼神に媚びる有様だった。そんな者がどうだろう、世評通り知者だろうか」と。

別解　①「蔡《かめ》を居《たくわ》ふ。」「大亀を集めていた。」【義疏】②「蔡《かめ》を居《おさ》む。」「大亀をたくわえていた。」【仁斎】③「蔡を居く。」「大亀を買った。」【徂徠】

110

子張《しちょう》問《と》ひて曰《い》はく、令尹子文《れいいんしぶん》　三《み》たび仕《つか》へて令尹《れいいん》と爲《な》れども、喜色《きしょく》無《な》し。三《み》たび之《これ》を已《や》めらるれども、慍色《うんしょく》無《な》し。舊令尹《きゅうれいいん》の政《まつりごと》は、必《かな》らず以《もっ》て新令尹《しんれいいん》に告《つ》ぐ。何如《いかん》、と。

子張問曰、令尹子文三仕爲令尹、無喜色。三已之、無慍色。舊令尹之政、必以告新令尹。何如。子曰、

子曰《しい》はく、忠《ちゅう》なり、と。曰《い》はく、仁《じん》なるか、と。曰《い》はく、未《いま》だ知《し》らず。焉《いず》くんぞ仁《じん》なるを得《え》ん、と。崔子《さいし》齊君《せいくん》を弑《しい》す。陳文子《ちんぶんし》馬十乗《うまじゅうじょう》有《あ》るも、棄《す》てて之《これ》を違《さ》る。他邦《たほう》に至《いた》れば、則《すなわ》ち曰《い》はく、猶《な》ほ吾《わ》が大夫崔子《たいふさいし》のごときなり、と。之《これ》を違《さ》る。一邦《いちほう》に之《ゆ》けば、則《すなわ》ち又曰《またい》はく、猶《な》ほ吾《わ》が大夫崔子《たいふさいし》のごときなり、と。之《これ》を違《さ》る。何如《いかん》、と。子曰《しい》はく、清《せい》なり、と。曰《い》はく、仁《じん》なるか、と。曰《い》はく、未《いま》だ知《し》らず。焉《いず》くんぞ仁《じん》なるを得《え》ん、と。

忠矣。曰、仁矣乎。曰、未知。焉得仁。崔子弑齊君。陳文子有馬十乘、棄而違之。至於他邦、則曰、猶吾大夫崔子也。違之。之一邦、則又曰、猶吾大夫崔子也。違之。何如。子曰、清矣。曰、仁矣乎。曰、未知。焉得仁。

子張が質問して言うには、「楚の令尹の子文は、三度も令尹という高官になったが、嬉しげな顔もせず、三度罷めさせられても怒った顔もしなかったそうです。そして、自分が罷めさせられた際にも、これまで行ってきた政道を、きちんと新任の令尹に申し送りました。このような人をいかが評価なさいますか」と。孔先生がおっしゃるには、「誠実だね」と。子張が言うには、「仁者でしょうか」と。孔先生がおっしゃるには、「わからないね。私心がなく、行いが自然と道にかなう仁者とまでは、言い切れまい」と。子張が言うには、「斉の大夫崔杼が斉の主君を殺（あや）めた時に、同僚の陳文子は馬四十頭もの財産があったのに、悪逆な崔杼と同じ国にいるのを嫌って、すべてを捨てて斉を去りました。他の国に行ったのですが、その時こう

言いました、『この国の家臣も、まるで我が国の大夫崔杼同然じゃないか』と。そして、その国も立ち去りました。また、ある国に行ったのですが、その時更にこう言いました、『ここの家臣も、まるで我が国の大夫崔杼同然じゃないか』と。そして、その国も立ち去りました。このような人をいかが評価なさいますか」と。孔先生がおっしゃるには、「潔癖だね」と。子張が言うには、「仁者でしょうか」と。孔先生がおっしゃるには、「わからないね。私心がなく、行いが自然と道にかなう仁者とまでは、言いきれまい」と。

別解　①「忠なり。」「忠臣である。」【義疏】②「棄てて之を違《うしな》ふ。」「（それを）捨てて、（大夫の位も）失った。」【劉敞】③仁の心や仁という評判があっても民が恩沢を被らなければ、徒善（実行の伴わない善意）である。子文や陳文子には、（民を）慈しみ愛し、心を痛める徳はなく、利益や恩沢も民に及ばなかった。そのため、孔先生は二人とも仁とすることを許さなかった。【仁斎】

111

季文子《きぶんし》三《み》たび思《おも》ひて後《のち》に行《おこな》ふ。子《し》之《これ》を聞《き》きて曰《い》はく、再《ふた》びせば斯《こ》れ可《か》なり、と。

季文子三思而後行。子聞之曰、再斯可矣。

魯の大夫季文子は、何度も考えてから、ようやくその後で実行に移した。孔先生がそれを聞いておっしゃるには、「あまり何度も考えるとかえって判断に曇りが出るから、二度で十分だ」と。

別解　①「子　之を聞きて曰はく、」「（魯の人は季文子の三度考えて実行するということを話しており、）孔先

生が聞いておっしゃるには、」【徂徠】②「再びせば斯れ可なり。」「(季文子ほどの賢人であれば、三度ではなく)二度で十分だ。」【集解・義疏】③政治には一度の考えでよいものも、そうでないものもある。季文子が全て三度も考えたのは、考えただけで、決断することを知らなかった。それを孔先生は譏った。【仁斎】

112

子曰《しい》はく、甯武子《ねいぶし》 邦《くに》 道《みち》有《あ》れば則《すなわ》ち知《ち》なり。邦《くに》 道《みち》無《な》くんば則《すなわ》ち愚《ぐ》なり。其《そ》の知《ち》には及《およ》ぶべきなり。其《そ》の愚《ぐ》には及《およ》ぶべからざるなり、と。

子曰、甯武子邦有道則知。邦無道則愚。其知可及也。其愚不可及也。

孔先生がおっしゃるには、「甯武子は、国がよく治まっている時には知者として実力を発揮したが、国が乱れた時に、(知者は危険をさけ退隠するのが常なのに)愚直に徹して主君を救い、我が身も護った。その知者としての身の処し方は見習えようが、愚直に徹する身の処し方は到底できるものではない」と。

別解 ①本章は甯武子の処世が自然と君子の道に合していることを述べた。【仁斎】

113

子《し》陳《ちん》に在《あ》りて曰《い》はく、帰《かえ》らんか、帰《かえ》らんか。吾《わ》が黨《とう》の小《しょう》子《し》、狂簡《きょうかん》にして、斐然《ひぜん》として章《しょう》を成《な》す。之《これ》を裁《さい》する所以《ゆえん》を知《し》らず、と。

子在陳曰、歸與、歸與。吾黨之小子、狂簡、斐然成章。不知所以裁之。

孔先生が陳の国にいらした時おっしゃるには、「帰ろう、帰ろう。魯にいる我が門人は、大志を抱きつつ粗略さがまだ残り、華やかな錦のように模様は美しいが、生地を裁つすべを知らないでいるのだから」と。

別解 ①「吾が黨の小子、狂簡にして、」「私の郷党の門人は、志が大きく意欲的であり、」【集解・義疏・徂徠】

②「之を裁する所以を知らず。」「私は（魯に帰り、門人を育成する）六経を修める方法を知らない。」【徂徠】

114

子《し》曰《い》はく、伯夷《はくい》・叔齊《しゅくせい》は舊惡《きゅうあく》を念《おも》はず。怨《うら》み是《ここ》を用《もっ》て希《まれ》なり、と。

子曰、伯夷・叔齊不念舊惡。怨是用希。

孔先生がおっしゃるには、「伯夷・叔斉は激しく悪を憎んだ人たちだが、昔の悪事をいつまでも根に持たなかった。だから、人から恨まれることは、ほとんど無かった」と。

別解 ①「伯夷・叔齊は舊惡を念はず。怨み是を用て希《わずか》なり。」「伯夷・叔斉は、（西伯の時に、）殷の領地の多く

を支配したことを根に持つことはなく、周に身を寄せた。伯夷・叔斉は、(人を)恨むことは、わずかであった。」【徂徠】②「怨み是を用て希《すくな》し。」「人から恨まれることは少なかった。」【義疏】

115

子《し》曰《い》はく、孰《たれ》か微生高《びせいこう》を直《ちょく》なりと謂《い》ふや。或《ある》ひと醯《けい》を乞《こ》ふ。諸《これ》を其《そ》の鄰《となり》に乞《こ》ひて之《これ》に與《あた》へたり、と。

子曰、孰謂微生高直。或乞醯焉。乞諸其鄰而與之。

孔先生がおっしゃるには、「いったい誰が微生高を真っ正直だなどと言うのか。ある人が酢を借りに行ったら、自分もそれを隣から貰ったのに、何くわぬ顔で与えたと言うではないか」と。

別解　①時人が微生高のことを正直だと言うことが多かった。そのため孔先生は譏った。【義疏】②孔先生の微生高が正直ではないことを譏ったのは、「郷原は徳の賊なり」(陽貨第十七・447)と同じ意である。【仁斎】③微生高は孔子と同郷で正直によって知られていた。本章は孔先生の戯れの言葉であり、門人が記録したのは、孔先生が同郷の人々と親しみやすく接していることを示したからである。【徂徠】

116

子《し》曰《い》はく、巧言《こうげん》・令色《れいしょく》・足恭《すうきょう》するは、左丘明《さきゅうめい》之《これ》を恥《は》づ。丘《きゅう》も亦《ま》た之《これ》を恥《は》づ。怨《うら》みを匿《かく》して其《そ》の人《ひと》を友《とも》とするは、

子曰、巧言・令色・足恭、左丘明恥之。丘亦恥之。匿怨而友

左丘明《さきゅうめい》　之《これ》を恥《は》づ。丘《きゅう》も亦《ま》た之《これ》を恥《は》づ、と。

孔先生がおっしゃるには、「口先を上手に、表情も和らげて人に媚び、丁寧に過ぎる有様は、左丘明は恥ずべき態度とし、私も恥ずべき態度と思う。心に怨みを秘めたまま、その人と友となることは、左丘明は恥ずべき態度とし、私も恥ずべき態度と思う。」と。

別解 ①「足恭《そく》なるは、」［へつらうのは、］【集解・義疏・徂徠・仁斎】②「怨みを匿して其の人を友とするは、」［心の内に怨みを隠して、（偽って）その人と友となることは、］【義疏】

其人、左丘明恥之。丘亦恥之。

117

顔淵《がんえん》・季路《きろ》侍《じ》す。子《し》曰《い》はく、盍《なん》ぞ各〻《おのおの》爾《なんじ》の志《こころざし》を言《い》はざる、と。子路《しろ》曰《い》はく、願《ねが》はくは車馬《しゃば》もて輕裘《けいきゅう》を衣《き》て、朋友《ほうゆう》と共《とも》にし、之《これ》を敝《やぶ》るも憾《うら》むこと無《な》けん、と。顔淵《がんえん》曰《い》はく、願《ねが》はくは善《ぜん》に伐《ほこ》ること無《な》く、勞《ろう》を施《ほどこ》すこと無《な》けん、と。子路《しろ》曰《い》はく、願《ねが》はくは子《し》の志《こころざし》を聞《き》かん、と。子《し》曰《い》はく、老者《ろうしゃ》は之《これ》を安《やす》んじ、朋友《ほうゆう》は之《これ》を信《しん》じ、少者《しょうしゃ》は之《これ》を懐《なつ》け

顏淵・季路侍。子曰、盍各言爾志。子路曰、願車馬衣輕裘與朋友共、敝之而無憾。顏淵曰、願無伐善、無施勞。子路曰、願聞子之志。子曰、老者安之、朋友信之、少者懷之。

ん、と。

顔淵と季路がお側に控えていた。孔先生がおっしゃるには、「さあ、各々の志を言ってみないか」と。子路が言うには、「どうか、車や馬や皮の外套を着て、友と共用して、それらを傷めても残念と思わないようでありたいです」と。顔淵が言うには、「どうか、自分に長所があっても鼻にかけず、功労があっても尊大にならないようでありたいです」と。子路が言うには、「どうか、先生の志をお聞かせ下さい」と。孔先生がおっしゃるには、「老人には平穏な暮らしをさせ、友には信頼され、若者には慕われるようありたいものだ」と。

別解 ①「少者は之を懐《やすん》ぜん。」[若者には落ち着かせるようにさせる。]【集解】②子路の志は義であり、顔淵の志は仁であり、孔先生の志は万物の創造主である。それは、あたかも人が天地の中にいながら天地の偉大さを知らないようなものである。孔先生の志は偉大である。【仁斎】

118

子曰《しい》はく、已《やん》ぬるかな。吾未《われいま》だ能《よ》く其《そ》の過《あやま》ちを見《み》て内《うち》に自《みずか》ら訟《せ》むる者《もの》を見《み》ざるなり、と。

子曰、已矣乎。吾未見能見其過而内自訟者也。

孔先生がおっしゃるには、「もはや絶望か。自分の過ちを自ら見出して、口に出さずに、心深く自責の

念を持てる人を、私は見ないまま終るのかと思うと」と。

【別解】①顔淵は「過ちを貳ねず。」（雍也第六・121）であった。その死後、顔淵のような人は見なくなった。本章は顔淵が没したのを孔先生が嘆いた発言である。【徂徠】

119

子曰《しい》はく、十室《じっしつ》の邑《ゆう》、必《かな》らず忠信《ちゅうしん》丘《きゅう》の如《ごと》き者《もの》有《あ》らん。丘《きゅう》の學《がく》を好《この》むが如《ごと》くならざるなり、と。

子曰、十室之邑、必有忠信如丘者焉。不如丘之好學也。

孔先生がおっしゃるには、「十戸ほどの村にも、真心があり誠実なところが私のような人は、きっといるに違いない。しかし、私ほどに学問好きではないだろう」と。

【別解】①「焉《いず》くんぞ丘の學を好むに如《し》かざらん。」（1）「どうして、私ほどに学問を好む者がいないことがあろうか。」【義疏衛瓘】（2）「十戸ほどの村にも、中庸の徳が私のような人はいる。どうして、私ほどに学問を好む者がいないことがあろうか。」【徂徠】②良い素質の人は得やすいが、学問を好む人を得るのは難しいのを述べた。【仁斎】③孔先生の学問は道徳を根本とし、人倫や日常から離れない。学問の進歩はためせるが、はっきりと悟ることは期待すべきではない。【仁斎】

雍也第六

凡二十八章。篇內第十四章以前、大意與前篇同。

凡べて二十八章。篇内の第十四章以前、大意 前篇と同じ。

全二十八章。篇内の第十四章（133）以前は、大意が前篇と同じ。

120

子《し》曰《い》はく、雍《よう》や、南面《なんめん》せしむべし。仲弓《ちゅうきゅう》子桑伯子《しそうはくし》を問《と》ふ。子《し》曰《い》はく、可《か》なり簡《かん》なり、と。仲弓《ちゅうきゅう》曰《い》はく、敬《けい》に居《い》て簡《かん》を行《おこな》ひ、以《もっ》て其《そ》の民《たみ》に臨《のぞ》まば、亦《ま》た可《か》ならずや。簡《かん》に居《い》て簡《かん》を行《おこな》ふは、乃《すなわ》ち大簡《たいかん》なること無《な》からんや。子《し》曰《い》はく、雍《よう》の言《げん》然《しか》り、と。

子曰、雍也、可使南面。仲弓問子桑伯子。子曰、可也簡。仲弓曰、居敬而行簡、以臨其民、不亦可乎。居簡而行簡、無乃大簡乎。子曰、雍之言然。

孔先生が、「雍（仲弓）は、君主のように南面して政治を執らせるに相応しい素質を持っている」とおっしゃると、その仲弓は子桑伯子について質問した。孔先生が、「まあいいだろう。大まかだが」とおっしゃると、仲弓は、「慎み深く生活して、大まかに政治を行う、そう言う態度で為政者として民衆に臨むなら、よろしいのではありませんか。大まかに生活し、大まかに政治を行うのは、なんとも大まかが行過ぎて、いい加減ではないでしょうか」と言った。孔先生がおっしゃるには、「雍の言う通りだ」と。

別解 ①「南面せしむべし。」（1）［諸侯に任じて執政させられる。］【集解・徂徠】（2）［諸侯に封じられる。］【義疏】（3）［民を治められる。］【仁斎】②「可なり簡なり。」（1）［まあいいだろう。粗雑だが。］【集解】（2）［簡略といえる。］【義疏】③「敬に居て簡を行ひ、」［自分の身を慎み、民には寛略で臨み、］【集解・徂徠】④人の上に立つ者は民衆の依りどころである。そのため、「事を敬す」（學而第一・5）を根本とする。しかし、権力者は粗放になりやすい。だから易簡が重要となる。【仁斎】

121

哀公《あいこう》問《と》ふ、弟子《ていし》孰《たれ》か學《がく》を好《この》むと爲《な》す、と。孔子《こうし》對《こた》へて曰《い》はく、顔回《がんかい》という者《もの》有《あ》り。學《がく》を好《この》み、怒《いか》りを遷《うつ》さず、過《あやま》ちを貳《ふたたび》せず。不幸短命《ふこうたんめい》にして死《し》せり。今《いま》や則《すなわ》ち亡《な》し。未《いま》だ學《がく》を好《この》む者《もの》を聞《き》かざるなり、と。

哀公問、弟子孰爲好學。孔子對曰、有顔回者。好學、不遷怒、不貳過。不幸短命死矣。今也則亡。未聞好學者也。

哀公が、「そなたの門弟では、一体誰が学問好きだと思っておられるか」とおたずねになった。孔先生がお答えして申し上げるには、「顔回と言う者がおりました。わが実践の学を心から楽しんで身につけようと努め、怒りを別人に八つ当たりもせず、一度犯した過ちを二度と繰り返すこともありませんでした。それなのに不幸なことに、短命で亡くなりました。今はもうこのような門弟はおりません。その後は、学問を心から楽しむ者の名を、まだ耳にしておりません」と。

別解 ①「怒りを遷さず、過ちを貳せず。」（1）「（過分に怒らず、）怒りを（他人に）移さず、不善をなせば、二度としなかった。」【集解】（2）「（過分に怒らず、）怒りを（他人に）移さず、不善をなせば、言い訳をしなかった。」【義疏】②「過ちを貳《そ》へず。」「過ちを（改めれば、）二度と過たなかった。」【仁斎】③「過ちを貳《かさ》ねず。」「過ちを改めないばかりか、言い訳はしなかった。」【徂徠】④哀公は、みだりに怒り、過ちを繰り返していた。孔先生は「怒りを遷さず、過ちを貳せず」との答えの中に諫めを含ませようとした。【義疏】⑤本章は弟子のなかで顔回だけが学問を好むことを、その行動から証明している。【仁斎】

子華《しか》齊《せい》に使《つか》ひす。冉子《ぜんし》其《そ》の母《はは》の爲《ため》に粟《ぞく》を請《こ》ふ。子曰《しい》はく、之《これ》に釜《ふ》を與《あた》へよ、と。益《ま》さんことを請《こ》ふ。曰《い》はく、之《これ》に庾《ゆ》を與《あた》へよ、と。冉子《ぜんし》之《これ》に粟五秉《ぞくごへい》を與《あた》ふ。子曰《しい》はく、赤《せき》の齊《せい》に適《ゆ》くや、肥馬《ひば》に乘《の》り、輕裘《けいきゅう》を衣《き》たり。吾之《われこれ》を聞《き》けり、君子《くんし》は急《きゅう》なるに周《あまね》くして富《と》めるに繼《つ》がず、と。原思《げんし》之《これ》が宰《さい》と爲《な》る。之《これ》に粟九百《ぞくきゅうひゃく》を與《あた》ふ。辭《じ》す。子曰《しい》はく、毋《な》かれ。以《もっ》て爾《なんじ》の鄰里鄕黨《りんりきょうとう》に與《あた》へんか、と。

子華使於齊。冉子爲其母請粟。子曰、與之釜。請益。曰、與之庾。冉子與之粟五秉。子曰、赤之適齊也、乘肥馬、衣輕裘。吾聞之也、君子周急不繼富。原思爲之宰。與之粟九百。辭。子曰、毋。以與爾鄰里鄕黨乎。

子華が孔先生のために、斉に使いに行った。同門の冉先生が、子華の母親のため、留守中の生活の資として穀物を支給して欲しいと、孔先生に願い出でた。孔先生がおっしゃるには、「母親に一釜分を支給しなさい」と。冉先生は（少な過ぎると）、増やして欲しいとお願いした。孔先生がおっしゃるには、「母親に一庾分を支給しなさい」と。冉先生は、それでも少な過ぎると、独断で五秉分（十庾・百二十五釜）を与えた。孔先生がおっしゃるには、「公西赤（子華）が、斉へと出立した時といったら、立派に太った馬に乗り、高価な軽い皮衣を着ていたではないか。私はこんな言葉を聞いたことがある、『君子は生活に困っている人は助けるが、金持ちに更には与えない』」と。孔先生が魯の司寇であった時、原思（子思）が先

生の執事となった。俸給九百が下されたが、原思はそれを辞退した。孔先生がおっしゃるには、「辞退せずともよい。自分に過分だと思うなら、近郷近在の困っている人に、分かち与えればそれでよい」と。

別解 ①「子華 齊に使ひす」は、孔先生のためか、魯君のためかは不明である。【義疏】②孔先生が事に処する際は時宜に適したやり方であり、固定の方法はなかった。【仁斎】③孔先生は途絶を継ぐという意味の「繼」を用い、子華は、もともと裕福なのに、過分に足すことを批判した。【徂徠】④商鞅以降、天下はみな法家となり、二程や朱熹以降はみな理学となり果て、君子の穏やかで親しみやすい徳は分からなくなった。【徂徠】⑤鄭玄によれば、孔先生は魯に仕えた後、中都の宰、司空、司寇となった。【義疏】

123

子《し》仲弓《ちゅうきゅう》を謂《い》ひて曰《い》はく、犂牛《りぎゅう》の子《こ》、騂《あか》くして且《か》つ角《かく》ならば、用《もち》ふること勿《な》からんと欲《ほっ》すと雖《いえ》ども、山川《さんせん》其《そ》れ諸《これ》を舍《す》てんや、と。

子謂仲弓曰、犂牛之子、騂且角、雖欲勿用、山川其舍諸。

孔先生が仲弓（冉雍）についておっしゃるには、「雑種のまだら牛の子でも、赤毛でその上、角の形が良ければ、たとえ人が犠牲に用いないと決めても、山川の神々が捨て置いたままになどするものか」と。

別解 ①「用ひ勿《ざ》らんと欲すと雖ども、」「犠牲に用いないとしても、」【義疏】②門人が本章を記録したのは、孔先生が人を選ぶのに、貴賤や仲間を問わなかったことを示している。【仁斎】

124

子《し》曰《い》はく、回《かい》や、其《そ》の心《こころ》三月《さんげつ》仁《じん》に違《たが》はず。其《そ》の餘《よ》は則《すなわ》ち日月《じつげつ》に至《いた》るのみ、と。

子曰、回也、其心三月不違仁。其餘則日月至焉而已矣。

孔先生がおっしゃるには、「顔回は、長いこと、心が仁徳からそれなかった。他の者なら、一日かせいぜい一ヶ月、仁徳に到れるに過ぎない」と。

別解 ①「三月仁に違はず。」(1)「季節が変化しても、仁に合致していた。」【義疏】(2)「長い間、民を安ずる徳に合致していた。」【徂徠】②「三月仁に違はず。其の餘は則ち日月に至るのみ。」「長い間、仁に合致していた。(しかし、)学問や政治は、月日の経つに従い、(自然と)できあがった。」【仁斎】

125

季《き》康《こう》子《し》問《と》ふ。仲由《ちゅうゆう》は政《まつりごと》に従《したが》はしむべきか、と。子《し》曰《い》はく、由《ゆう》や果《か》なり。政《まつりごと》に従《したが》ふに於《おい》てか何《なに》か有《あ》らん、と。曰《い》はく、賜《し》や政《まつりごと》に従《したが》はしむべきか、と。曰《い》はく、賜《し》や達《たつ》なり。政《まつりごと》に従《したが》ふに於《おい》てか何《なに》か有《あ》らん、と。曰《い》はく、求《きゅう》や政《まつりごと》に従《したが》はしむべきか、と。曰《い》はく、求《きゅう》や藝《げい》なり。政《まつりごと》に従《したが》ふに

季康子問。仲由可使従政也與。子曰、由也果。於従政乎何有。曰、賜也可使従政也與。曰、賜也達。於従政乎何有。曰、求也可使従政也與。曰、求也藝。於従政乎何

於《お》いてか何《なに》か有《あ》らん、と。

有。

魯の大夫・季康子が質問して言うには、「仲由（子路）は、行政に関わらせるのに相応しいでしょうか」と。孔先生がおっしゃるには、「由は果断です。行政に関わらせるのに、どんな不都合がありましょう」と。また質問して言うには、「賜（子貢）は行政に関わらせるのに相応しいでしょうか」と。孔先生がおっしゃるには、「賜は博く物事に通じています。行政に関わらせるのに、どんな不都合がありましょう」と。さらに質問して言うには、「求（子有）は、行政に関わらせるのに相応しいでしょうか」と。孔先生がおっしゃるには、「求は才能があります。行政に関わらせるのに、どんな不都合がありましょう」と。

別解 ①「何か有らん。」「（政治を執らせても）余力がある。」【義疏衛瓘】②「賜や達なり。」（1）「賜は、物事の道理に通じている。」【集解】（2）「賜は、物事の道理に到達している。」【義疏】（3）「賜は、国体・人情に通じ、滞ることがない。」【徂徠】③政治に従事するのに各々才能があり、一つだけに限定できないと述べた。【仁斎】

126

季氏《きし》閔子騫《びんしけん》をして費《ひ》の宰《さい》為《た》らしめんとす。閔子騫《びんしけん》曰《い》はく、善《よ》く我《わ》が為《ため》に辭《じ》せよ。如《も》し我《われ》を復《ふたた》びする者《もの》有《あ》らば、則《すなわ》ち吾《われ》は必《かな》らず汶《ぶん》の上《ほとり》に在《あ》らん、と。

季氏使閔子騫爲費宰。閔子騫曰、善爲我辭焉。如有復我者、則吾必在汶上矣。

魯の国の季氏が、閔子騫を自領の費の代官にしようとした。孔子の門人の閔子騫は、季氏の使者に言うには、「私のために上手にお断り下さい。もしも、再びお召しになるようでしたら、私は斉との国境の汶水あたりに、（いつでも亡命できるよう）きっと身を置くでしょう」と。

【別解】①「如し我を復《また》する者有らば、」「もし、重ねて私をお召しになるのでしたら、」【集解・義疏・仁斎・徂徠】②閔子騫は従順だが、使者への言は毅然としていた。そこで、孔先生の弟子は記して学ぶ者の規範とした。【仁斎】

127

伯牛《はくぎゅう》疾《やまい》有《あ》り。子《し》之《これ》を問《と》ふ。牖《まど》自《よ》り其《そ》の手《て》を執《と》り、曰《い》はく、之《こ》れ亡《な》からん。命《めい》なるかな。斯《こ》の人《ひと》にして斯《こ》の疾《やまい》有《あ》るや、斯《こ》の人《ひと》にして斯《こ》の疾《やまい》有《あ》るや、と。

伯牛有疾。子問之。自牖執其手、曰、亡之。命矣夫。斯人也而有斯疾也、斯人也而有斯疾也。

冉伯牛が悪性の病気になった。重篤となった時、孔先生が見舞われ、窓越しに伯牛の手をしっかり握っておっしゃるには、「もう助からないのか。これも天命なのか。これほどの人物が、こんな病気に侵されようとは。これほどの人物が、こんな病気に侵されようとは」と。

【別解】①「子 之を問ふ。」「孔先生は、（伯牛に）恢復したか尋ねた。」【義疏】②「牖自り其の手を執り、」「（伯牛は悪疾を見せるのを望まなかった。そのため、）窓越しに伯牛の手を執って、」【集解】③「之れ亡《うしな》はん。」「もう死ぬ

のか。」【集解・義疏・仁斎】④「之れ亡《うしな》はんは。」「（伯牛は悪疾のため、）世に用いられなくなった。」【徂徠】

128

子曰《しい》はく、賢《けん》なるかな回《かい》や。一簞《いったん》の食《し》、一瓢《いっぴょう》の飲《いん》、陋巷《ろうこう》に在《あ》り。人《ひと》は其《そ》の憂《うれ》ひに堪《た》へず。回《かい》や其《そ》の樂《たの》しみを改《あらた》めず。賢《けん》なるかな回《かい》や、と。

子曰、賢哉回也。一簞食、一瓢飲、在陋巷。人不堪其憂。回也不改其樂。賢哉回也。

孔先生がおっしゃるには、「すばらしい人間だなあ、顔回は。わずか一膳のめしと一椀の汁だけで、しかも狭苦しい裏町に住んでいる。普通の人では、こんな苦労に堪えられない。しかし顔回はその中で、人として生きるべき学問追究の楽しみを、心から味わっている。実にすばらしい人間だなあ、顔回は」と。

別解 ①「其の樂しみ」（1）「道に楽しむのを」【集解・義疏】（2）「（孟子のいう）「理義」を楽しみ」【仁斎】（3）「先王の道を楽しみ」【徂徠】

129

冉求《ぜんきゅう》曰《い》はく、子《し》の道《みち》を説《よろこ》ばざるに非《あら》ず。力足《ちからた》らざるなり、と。子曰《しい》はく、力足《ちからた》らざる者《もの》は、中道《ちゅうどう》にして廢《はい》す。今《いま》

冉求曰、非不說子之道。力不足也。子曰、力不足者、中道而廢。

女《なんじ》は畫《かぎ》れり、と。

今女畫。

冉求が言うには、「私は孔先生の教えてくださる生き方を、心から喜ばないのではありません。私の力がお教えの実践には足りないのです」と。孔先生がおっしゃるには、「力が足りないと言うのは、あらん限りの力を尽くしても、どうにも致し方なく、途中で倒れて止めてしまうことである。お前は自分で自分の限界を決めてしまって（得られるべきものまでも失って）いる」と。

別解 ①「力足らざる者は、道に中《ちゅう》して廢す。」「（古えの）力不足の者は、道の中にあるのに、学業を止めた。」【徂徠】②「今女は畫《や》む。」「いまお前は止めてしまった。」【集解・義疏】③人の力には強弱があり、聖人は無理強いしない。各々の力量に従い、先王の道に遊び、完成に至る。【徂徠】

130

子《し》、子夏《しか》に謂《い》ひて曰《い》はく、女《なんじ》君子《くんし》の儒《じゅ》と爲《な》れ、小人《しょうじん》の儒《じゅ》と爲《な》ること無《な》かれ、と。

子謂子夏曰、女爲君子儒、無爲小人儒。

孔先生が子夏に向かっておっしゃるには、「お前は、自らの修養を目的とする、君子としての学者になりなさい。名誉や利益に引かれる、小人の学者になってはならない」と。

別解 ①「君子の儒を爲せ、小人の儒を爲すこと無かれ。」「道を明らかにする君子の儒をしなさい。その名に

誇る小人の儒をしてはいけない。」【集解・義疏】②君子・小人は身分の上下である。君子の儒は天下のことを自分の任務とし、他人の救済をも考える。小人の儒は、自分のためだけで、他人に及ばない。【仁斎】③儒とは学問ある人である。孔先生は子夏に、君子の事（国の統治と民の安定）を実行させ、小人の事（煩瑣な礼法に努め、役人の仕事に役立たせる）を実行させないように思った。【徂徠】④君子の儒とは、自分のために、小人の儒とは、人のためにする者である。【劉敞】

131

子游《しゆう》武城《ぶじょう》の宰《さい》と爲《な》る。子曰《しい》はく、女《なんじ》人《ひと》を得《え》たるか、と。曰《い》はく、澹臺滅明《たんだいめつめい》といふ者《もの》有《あ》り。行《ゆ》くに徑《こみち》に由《よ》らず。公事《こうじ》に非《あら》ずんば、未《いま》だ嘗《かつ》て偃《えん》の室《しつ》に至《いた》らざるなり、と。

子游爲武城宰。子曰、女得人焉爾乎。曰、有澹臺滅明者。行不由徑。非公事、未嘗至於偃之室也。

子游が武城の地の代官となった。孔先生がおっしゃるには、「お前はこれぞと言う人材を得られたか」と。子游が言うには、「澹台滅明という者がおりました。進む時には、目立たぬ近道をとらず、公用でない限り、代官である私の部屋に（ご機嫌伺いや自分の売り込みのために）、今まで一度も来たことがありません」と。

【別解】①「女 人を得たるか。」（1）「お前は（その土地に）徳行を好む人を得られたか。」【義疏】（2）「お前は（その土地に）賢才を得られたか。」【義疏袁氏】②「公事に非ずんば、」「公の税金のことでなければ、」【義疏】③「行くに徑に由らず」とは小細工を用いないことである。【仁斎】

132

子《し》曰《い》はく、孟之反《もうしはん》伐《ほこ》らず。奔《はし》りて殿《でん》す。將《まさ》に門《もん》に入《い》らんとするや、其《そ》の馬《うま》に策《むちう》ちて曰《い》はく、敢《あえ》て後《おく》るるに非《あら》ざるなり。馬《うま》進《すす》まざればなり、と。

子曰、孟之反不伐。奔而殿。將入門、策其馬曰、非敢後也。馬不進也。

孔先生がおっしゃるには、「孟之反は、功績があろうとも人に誇ろうとはしない。魯軍退却の時に、最も危険で重要なしんがりを務めたが、いよいよ味方の城門に入ろうとした時、馬に鞭打って『自分から進んで最後尾を務めたのではないぞ。馬が思うように進まなかったからだ』と言ったということだ」と。

別解 ①「其の馬を策《う》ちて曰はく、」「馬を叩いて言った、」【義疏】②孟之反は自ら進んで殿を務めたのではない。人々が功績とするのを恐れ、事実をさらけ出したのである。【仁斎】

133

子《し》曰《い》はく、祝鮀《しゅくだ》の佞《ねい》有《あ》りて、而《しか》も宋朝《そうちょう》の美《び》有《あ》らずんば、難《かた》いかな、今《いま》の世《よ》に免《まぬが》れんこと、と。

子曰、不有祝鮀之佞、而有宋朝之美、難乎、免於今之世矣。

孔先生がおっしゃるには、「衛国の宗廟祭祀官の鮀（子魚）のような弁舌の才能もなく、宋国の公子朝のような美貌もなければ、難しいだろうなあ、今のような乱世で人からの憎悪を免れるのは」と。

[別解] ①「祝鮀の佞有らずして、宋朝の美有るは、」[鮀（子魚）のような弁舌の才能がなく、宋国の公子朝のような美貌があるだけでは、]【集解・徂徠】

134

子曰《しい》はく、誰《たれ》か能《よ》く出《い》づるに戸《こ》に由《よ》らざらん。何《なん》ぞ斯《こ》の道《みち》に由《よ》ること莫《な》きや、と。

子曰、誰能出不由戸。何莫由斯道也。

孔先生がおっしゃるには、「いったい誰が戸口を通らずに外に出られようか。それなのにどうして、人として通らねばならないこの道を、通る者がいないのだろうか」と。

[別解] ①「何ぞ斯の道に由ること莫きや。」[どうして先王の道に基づかないのか。]【義疏】

135

子曰《しい》はく、質《しつ》文《ぶん》に勝《か》てば則《すなわ》ち野《や》なり。文《ぶん》質《しつ》に勝《か》てば則《すなわ》ち史《し》なり。文質彬彬《ぶんしつひんぴん》として、然《しか》る後《のち》に君子《くんし》なり、と。

子曰、質勝文則野。文勝質則史。文質彬彬、然後君子。

孔先生がおっしゃるには、「その人の生地が（言葉や動作の）飾りを凌いでいると、野卑である。逆に飾りが生地を凌いでいると、（慇懃無礼な）文書役人のようになる。飾りと生地が均しく溶け合って、そ

の後に初めて人格の完成された君子と言える」と。

【別解】①「文」とは礼楽のこと。【徂徠】②文が質に勝っても、質が文に勝っても禍がある。【仁斎】

136

子曰《しい》はく、人《ひと》の生《い》くるや直《なお》し。之《これ》罔《な》くして生《い》くるは、幸《さいわい》にして免《まぬか》るるなり、と。

子曰、人之生也直。罔之生也、幸而免。

孔先生がおっしゃるには、「人が生きていられるのは真っ直ぐだからだ。それを無視して直でなくても（本来、生きられるはずもないのに）生きているのは、まぐれで死を免れているだけだ」と。

【別解】①「之を罔《あざむ》きて生くるは、」「それをいつわって、生きているのは、」【集解・義疏・仁斎】②「人の生くるや直《とく》なり。」「人が生きていられるのは徳があるからだ。」直を徳の古字「悳」の誤りとする。【徂徠・筆解】③「之を罔《ぼう》して生くるは、」「徳を無くして生きるのは、」【徂徠】④本章は衛靈公第十五・403と同様のことを述べている。【仁斎】

137

子曰《しい》はく、之《これ》を知《し》る者《もの》は、之《これ》を好《この》む者《もの》に如《し》かず。之《これ》を好《この》む

子曰、知之者、不如好之者。好之者、不

者《もの》は、之《これ》を楽《たの》しむ者《もの》に如《し》かず、と。

如樂之者。

孔先生がおっしゃるには、「人としての道を理解している者は（知らないよりはましだが）、それを好む者には及ばない。それを好む者もそれを楽しむ人には及ばない」と。

別解 ①「之を知る者は、」から「之を樂しむ者に如かず。」まで［学問の利益を知っている者は、学問を好む者には及ばない。学問を好む者も学問を楽しむ者には及ばない。］【義疏】②「好」には盛衰がある。そのため「樂」には及ばない。【義疏李充】③孔先生がこれを述べたのは、生から熟へ、浅から深へと進むことを望んだからである。【仁斎】

138

子《し》曰《い》はく、中人以上《ちゅうじんいじょう》は、以《もっ》て上《かみ》を語《つ》ぐべし。中人以下《ちゅうじんいか》は、以《もっ》て上《かみ》を語《つ》ぐべからざるなり、と。

子曰、中人以上、可以語上也。中人以下、不可以語上也。

孔先生がおっしゃるには、「中くらいより上程度の人には、高度な教えを誤り無く語り伝えられるが、中以下の人には、誤解を招いて思わぬ弊害がでるので、高度な内容のまま語らない方がよい」と。

別解 ①「以て上を語ぐべし。」（1）［聖人の道を語り伝えられる。］【義疏】（2）［上智の理解することを語り伝えられる。］【義疏王粛・徂徠】②教化について述べている。人の品等は、上上・上中・上下・中上・中中・中下・下

上・下中・下下に九分される。【義疏師説】③人に告げるのは、個々の才能による。聖賢の事業は、中人以下には不適である。中人以下には孝弟・忠信・威儀・礼節を言うべきである。【仁斎】

139

樊遲《はんち》知《ち》を問《と》ふ。子曰《しい》はく、民《たみ》の義《ぎ》を務《つと》め、鬼神《きしん》を敬《けい》して之《これ》を遠《とお》ざく。知《ち》と謂《い》ふべし、と。仁《じん》を問《と》ふ。曰《い》はく、仁者《じんしゃ》は難《かた》きを先《さき》にして獲《う》ることを後《のち》にす。仁《じん》と謂《い》ふべし、と。

樊遲問知。子曰、務民之義、敬鬼神而遠之。可謂知矣。問仁。曰、仁者先難而後獲。可謂仁矣。

樊遲（子遲）が「知」について質問した。孔先生がおっしゃるには、「人として行うべき道を力を尽くして実践し、神霊を心から敬いながらも、むやみに近づき福を求めて頼ろうとしないなら、知と言えよう」と。同じく「仁」について質問した。孔先生がおっしゃるには、「仁者は、何事につけ、難しい責務を率先して果たそうとして、報酬や効果は前もって考えない。それなら仁と言えよう」と。

別解　①「民の義を務め、」「民を教化することに努め、」【集解・義疏・徂徠】②「先づ難《なや》みて而る後に獲《う》。」「先ず労苦して、その後に効果を得る。」【集解・義疏・徂徠】

140

子曰《しい》はく、知者《ちしゃ》は水《みず》を樂《この》み、仁者《じんしゃ》は山《やま》を樂《この》む。知者《ちしゃ》は動《うご》き、仁者《じんしゃ》は靜《しず》かなり。知者《ちしゃ》は樂《たの》しみ、仁者《じんしゃ》は壽《いのちなが》し、と。

子曰、知者樂水、仁者樂山。知者動、仁者靜。知者樂、仁者壽。

孔先生がおっしゃるには、「知者は川の流れ（の流れてやまぬ有様）を好み、仁者は山（の泰然として動じない有様）を好む。知者の本質は動的で、仁者の本質は静的である。知者は快活で楽しみが多く、仁者は安静で天寿を全うする」と。

別解 ①「知者の樂《たの》しみは水、仁者の樂《たの》しみは山。」「知者の楽しみは水であり、仁者の楽しみは山である」以上が古言で、以下が孔先生の解釈である。【徂徠】②知者は仁を適用する者であり、仁者は仁に安んじる者である。【劉敞】③知・仁の別を論じている。「知者は水を楽しみ、仁者は山を楽しむ」は知・仁の本質である。「知者は動き、仁者は静かなり」は知・仁の作用である。「知者は楽しみ、仁者は壽し」は、知・仁の効果である。【義疏陸特進】

141

子曰《しい》はく、齊《せい》一變《いっぺん》せば、魯《ろ》に至《いた》らん。魯《ろ》一變《いっぺん》せば、道《みち》に至《いた》らん、と。

子曰、齊一變、至於魯。魯一變、至於道。

孔先生がおっしゃるには、「斉の国が（功利優先を信義尊重に）一変すれば、魯のようになれるだろう。

魯が（政治改革を断行して）一変すれば、理想的な先王の道に到達するだろう」と。

【別解】①「魯に至らん。」［魯に（周公の）大道が行われていた時のようになる。］【集解・義疏・徂徠】②「道に至らん。」［王道に到達するだろう。］【劉敞】③強国が弱国に勝つのは、みな知っている。しかし、礼楽が政治や刑罰に勝っていることは、人々はまだ知らない。【仁斎】

142

子曰、觚不觚。觚哉、觚哉。

子曰《しい》はく、觚《こ》觚《こ》ならず。觚《こ》ならんや、觚《こ》ならんや、と。

孔先生がおっしゃるには、「名称は觚であっても、実は觚ではなくなった。これでも觚だろうか、これでも觚だろうか」と。

【別解】①当時の人々は酒に溺れていた。そのため、「觚 觚ならず」といい、礼を知らないと仰ったのである。【義疏王肅】②酒が徳を乱すのは古来よりの禍であった。そのため、礼には三爵があり、書には酒誥があり、易には濡首があり、詩には賓筵の刺がある。これらは、みな酒に溺れることを防ぐ方法である。【義疏蔡謨】③本章は政治を行うのに、道を用いなければ、完成しないことを喩えた。【集解】④觚は「酒器」である。觚が規定よりも大きくなり、本来の觚ではなくなったことを述べた。【徂徠】

143

宰我《さいが》問《と》ひて曰《い》はく、仁者《じんしゃ》は之《これ》に告《つ》げて井《せい》に仁《じん》有《あ》りと曰《い》ふと雖《いえ》ども、其《そ》れ之《これ》に從《したが》はんや、と。子《し》曰《い》はく、何爲《なんす》れぞ其《そ》れ然《しか》らん。君子《くんし》は逝《ゆ》かしむべし、陥《おとしい》るべからざるなり。欺《あざむ》くべし、罔《し》ふべからざるなり、と。

宰我問曰、仁者雖告之曰井有仁〔人〕焉、其從之也。子曰、何爲其然也。君子可逝也、不可陥也。可欺也、不可罔也。

宰我が質問して言うには、「仁者は、誰かが『井戸の中に人が落ちました』と告げたとしても、すぐに飛び込んで救けましょうか」と。孔先生がおっしゃるには、「どうして確かめないでそんな無謀なことをするだろうか。君子は井戸端までは行かせられるが、井戸に落ち込ませられない。道理にかなったことで騙す事はできても、道理としてあり得ない事で晦まし続けられない」と。

＊朱熹は、〔 〕内の原文を誤りとして改め、更に注釈で「仁」を「人」と説く。

【別解】①「仁者は之に告げて井に仁有りと曰ふと雖ども、」「仁者は、誰かが『井戸の中に仁者が落ちました』と告げたとしても、」【集解・義疏・徂徠】なお、徂徠は宰我が孔先生の身を案じ、仁者を孔先生に喩え、微言したとする。②「陥《ぼっ》すべからざるなり。」「井戸に飛び込むことまではできない。」【義疏】③孔先生の弟子たちは無駄に質問することはなかった。質問する時は必ず実行しようとした。宰我の質問も同様であり、自分の命を捨てて、仁を求めようとしたのであろう。【仁斎】

144

子曰《しい》はく、君子《くんし》は博《ひろ》く文《ぶん》を學《まな》び、之《これ》を約《やく》するに禮《れい》を以《もっ》てせば、亦《ま》た以《もっ》て畔《そむ》かざるべきか、と。

子曰、君子博學於文、約之以禮、亦可以弗畔矣夫。

孔先生がおっしゃるには、「君子は、『詩経』『書経』などから広く知識を得て、実践にはそれを礼に適うよう引き締めれば、道そのものではなくとも、また、道に背かずいられるだろう」と。

別解 ①「博く文を學び、之を約《たば》ぬるに、」〔広く六経を学び、それを一つに束ねるのに、〕【義疏】②「博く文を學び、之を約するに、」〔広く詩・書・礼・楽を学び、(それらの先王の道を)身に入れるのに、〕【徂徠】③孔門の学の階梯である。【仁斎】

145

子《し》 南子《なんし》を見《み》る。子路《しろ》説《よろこ》ばず。夫子《ふうし》之《これ》に矢《ちか》ひて曰《い》はく、予《わ》が否《ひ》なる所《ところ》は、天之《てんこれ》を厭《た》たん。天之《てんこれ》を厭《た》たん、と。

子見南子。子路不說。夫子矢之曰、予所否者、天厭之。天厭之。

孔先生が、衛の霊公夫人の南子に謁見した。子路は、醜聞の多い南子に孔先生が会ったことを、心から慶ぶことはなかった。孔先生が子路に誓っておっしゃるには、「自分の行いに、礼に背き道に外れる事があるならば、天が私を罰して見捨てるだろう、天が見捨てるだろう」と。

別解 ①「子路 說ばず。」〔子路は悦ばなかった。(そして、孔先生にその理由を答えてもらい、衆人を理解さ

せようとした。）」【義疏繆播】②「予が否《すまじ》き所は、天之を厭がん。」〔自分の行いに、善ではない事があれば、天が私をふさぎとめるだろう。」【義疏】③「天 之を厭たん。」〔天が私を絶つだろう。」【仁斎】④南子が会見を申し込んだのは、善意からであり、いたずらに申し込んだのではないだろう。そのため、孔先生は南子に会った。悪人であっても、以前の過ちを悔い、改める心があれば、こちら側としては会わない道理はない。もし以前、悪を為したからといって拒絶すれば、道をこちら側から絶つことになる。これは仁者の本心ではない。【仁斎】⑤孔先生が誓ったのは、子路を安心させようとしただけではなく、衛の国の人に信用されようと思ったのである。南子との一件は高弟の子路でさえも分からなかった。それを、はるか後世の者が分かるだろうか。【徂徠】

146

子曰、中庸之爲德也、其至矣乎。民鮮久矣。

子《し》曰《い》はく、中庸《ちゅうよう》の徳《とく》爲《た》るや、其《そ》れ至《いた》れるかな。民《たみ》鮮《すくな》きこと久《ひさ》し、と。

孔先生がおっしゃるには、「中庸の徳こそ、至高の徳ではあるまいか。しかし、人の中にこの徳がほとんど見られなくなって、すでに長い時が過ぎていった」と。

【別解】①「中庸の徳爲るや、」〔先王の徳こそ、」【集解・義疏】②孔先生は中庸の道を立てて、民の準則とした。『論語』が「最上至極宇宙第一の書」である理由は、ここにある。【仁斎】③中庸は、もともと楽の徳である。【徂徠】

147

子貢《しこうい》曰はく、如《も》し博《ひろ》く民《たみ》に施《ほどこ》して、能《よ》く衆《しゅう》を済《すく》ふ有《あ》らば、何如《いかん》。仁《じん》と謂《い》ふべきか、と。子《し》曰《い》はく、何《なん》ぞ仁《じん》を事《こと》とせん。必《かな》らずや聖《せい》か。堯舜《ぎょうしゅん》も其《そ》れ猶《な》ほ諸《これ》を病《や》めり。夫《そ》れ仁者《じんしゃ》は、己《おのれ》立《た》たんと欲《ほっ》して人《ひと》を立《た》て、己《おのれ》達《たっ》せんと欲《ほっ》して人《ひと》を達《たっ》せしむ。能《よ》く近《ちか》く取《と》り譬《たと》ふるを、仁《じん》の方《ほう》と謂《い》ふべきのみ、と。

子貢曰、如有博施於民、而能濟衆、何如。可謂仁乎。子曰、何事於仁。必也聖乎。堯舜其猶病諸。夫仁者、己欲立而立人、己欲達而達人。能近取譬、可謂仁之方也已。

子貢が言うには、「もしも民衆に広く恩恵を施し、彼らを苦境から救い出せれば、その徳はいかがなものでしょうか。仁徳と言えましょうか」と。孔先生がおっしゃるには、「それができるならば、それこそ仁どころではない。きっと聖人だろうよ。あの聖天子、堯・舜にして、それでもなお民衆の救済には心を悩まされていたではないか。そもそも仁者という者は、自分が身を立てたいと思ったならば、同時に人を立ててやり、自分が栄達したいと思ったならば、同時に人を栄達させてやろうと思うのである。つまり、自他の区別なく、手近な我が身を例として、他人の気持ちを理解することが、仁を追求する方法なのだ」と。

【別解】①「堯舜も其れ猶ほ諸を病《わずら》はん。」「堯・舜でさえも、民衆の救済には思い悩んでいたではないか。」【集解・義疏】②「仁の方と謂ふべきのみ。」「仁の道なのだ。」【集解・義疏】③慈愛の心が至らないところがないものが「仁」であり、至誠の徳の達しないところのないものが「聖」である。「聖」とは偉大で人を教化するという意味であ

る。つまり、仁は聖の中の大徳である。【仁斎】④子貢は仁の大きさを見て、その実際を知らない。そこで、即位した聖人のことを持ち出し、現在の自分に切実なことを見抜くことができなかった。そのため、孔先生は身近な例で仁を追求する方法を教えたのである。仁を求める方法は明白で十分であろう。【仁斎】⑤聖人とは作者であり、天賦の聡明さがある。開国の君主である堯・舜・禹・湯・文・武がそうである。その位を継承した君主や臣下は、至徳であっても聖人と称することはできない。だから孔先生は「(聖ではなく)仁を人に教えたのである。孔先生を聖人とするのは、徳と事業とが制作者に比すべきだからである。【徂徠】

述而第七

此篇多記聖人謙己誨人之辭、及其容貌行事之實。凡三十七章。

此の篇 多く聖人の己を謙し人を誨ふるの辭、 及び其の容貌行事の實を記す。凡べて三十七章。

この篇は聖人が謙虚に人を教えた言葉と、 その容貌と行為の実態を多く記す。全三十七章。

148

子曰《しい》はく、述《の》べて作《つく》らず。信《しん》じて古《いにしえ》を好《この》む。竊《ひそか》に我《わ》が老彭《ろうほう》に比《ひ》す、と。

子曰、述而不作。信而好古。竊比於我老彭。

孔先生がおっしゃるには、「私は、古くから受け継がれてきたものを正確を期して祖述するだけで、聖人でもないのに、一人よがりな創意で作り出さない。古いものを信じて心から愛している。それは、心ひそかに自分が敬慕する殷代の賢人老彭に、行いをなぞらえているからだ」と。

別解 ①「述べて作らず。信じて古を好む。」(1)〔先王の定めた制度を祖述するだけで、(新たに)礼楽を作り出さない。(自分の中に)忠信を存し、先王の道を好む。〕【義疏】(2)古えの老彭への称賛で、孔先生が誦した。【徂徠】②「老彭」(1)彭祖(「老」は八百歳をこえていたから)【義疏】(2)古えの善く人を教えた人。【徂徠】

149

子曰《しい》はく、默《もく》して之《これ》を識《しる》し、學《まな》びて厭《いと》はず、人《ひと》を誨《おし》へて倦《う》まず。何《なに》か我《われ》に有《あ》らんや、と。

子曰、默而識之、學而不厭、誨人不倦。何有於我哉。

孔先生がおっしゃるには、「何も言わず、まずしっかりと心に留め、学んで飽きることなく、どんな人を教えても、やる気をなくさない。私にこの三つが完全に身についただろうか、(いや、まだまだだ)」と。

別解 ①「默して之を識り、」(1)〔人の言葉を待たずに、自然と分かり、〕【仁斎】(2)〔(先王の礼楽を)言わ

ずに理解し、」【徂徠】②「學びて厭はず、」「先王の道を学んで飽きることなく、」【義疏】③「默して之を識し」は聖のこと、「學びて厭はず」は智のこと、「人を誨へて倦まず」は仁のことである。【劉敞】

150

子曰《しい》はく、徳《とく》を之《こ》れ脩《おさ》めざる、學《がく》を之《こ》れ講《こう》ぜざる、義《ぎ》を聞《き》きて徙《うつ》る能《あた》はざる、不善《ふぜん》の改《あらた》むる能《あた》はざる、是《こ》れ吾《わ》が憂《うれい》なり、と。

子曰、徳之不脩、學之不講、聞義不能徙、不善不能改、是吾憂也。

孔先生がおっしゃるには、「望ましい人格を完成していない、学問を窮めていない、正義を耳にしながらついて行けない、よくないことを改められない、これこそ我が身を省みての心配事である」と。

【別解】①「徳を之れ脩めざる、」「仁義の良心を養わない、」【仁斎】②「徳を之れ脩《しゅう》せざる、學を之れ講《ならは》せざる。」「徳を立派にしていない、学問を練習していない。」【徂徠】③「是れ吾が憂なり。」(1)「(世の中の人が、この四事をして改めていないことが、)私の心配事である。」【義疏】(2)「(門人たちの怠慢が)私の心配事である。」【徂徠】

151

子《し》の燕居《えんきょ》申申如《しんしんじょ》たり。夭夭如《ようようじょ》たり。

子之燕居申申如也。夭夭如也。

孔先生がおくつろぎの様子は、のびのびとして、にこにこなさっている。

別解 ①孔先生の学問を修めようとする者は先生の雰囲気を見なければならない。これは学問の準則である。【仁斎】②本章における孔先生の様子は学んで到達できるものではない。宋代の儒者は学んで聖人になれるとするが誤りである。【徂徠】

152

子曰《しい》はく、甚《はなは》だしいかな、吾《わ》が衰《おとろ》へたるや。久《ひさ》しいかな、吾《われ》復《ま》たと夢《ゆめ》に周公《しゅうこう》を見《み》ず、と。

子曰、甚矣、吾衰也。久矣、吾不復夢見周公。

孔先生がおっしゃるには、「酷いものだ、私が衰えてしまったことも。久しいなあ、あこがれて毎日のように夢見ていた周公を、私がもう夢に見なくなってから」と。

別解 ①聖人は夢を見ない。本章は周王朝が衰えた嘆きを述べた。【義疏李充】

153

子曰《しい》はく、道《みち》に志《こころざ》し、徳《とく》に據《よ》り、仁《じん》に依《よ》り、藝《げい》に游《あそ》ぶ、と。

子曰、志於道、據於德、依於仁、游於藝。

孔先生がおっしゃるには、「人として理想とする道を日々めざして歩み、そのなかで、身についた品格を

大切にして失わないようにし、徳のなかで最も重要な仁をよりそって外れず、そうなれば君子の教養たる六芸（礼・楽・射・御・書・数）に心置きなく楽しみを求めよう」と。

別解 ①「道を志《した》ひ、」「道を慕い、」【集解・義疏】②「道に志し、徳に據り、仁に依り、」「先王の道を目指し、自分の徳に依拠し、人の上に立ち、民を安んずる徳から離れずに、」【徂徠】③本章は孔門の学問の条目である。【仁斎】

154

子《し》曰《い》はく、束脩《そくしゅう》を行《おこな》ふ自《よ》り以上《いじょう》は、吾《われ》未《いま》だ嘗《かつ》て誨《おし》ふること無《な》くんばあらず、と。

子曰、自行束脩以上、吾未嘗無誨焉。

孔先生がおっしゃるには、「礼を尽して教えを乞うたなら、私は教えなかった事は一度も無い」と。

別解 ①「自ら束脩を行ふ以上あれば、」「自分から礼を尽して教えを求めてきたならば、」【集解・義疏】②「束脩を行ふ自り以上は、」「礼を尽して教えを求めてきた以後は、」【徂徠】③本章は孔先生の「人を誨へて倦まず」（述而第七・149）の仁を表したものである。【仁斎】

155

子《し》曰《い》はく、憤《ふん》せずんば啓《けい》せず。悱《ひ》せずんば發《はっ》せず。一隅《いちぐう》を擧《あ》げて三隅《さんぐう》を以《もっ》て反《はん》せずんば、則《すなわ》ち復《ふたた》びせざるなり、と。

子曰、不憤不啓。不悱不發。擧一隅不以三隅反、則不復也。

孔先生がおっしゃるには、「学問に志す人が、わかろうとして理解しきれず煩悶するのでなければ、糸口を示して導きはしない。何とか理解できても、口元まで出て言うに言えず苦しむのでなければ、言葉の端を開くような助言はしない。四角い物の一端を示すと、あとの三つの隅を類推する積極性がなければ、(教えを受ける素地となる)自ら切り開こうという意志が感じられないから、二度と教えてやらない」と。

【別解】①「啓《ひら》かず。」「(どのように表現するか分からず、)口ごもっていなければ啓発しない。」【集解・義疏】②「則ち復《また》とせざる。」「重ねて教えない。」【集解・義疏】③孔先生は学ぶ者が教えを受ける下地を作ることを期待し、本章のように述べた。軽々しくは教えないというのではない。【仁斎】④君子の教えは、時雨が化育するようなもので、大きい者は大きく成長し、小さいものは小さく成長する。【徂徠】

156

子《し》 喪《も》有《あ》る者《もの》の側《かたわら》に食《しょく》すれば、未《いま》だ嘗《かつ》て飽《あ》かざるなり。子《し》是《こ》の日《ひ》に於《おい》て哭《こく》すれば、則《すなわ》ち歌《うた》はず。

子食於有喪者之側、未嘗飽也。子於是日哭、則不歌。

孔先生は、近親者を亡くされた方をわきにして食事をするのに、満腹になるほど召し上がったことは、どんな時でもなかった。孔先生は、葬儀に参列なさった当日には、歌をうたおうとはなさらなかった。

【別解】①「子 喪有る者の側に食すれば、」は、孔先生が葬式の家に手伝いに行った時のことである。【義疏】②「子 是の日に於て哭すれば、」は、孔先生が喪を弔いに行った時のことである。【義疏】

子《し》顔淵《がんえん》に謂《い》ひて曰《い》はく、之《これ》を用《もち》ふれば則《すなわ》ち行《おこな》ひ、之《これ》を舎《す》つれば則《すなわ》ち藏《かく》る。唯《た》だ我《われ》と爾《なんじ》とのみ是《こ》れ有《あ》るかな、と。子《し》路《ろ》曰《い》はく、子《し》三軍《さんぐん》を行《や》らば、則《すなわ》ち誰《たれ》と與《とも》にせん、と。子《し》曰《い》はく、暴虎《ぼうこ》馮河《ひょうが》、死《し》して悔《く》い無《な》き者《もの》は、吾《われ》與《とも》にせざるなり。必《かな》らずや事《こと》に臨《のぞ》みて懼《おそ》れ、謀《はかりごと》を好《この》みて成《な》さん者《もの》なり、と。

子謂顔淵曰、用之則行、舍之則藏。唯我與爾有是夫。子路曰、子行三軍、則誰與。子曰、暴虎馮河、死而無悔者、吾不與也。必也臨事而懼、好謀而成者也。

孔先生が顔淵にむかっておっしゃるには、「優れた君主が自分を取り立てるなら、理想の実現のために働き、自分を捨てておいて用いないなら、主張を匿して引きこもる。こうした、時期の到来を淡々と待つ姿勢があるのは、私とお前だけだろう」と。子路が言った、「それなら、大軍を指揮なさる時には、（私をおいて）誰とご一緒にされますか」と。孔先生がおっしゃるには、「虎に素手で立ち向かったり、大河を徒歩で渡ろうとする無謀な振る舞いを、たとえ死んでも悔いはないと思うような者とは、私は一緒に行動しない。事に臨んで心から恐れ慎み、計画を周到に立てて成し遂げるような者と行動する」と。

別解 ①「之を用ふれば則ち行ひ、之を舎つれば則ち藏る。」「先王の道を用いることができれば天下に行い、そうでなければ、しまっておく。」【徂徠】②「唯だ我と爾とのみ是れ有るを與《ゆる》す。」（「私とお前だけが（これらのことを行っても）まあ良いだろう。」【義疏一云】③「謀を好みて」「思慮を尽くして」【仁斎】

158

子曰《しい》はく、富《とみ》にして求《もと》むべくんば、執鞭《しつべん》の士《し》と雖《いえ》ども、吾《われ》も亦《ま》た之《これ》を爲《な》さん。如《も》し求《もと》むべからずんば、吾《わ》が好《この》む所《ところ》に從《したが》はん、と。

子曰、富而可求也、雖執鞭之士、吾亦爲之。如不可求、從吾所好。

孔先生がおっしゃるには、「富は求められるものなら、鞭を執る下役人にだって、私はなって構わない。しかし、求めても（尋常な手段で）手に入らないなら、自分の信じる道に従って生きて行こう」と。

別解 ①「執鞭の士」(1)君主の御士【義疏繆協】(2)賤しい職業【仁斎】②「吾が好む所に從はん。」(1)「自分の好む古人の道に従い生きよう。」【集解・義疏】(2)「自分の好む学問に従い生きよう。」【仁斎】(3)「自分の好む先王の道に従い生きよう。」【徂徠】

159

子《し》の愼《つつし》む所《ところ》は、齊《さい》・戰《せん》・疾《しつ》。

子之所愼、齊・戰・疾。

孔先生が特に慎重な態度で臨まれたことは、物忌み・戦争・病気であった。

別解 ①孔先生は平生ゆったりとしていたが、この三つは非常に慎んだ。そのため門人は記した。学ぶ者は、この三つをいい加減にすると、天や道に背くことになる。慎まなければならない。【仁斎】

160

子《し》齊《せい》に在《あ》りて、韶《しょう》を聞《き》くこと三月《さんげつ》、肉《にく》の味《あじ》を知《し》らず。曰《い》はく、圖《はか》らざりき、樂《がく》を爲《つく》ることの斯《ここ》に至《いた》らんとは、と。

子在齊、聞韶三月、不知肉味。曰、不圖、爲樂之至於斯也。

孔先生が斉に滞在中、韶という楽（ガク）を耳になさって、その後三ヶ月は肉を食べても旨さを感じないほど心を奪われた。そしておっしゃるには、「思いも寄らなかった、楽がこれ程の境地に達するとは」と。

別解 ①「韶を聞くこと」「韶という楽を学んで」【徂徠】②「樂を爲《な》すことの斯に至らんとは、」（1）「（斉の国では）楽をこれ程見事に演奏するとは、」【徂徠・集解】（2）「（無道な君主にも関わらず、斉の国では）楽をこれ程見事に演奏するとは、」【義疏】③孔先生は楽を通じて舜と交わったのであり、ただ耳で聞いたのではない。【仁斎】

161

冉有《ぜんゆう》曰《い》はく、夫子《ふうし》衞《えい》の君《きみ》を爲《たす》けんか、と。子貢《しこう》曰《い》はく、諾《だく》、吾將《われまさ》に之《これ》を問《と》はんとす、と。入《い》りて曰《い》はく、伯夷《はくい》・叔《しゅく》齊《せい》は何人《なんぴと》ぞや、と。曰《い》はく、古《いにしえ》の賢人《けんじん》なり、と。曰《い》はく怨《うら》みたるや、と。曰《い》はく、仁《じん》を求《もと》めて仁《じん》を得《え》たり。又何《またなん》ぞ怨《うら》

冉有曰、夫子爲衞君乎。子貢曰、諾、吾將問之。入曰、伯夷叔齊何人也。曰、古之賢人也。曰、怨乎。曰、求仁而得仁。又何怨。出曰、夫子不

みん、と。出《い》でて曰《い》はく、夫子《ふうし》は爲《たす》けざるなり、と。

爲也。

冉有が言うには、「孔先生は、父と子で位を争う事態となった衛の国の君主をお助けになるだろうか」と。子貢が言うには、「よし、私が訊いてみよう」と。そして、孔先生の部屋に入って言うには、「伯夷・叔斉とは、いかなる人物でしょうか」と。孔先生がおっしゃるには、「古代の賢人だね」と。子貢が言うには、「二人は君主の地位を争わず譲り合ったことを、後悔したでしょうか」と。孔先生がおっしゃるには、「仁に生きようと求めて、その仁を手に入れたのだ。その上どうして後悔しようか」と。子貢は部屋を退いて言うには、「先生は地位を巡って骨肉の争いをする衛の君主を、お助けにはならないね」と。

別解 ①孔先生は衛の君主から賓客の扱いを受けていた。それにも関わらず悠々としていたので、どうして助けないのかと疑問に思い、冉有は質問した【義疏江熙】②伯夷・叔斉が武王の殷征伐を諫めた話は信じることができない。【徂徠】

162

子曰《しい》はく、疏食《そし》を飯《くら》ひ水《みず》を飲《の》み、肱《ひじ》を曲《ま》げて之《これ》を枕《まくら》とす。樂《たの》しみ亦《ま》た其《そ》の中《うち》に在《あ》り。不義《ふぎ》にして富《と》み且《か》つ貴《たっと》きは、我《われ》に於《お》いて浮雲《ふうん》の如《ごと》し、と。

子曰、飯疏食飲水、曲肱而枕之。樂亦在其中矣。不義而富且貴、於我如浮雲。

孔先生がおっしゃるには、「粗末な飯を食らって水を飲み、腕枕して横になる。そんな貧しい生活を送っても、誰にも後ろ指をさされず、揺るぎない信念があるから、楽しみはその中にも見出せる。人の道を踏みにじって金持ちになり、身分が高くなるのは、私にとって、はかない浮雲のように価値はない」と。

別解 ①「疏食」［野菜などの粗食］【集解・義疏】②孔先生の楽しみは孟子の「理義」である。【仁斎】

163

子曰、加〔假〕我數年、五十〔卒〕以學易、可以無大過矣。

子曰《しい》はく、我《われ》に數年《すうねん》を加《くわ》へ、五十《ごじゅう》にして以《もっ》て易《えき》を學《まな》ばしめば、以《もっ》て大過《たいか》無《な》かるべし、と。

孔先生がおっしゃるには、「七十（五十は誤り・朱熹）近いこの私に、もし天があと数年の余命を与えて、『易（経）』を学び終えさせてくれたなら、大きな過ちは犯さずに過せるだろう」と。

＊朱熹は、〔 〕内の原文を誤りとして改め、更に注釈で「五十」を「七十」と説く。

別解 ①「五十にして以て易を學ばしめば、」［（天命を知る）五十の年齢で、（命に至るの書である）『易（経）』を学べば、］【集解・義疏】②孔先生の『易経』重視を示す。【義疏】③本章の「五十」は衍字（不要な字）である。【仁斎】

164

子《し》の雅《つね》に言《い》ふ所《ところ》は、詩《し》・書《しょ》・執禮《しつれい》。皆《みな》雅言《がげん》なり。

子所雅言、詩・書・執禮。皆雅言也。

孔先生が常々おっしゃるには、『詩（経）』・『書（経）』と礼を守る事だった。全て常に言っていらした。

【別解】①「子の雅言《がげん》する所は、」「孔先生が諱を避けずに正しい発音で読んだのは、」【集解・義疏】②「子の雅言する所は、詩・書。禮を執《と》るものは、皆雅言す。」「孔先生が諱を避けずに正しい発音で読んだのは、『詩（経）』『書（経）』である。礼を教える官僚も諱を避けずに正しい発音で読んだ。」【徂徠】

165

葉公《しょうこう》孔子《こうし》を子路《しろ》に問《と》ふ。子路《しろ》對《こた》へず。子《し》曰《い》はく、女奚《なんじなん》ぞ曰《い》はざる、其《そ》の人《ひと》と爲《な》りや、憤《いきどおり》を發《はっ》して食《しょく》を忘《わす》れ、樂《たの》しみて以《もっ》て憂《うれい》を忘《わす》れ、老《おい》の將《まさ》に至《いた》らんとするを知《し》らず爾云《しかい》ふ、と。

葉公問孔子於子路。子路不對。子曰、女奚不曰、其爲人也、發憤忘食、樂以忘憂、不知老之將至云爾。

楚の葉公が孔先生の人物を子路に尋ねた。子路はお答えしなかった。孔先生がおっしゃるには、「お前はどうしていわなかった、その人柄は、学問を追究しはじめると、満足がいくまで心奮って食事も忘れ、人の道を心に得ると楽しんで心配事も忘れ、一心に求めて迫り来る老いも忘れる、ただこれだけの人物で

す、とは」と。

【別解】①「子路對へず。」「（孔先生の徳は言葉では言い表し難いため、）子路は答えなかった。」【仁斎】②道が無窮で得難いのを理解しながら発憤し、道に安んずべきであって、他に求めるところがないのを理解しながら楽しむ。そのため、ますます楽しみ、努力したのである。【仁斎】

166

子曰《しい》はく、我《われ》は生《う》まれながらにして之《これ》を知《し》る者《もの》に非《あら》ず。古《いにしえ》を好《この》みて、敏《びん》にして以《もっ》て之《これ》を求《もと》めたる者《もの》なり、と。

子曰、我非生而知之者。好古、敏以求之者也。

孔先生がおっしゃるには、「私は生まれつき道をわきまえていたのではない。万人から仰がれるような古代の人々を心から愛して、やむことなく探求する者である」と。

【別解】①「我は生まれながらにして之を知る者に非ず。」「生まれつき事理を知る者ではない。」【義疏】②「敏《つと》めて以て之を求めたる者なり。」「努力して探求しつづける者である。」【徂徠】③本章は人に学問を勧めた。【集解】④当時の人は、孔先生が生まれつき知っていて、学問によって知った者ではないとみなしていた。そのため、孔先生は本章のように教え諭した。【仁斎】

167

子《し》怪《かい》・力《りょく》・亂《らん》・神《しん》を語《かた》らず。

孔先生は、怪異・暴力・反逆・神秘に関しては、人と語らなかった。

【別解】①「子怪力《かいりきらんしん》・亂神を語らず。」〔孔先生は、道理によらないこと、正義によらないことに関しては、（教えても無益なので）人と語らなかった。〕【義疏李充】②「語《ご》せず。」〔人に教えなかった。〕【徂徠】

子不語怪・力・亂・神。

168

子《し》曰《い》はく、三人《さんにん》行《おこな》へば、必《かなら》ず我《わ》が師《し》有《あ》り。其《そ》の善《ぜん》なる者《もの》を擇《えら》びて之《これ》に從《したが》ひ、其《そ》の不善《ふぜん》なる者《もの》にして之《これ》を改《あらた》む、と。

孔先生がおっしゃるには、「私とほか二人で事を行なえば、きっとそこには師と仰ぐところが見出せる。それは、より善なる者を選択してそれに従い、より悪なる者は我が身に反省して改めるからだ」と。

【別解】①「三人行へば、必ず我が師有り」は古言で〔三人は少ないが、その三人で議論して行動すれば、見るべきものがある。〕以下は孔先生の解説である。【徂徠】

子曰、三人行、必有我師焉。擇其善者而從之、其不善者而改之。

169

子《し》曰《い》はく、天《てん》 徳《とく》を予《われ》に生《しょう》ぜり。桓魋《かんたい》其《そ》れ予《われ》を如何《いかん》せん、と。

子曰、天生徳於予。桓魋其如予何。

孔先生がおっしゃるには、「天が優れた徳を私にお与え下さったのである。桓魋ごときが私を殺そうとしても、（私を認めた）天に逆らって出来ることではない」と。

別解 ①「天 徳を予に生ぜり。」「天は徳のある人を私に与えて、教育させて下さった。」【徂徠】

170

子《し》曰《い》はく、二三子《にさんし》 我《われ》を以《もっ》て隠《かく》すと爲《な》すか。吾《われ》 爾《なんじ》に隠《かく》すこと無《な》し。吾《われ》は行《ゆ》くとして二三子《にさんし》に與《しめ》さざる者《もの》無《な》し。是《こ》れ丘《きゅう》なり、と。

子曰、二三子以我爲隠乎。吾無隠乎爾。吾無行而不與二三子者。是丘也。

孔先生がおっしゃるには、「諸君、私を惜しみ隠して残らずは教えない者とでも思っているのか。私は諸君に何も隠してはいない。私はどんな行動でも諸君に教えないことさえない。これこそ私なのだ」と。

別解 ①「吾 隠すこと無きのみ。」「私は何も隠してはない。」【徂徠】②「吾 隠すこと無きこと爾《し》かり。」「私は隠してはいないのは、この通りだ。」【仁斎】③「吾は行ふとして二三子者に與《とも》にせざる者無し。」「私はどんな行

動でも諸君と共にしないことはない。」【集解・義疏・徂徠】

171

子《し》四《し》を以《もっ》て教《おし》ふ。文《ぶん》・行《こう》・忠《ちゅう》・信《しん》。

孔先生は四つのことをお教えになった。学問・実行・誠実・信義である。

別解 ①「文・行・忠・信」(1)典籍の辞義・孝弟の恭睦・臣下としての忠義・友人と交際する信義。文から行、行から忠、忠から信に至る。【義疏李充】(2)最終的には忠信に帰着する。【仁斎】(3)学問・徳行・政事・言語である。【徂徠】

子以四教。文・行・忠・信。

172

子《し》曰《い》はく、聖人《せいじん》は吾《われ》得《え》て之《これ》を見《み》ず。君子者《くんししゃ》を見《み》ることを得《え》ば、斯《ここ》に可《か》なり、と。子《し》曰《い》はく、善人《ぜんにん》は吾《われ》得《え》て之《これ》を見《み》ず。恒《つね》有《あ》る者《もの》を見《み》ることを得《え》ば、斯《ここ》に可《か》なり。亡《な》くして有《あ》りと爲《な》し、虚《むな》しくして盈《み》てりと爲《な》し、約《やく》にして泰《たい》なりと

子曰、聖人吾不得而見之矣。得見君子者、斯可矣。〔子曰、〕善人吾不得而見之矣。得見有恒者、斯可矣。亡而爲有、虚而爲盈、約而爲泰。難乎有恒

爲《な》す。難《かた》いかな恆《つね》有《あ》ること、と。

矣。

孔先生がおっしゃるには、「聖人には私は到底会えないが、人格者たる君子に会えれば、それでよしとする。完全な善人には私は到底会えないが、何者にも衝き動かされない恒常心を抱いた人に会えれば、それでよしとする。今の世は、からっぽなのに溢れんばかりに見せかけ、困っているのに余裕があるよう見栄を張るからだ。難しいものだね、虚栄心のかけらも無く、常に変わらぬ心を保つのは」と。

*朱熹は、〔　〕内の原文を衍文（誤入した余分と思われる字句）とする。

別解 ①聖人は開国の先王。善人は諸侯。君子は先王の道を学び、徳を完成させた人である。【徂徠】②世に明君がいないことを憂えた。【集解】③孔先生は世に聖人や賢人のいないことを嘆いた。【義疏】④孔先生の賢者に会いたいと思う心は飢えや渇きに苦しむ人の飲食に対するものどころではない。道は無窮であり、学も学び尽くすということはない。【仁斎】

173

子《し》は釣《つり》して綱《こう》せず。弋《よく》して宿《しゅく》を射《い》ず。

子釣而不綱。弋不射宿。

孔先生は、魚釣りはするが網で獲り尽くすことはされず、いぐるみで飛ぶ鳥を落としはするが、ねぐ

らの鳥を狙って射込むことはなさらなかった。

【別解】①「綱」は「網」の誤字とし、「釣して網《ぼう》せず。」［魚釣りはするが網で捕らえなかった。］【徂徠】②孔先生は天下に通じるものを道とし、自分の考えを天下に強制しない。万世に通じるもの教えとし、一時代にしか通じないもので万世を拘束することはない。【仁斎】

174

子曰《しい》はく、蓋《けだ》し知《し》らずして之《これ》を作《つく》る者有《ものあ》らん。我《われ》は是《こ》れ無《な》きなり。多《おお》く聞《き》きて其《そ》の善《よ》き者《もの》を擇《えら》びて之《これ》に從《したが》ひ、多《おお》く見《み》て之《これ》を識《しる》す。知《し》るの次《つぎ》なり、と。

子曰、蓋有不知而作之者。我無是也。多聞擇其善者而從之、多見而識之。知之次也。

孔先生がおっしゃるには、「真に理解していないのに新説を打ち出す人も、まあいるだろう。でも、私はそんなことはしない。私は事前になるべく多くの意見を聞いて、その中で良いものを選択してこれに従い、なるべく多くのものを見てしっかりと記憶しておく。それは、知者に次ぐものである」と。

【別解】①「知《ち》の次なり。」［知（聖人）に次ぐ私だ。］【徂徠】②当時は、穿鑿してむやみに典籍を作る人が多かった。【集解・義疏】

互郷《ごきょう》與《とも》に言《い》ひ難《がた》し。童子《どうし》見《まみ》ゆ。門人《もんじん》惑《まど》ふ。子曰《しい》はく、其《そ》の進《すす》むに與《くみ》するなり。其《そ》の退《しりぞ》くに與《くみ》せざるなり。唯《た》だ何《なん》ぞ甚《はなは》だしきや。人《ひと》己《おのれ》を潔《いさぎよ》くして以《もっ》て進《すす》まば、其《そ》の潔《いさぎよ》きに與《くみ》せん。其《そ》の往《おう》を保《ほ》せざるなり、と。

互郷難與言。童子見。門人惑。子曰、與其進也。不與其退也。唯何甚。人潔己以進、與其潔也。不保其往也。

互郷生まれとは、態度が悪くて話もできないのだが、そこの子供が孔先生に面会した。門人たちは不審に思った。孔先生がおっしゃるには、「(錯簡とする・朱熹) 当人が己を清く戒めて来たなら、その潔さに免じて、いつまで過去に拘らない。当人が自ら進んで来たことを認めよう。退いた後また悪に陥るのは認めない。ただ過去を追及し、そこから今を割り出して、そうひどく拒絶するだろうか」と。

＊本章は錯簡ありとする説に従って訳した。

別解 ①「與に言ひ難し。」(1)[勝手に話し、時宜に達しないため話しができないのだが、]【集解】(2)[みな愚かだったので話しができないのだが、]【義疏】(3)[ともに道を話すことができないのだが、]【徂徠】②「互郷與に言ひ難きの童子あり。」[互郷の地に一人の話しのできない子供がいた。]【義疏珊琳公】③「其の進むを與《ゆる》し、其の退くに與《ゆる》さず。」[(門人たちが、そこの子供が)来るのを喜び、去るのを憎むのは、]【徂徠】④「其の往《のち》を保せざるなり。」[(そこの子供が)去った後の行いは関知しない。]【集解・徂徠】

176

子《し》曰《い》はく、仁《じん》遠《とお》からんや。我《わ》れ仁《じん》を欲《ほっ》すれば、斯《ここ》に仁《じん》至《いた》る、と。

孔先生がおっしゃるには、「仁とは現実から遠くかけ離れているだろうか。自分から仁を求めれば、すぐさま至る身近なものだよ」と。

別解 ①「仁遠からんや。我れ仁を欲すれば、」「（天下を安定させる先王の道である）仁は極めて遠いものだ。（しかし、）私が仁を求めれば、」【徂徠】②「斯に仁至る。」「（礼に復することが一日でもできれば、天下に）すぐさま仁はやってくる。」【義疏江熙】

子曰、仁遠乎哉。我欲仁、斯仁至矣。

177

陳《ちん》の司敗《しはい》問《と》ふ。昭公《しょうこう》は禮《れい》を知《し》れるか、と。孔子《こうし》曰《い》はく、禮《れい》を知《し》れり、と。孔子《こうし》退《しりぞ》く。巫馬期《ふばき》を揖《ゆう》して之《これ》を進《すす》めて曰《い》はく、吾《われ》聞《き》く、君子《くんし》は黨《とう》せず、と。君子《くんし》も亦《ま》た黨《とう》するか。君《きみ》呉《ご》に取《めと》る。同姓《どうせい》なるが爲《ため》に、之《これ》を呉孟子《ごもうし》と謂《い》ふ。君《きみ》にして禮《れい》を知《し》らば、孰《たれ》か禮《れい》を知《し》らざらん、と。巫馬期《ふばき》以《もっ》て告《つ》

陳司敗問。昭公知禮乎。孔子曰、知禮。孔子退。揖巫馬期而進之曰、吾聞、君子不黨。君子亦黨乎。君取於呉。爲同姓、謂之呉孟子。君而知禮、孰不知禮。巫馬

ぐ。子曰《しい》はく、丘《きゅう》や幸《さいわい》なり。苟《いや》しくも過《あやま》ち有《あ》らば、人《ひと》必《かな》らず之《これ》を知《し》る、と。

期以告。子曰、丘也幸。苟有過、人必知之。

陳の司敗が質問した、「魯の昭公は、礼を理解しましたか」と。孔先生がお答えするには、「礼を理解しました」と。孔先生は退出した。そこで司敗は、孔門の巫馬期に会釈して召して言うには、「私は、『人格者は馴れ合って仲間の行いに目をつぶらない』と耳にしますが、孔先生ほどの方でも身びいきするのですか。昭公は呉から夫人を迎えました。魯と呉とは同姓のため、周の礼で結婚は許されません。そこで昭公は、呉ではなく宋の呉孟子と偽られた。こんな欺瞞にみちた君主ながら（自国だから）礼を理解したとするなら、誰も礼を知らない人はいますまい」と。巫馬期はそれを孔先牛に告げた。孔先生がおっしゃるには、「私は幸せだ。仮にも過失があれば、人が必ず教えてくれる」と、自分の過失として引き受けられた。

別解 ①孔先生は魯国の過失を述べるのを避けた。【集解】②聖人も人であり、過失がある。【仁斎】

178

子《し》人《ひと》と歌《うた》ひて善《よ》ければ、必《かな》らず之《これ》を反《かえ》さしめて、而《しか》る後《のち》に之《これ》に和《わ》す。

子與人歌而善、必使反之、而後和之。

孔先生が人と一緒に歌って相手がうまければ、必ず歌を繰り返させて、その後合わせてお歌いになった。

【別解】①「必らず之を反《かさ》ねしめて、」〔必ず歌をあらためて歌わせて、〕【集解・義疏】②本章は孔先生が正音を重んじたことを明らかにしている。【義疏】③本章は人と歌う場合の礼を示した。【徂徠】④歌は小芸であるが、その善に対しては、孔先生は熱心に善を取るのを楽しんだ。聖人の善を楽しむのは無窮であることの意味が、本章に表れている。【仁斎】

179

子曰《しい》はく、文《ぶん》は吾《われ》猶《な》ほ人《ひと》のごときに莫《な》からんや。君子《くんし》を躬行《きゅうこう》することは、則《すなわ》ち吾未《われいま》だ之《これ》を得《う》ること有《あ》らず、と。

子曰、文莫吾猶人也。躬行君子、則吾未之有得。

孔先生がおっしゃるには、「学問に関しては、私はまあ人並みだろう。人格者としての実践は、まだ十分にできるとは言えない」と。

【別解】①「文は吾猶ほ人のごときに莫からんや。」〔文章に関しては、私はまあ人並みにはできるだろう。〕【義疏】②「文莫《ぶんばく》すれば猶ほ人のごとし。」孔先生の時の諺で、〔努力すれば、人並みにはできるだろう。〕【徂徠】

180

子《し》曰《い》はく、聖《せい》と仁《じん》との若《ごと》きは、則《すなわ》ち吾《われ》豈《あ》に敢《あえ》てせんや。抑《そも》〻之《そもこれ》を爲《まな》びて厭《いと》はず、人《ひと》を誨《おし》へて倦《う》まざるは、則《すなわ》ち爾《しか》云《い》ふと謂《い》ふべきのみ、と。公西華《こうせいか》曰《い》はく、正《まさ》に唯《た》だ弟子《ていし》學《まな》ぶ能《あた》はざるなり、と。

子曰、若聖與仁、則吾豈敢。抑爲之不厭、誨人不倦、則可謂云爾已矣。公西華曰、正唯弟子不能學也。

孔先生がおっしゃるには、「聖人とか仁者と言われる人に、私などどうして当たろうか。私は聖や仁に至る努力をして怠らず、道を人に教えて飽きず、それだけで他に何もないと言う程度のものだ」と。公西華が言うには、「誠にそれこそが、われら門人のまねできない事なのです」と。

別解 ①「正《まさ》に唯《しか》るも、弟子學ぶ能はざるなり。」「その通りでしょうが、われら門人はまねできません。」【徂徠】②門人は孔先生の徳が堯や舜にまさると思ったが、先生の言が甚だ謙虚なのに驚いた。【仁斎】

181

子《し》疾病《やまいへい》なり。子路《しろ》禱《いの》らんと請《こ》ふ。子《し》曰《い》はく、諸《これ》有《あ》りや、と。子路《しろ》對《こた》へて曰《い》はく、之《こ》れ有《あ》り。誄《るい》に曰《い》はく、爾《なんじ》を上下《しょうか》の神祇《しんぎ》に禱《いの》る、と。子《し》曰《い》はく、丘《きゅう》の禱《いの》ること久《ひさ》し、と。

子疾病。子路請禱。子曰、有諸。子路對曰、有之。誄曰、禱爾于上下神祇。子曰、丘之禱久矣。

孔先生の病気が重くなった。子路は平癒を祈りたいと申し出た。孔先生がおっしゃるには、「そんな祈願が許されるか」と。子路がお答えするには、「ございます。古えの誄に『汝の事を天地神明に祈る』とあります」と。孔先生がおっしゃるには、「私は、そんな祈りなら長くしている。今更祈らなくてよい」と。

別解 ①「諸有りや。」〔(1)〔(死生には運命がある。)祈る必要があるのか。〕【義疏】(2)〔そのような礼があるのか。〕【徂徠】②「誄して曰はく、上下の神祇に禱爾《とうじ》す、と。」〔(子路は自分で孔先生のために作った)誄を「なんじのことを天地の神々に祈る」と朗唱した。〕爾を「祠」の誤字とする。【仁斎】③孔先生は自分の道を尽くし、みだりに祈る必要はないことを明らかにした。子路にこの事を切実に示したのである。【仁斎】

182

子曰《しい》はく、奢《しゃ》なれば則《すなわ》ち不孫《ふそん》なり。倹《けん》なれば則《すなわ》ち固《こ》なり。其《そ》の不孫《ふそん》ならん與《よ》りは、寧《むし》ろ固《こ》なれ、と。

子曰、奢則不孫。倹則固。與其不孫也、寧固。

孔先生がおっしゃるには、「贅沢していると傲慢になる。倹約に過ぎると頑固になる。でも、傲慢よりもまだ頑固である方がましだ。贅沢の害のほうが甚大だ」と。

別解 ①「倹なれば則ち固《いや》し。其の不孫ならん與りは、寧ろ固《いやし》かれ。」〔倹約に過ぎると固陋になる。傲慢であるよりも、固陋の方がましである。〕【集解・義疏・仁斎】

183

子曰《しい》はく、君子《くんし》は坦《たん》として蕩蕩《とうとう》たり。小人《しょうじん》は長《とこし》なへに戚戚《せきせき》たり、と。

子曰、君子坦蕩蕩。小人長戚戚。

孔先生がおっしゃるには、「人格者は感情が穏やかでゆったりとしているが、小人はいつもびくびくしている」と。

【別解】①君子は常に心を引き締めようとするから、その心は広くゆったりとしている。小人は勝手気ままであるから、その心は、いつもびくびくしている。【仁斎】②君子は天命を知るため、平らかでゆったりであり、小人は天命を知らないため、いつもびくびくしている。【徂徠】

184

子《し》は溫《おん》にして厲《はげ》しく、威《い》ありて猛《たけ》からず、恭《きょう》にして安《やす》し。

子溫而厲、威而不猛、恭而安。

孔先生は穏やかで優しい中に激しさがあり、威厳はあるが荒々しくはなく、うやうやしいが窮屈なところはなかった。

【別解】①「溫にして厲《きび》しく、」「穏やかでやさしい中に厳しさがあり、」【義疏】②孔先生の成徳のご様子が努力しなくても自然と偏らないのを述べている。学ぶ者は仁と礼とで心を養わなければならない。【仁斎】③古えの君

子はみな礼楽によって徳を完成させた。宋代の儒者は「気質」を持ち出すが礼楽を理解していない。【徂徠】

泰伯第八

凡二十一章。
凡べて二十一章。
全二十一章。

185

子《し》曰《い》はく、泰伯《たいはく》は其《そ》れ至徳《しとく》と謂《い》ふべきのみ。三《み》たび天下《てんか》を以《もっ》て讓《ゆず》り、民《たみ》得《え》て稱《しょう》する無《な》し、と。

子曰、泰伯其可謂至德也已矣。三以天下讓、民無得而稱焉。

孔先生がおっしゃるには、「周の泰伯は至高の人格者と言う外ない。大王の長子なのに、位を末弟季歴の子・昌（後の文王）に嗣がせるため、自分は固辞して天下を受け継がなかった。その譲り方も人にそれとわからないようにしたので、民衆は称賛することすら出来なかった」と。

【別解】①「三たび天下を以て譲り、」（1）「三回、天下を受け継ごうとしなかった、」【集解・義疏】（2）「三回、天下のために、季歴の子・昌に譲った、」【徂徠】②泰伯が季歴に譲ったのは民のためを考えたからであろう。【仁斎】

186

子《し》曰《い》はく、恭《きょう》にして禮《れい》無《な》くんば則《すなわ》ち勞《ろう》す。愼《しん》にして禮《れい》無《な》くんば則《すなわ》ち葸《し》す。勇《ゆう》にして禮《れい》無《な》くんば則《すなわ》ち亂《らん》す。直《ちょく》にして禮《れい》無《な》くんば則《すなわ》ち絞《こう》す。君子《くんし》親《しん》に篤《あつ》ければ、則《すなわ》ち民《たみ》仁《じん》に興《おこ》る。故《こ》舊《きゅう》遺《わす》れずんば則《すなわ》ち民《たみ》偸《うす》からず、と。

子曰、恭而無禮則勞。愼而無禮則葸。勇而無禮則亂。直而無禮則絞。君子篤於親、則民興於仁。故舊不遺則民不偸。

孔先生がおっしゃるには、「うやうやしいのはいいが、礼節で限度をわきまえないと、疲れるばかりだ。慎み深いのはいいが、礼節で限度をわきまえないと、恐れるばかりで進まない。勇ましいのはいいが、礼節で限度をわきまえないと、乱暴になる。言動を包み隠さず押し通すのはいいが、礼節で限度をわきまえないと、窮屈になる。人の上に立つべき人格者は、親族に対して思いやりがあれば、民衆はその仁愛溢れる様子に発奮して見習うようになるし、昔馴染みだったことを忘れず変わらない友情を尽くすならば、民衆もそれを見習って薄情でなくなる」と。

【別解】①「則ち亂す。」「殺害の乱をなす。」【義疏】②「則ち絞す。」（1）「怨恨をいだす。」【義疏】（2）「人を責めて立て、少しも許すことがない。」【徂徠】③「君子　親に篤ければ、」「君主が親族に対して思いやりがあれば、」【集解・義疏】④本章は人のあらゆる行動は礼が準則であることを述べている。【仁斎】⑤「君子　親に篤ければ、」（1）以下は別の一章である。【仁斎】（2）以下は曽先生の言葉で別の一章である。【徂徠】

187

曾子《そうし》疾《やまい》有《あ》り。門弟子《もんていし》を召《め》して曰《い》はく、予《わ》が足《あし》を啓《ひら》け。予《わ》が手《て》を啓《ひら》け。詩《し》に云《い》ふ、戰戰《せんせん》兢兢《きょうきょう》として、深淵《しんえん》に臨《のぞ》むが如《ごと》く、薄氷《はくひょう》を履《ふ》むが如《ごと》し、と。而今而後《じこんじご》、吾《われ》免《まぬか》るるを知《し》るかな、小子《しょうし》、と。

曾子有疾。召門弟子曰、啓予足。啓予手。詩云、戰戰兢兢、如臨深淵、如履薄氷。而今而後、吾知免夫、小子。

曽先生の病状が重篤になった。門弟たちを呼び寄せて言うには、「夜具を開いて私の足を見よ、私の手を見よ。『詩（経）』に『いつも警戒を怠らず、まるで深い淵を覗き込んだ時のよう、薄氷を踏み歩む時のよう』と言うではないか。いままでは、そんな気持ちで父母からいただいた体を傷つけないよう、細心の注意を払ってきたが、明日をも知れぬ今から後は、もうその心配もなくなったよ、諸君」と。

別解 ①「而今而後、」「今日より後は、」【義疏】②「吾免るるを知るかな。」「私は（肉体を傷つける刑罰から）免れることができた。」【徂徠】③曽先生の学説は、孝を主に忠信を本とする。【仁斎】

188

曾子《そうし》疾《やまい》有《あ》り、孟敬子《もうけいし》之《これ》を問《と》ふ。曾子《そうし》言《い》ひて曰《い》はく、鳥《とり》の將《まさ》に死《し》せんとするや、其《そ》の鳴《な》くや哀《かな》し。人《ひと》の將《まさ》に死《し》せんとするや、其《そ》の言《い》ふや善《よ》し。君子《くんし》道《みち》に貴《たっと》ぶ所《ところ》の者三《ものさん》あり。容貌《ようぼう》を動《うご》かして、斯《ここ》に暴慢《ぼうまん》に遠《とお》ざかり、顔色《がんしょく》を正《ただ》しくして、斯《ここ》に信《しん》に近《ちか》づきて、辭氣《じき》を出《い》だして、斯《ここ》に鄙倍《ひばい》に遠《とお》ざかる。籩豆《へんとう》の事《こと》は、則《すなわ》ち有司《ゆうし》に存《そん》せり、と。

曾子有疾、孟敬子問之。曾子言曰、鳥之將死、其鳴也哀。人之將死、其言也善。君子所貴乎道者三。動容貌、斯遠暴慢矣、正顏色、斯近信矣、出辭氣、斯遠鄙倍矣。籩豆之事、則有司存。

曽先生が病気になった。魯の大夫孟敬子がお見舞いに行った。曽先生が言うには、「鳥が死を迎えた時、

その鳴き声にこそ、包み隠さぬ悲哀が表れています。人が臨終にあたっては、その発する言葉にこそ、率直な本心が宿っています。だから今こそ私の言葉をお聞き取りください。人の上に立つ人格者が、行うべき道に関して重んじるべきことが、三つあります。挙措動作は、粗暴・放逸にならないようにすること。表情を改めるときは、心から厳粛にして内心と表情が一致していること。言葉や物言いは卑俗・不合理にならないようにすることである。以上が枢要であって、祭祀の執行に際して、籩・豆といった祭器の取り扱い以下の末節は、担当役人がいるのだから任せておけばいいのです」と。

別解 ①「君子 道に貴ぶ所の者三あり。」(1)［君子が礼において重んじなければならないことが三つあります。］【集解・義疏】(2)［君子が卿大夫の仕事である他国との会談において重んじなければならないことが三つあります。］【徂徠】②「鳥の將に死せんとするや」から「其の言ふや善し」までは当時の諺である。【徂徠】

189

曾子《そうし》曰《い》はく、能《のう》を以《もっ》て不能《ふのう》に問《と》ひ、多《た》を以《もっ》て寡《か》に問《と》ひ、有《あ》れども無《な》きが若《ごと》く、實《み》つれども虚《むな》しきが若《ごと》く、犯《おか》さるるも校《こう》せず。昔者《むかし》吾《わ》が友《とも》、嘗《かつ》て斯《これ》に從事《じゅうじ》せり、と。

曾子曰、以能問於不能、以多問於寡、有若無、實若虛、犯而不校。昔者吾友、嘗從事於斯矣。

曽先生が言うには「自分は才能を持ちながら、才能のない人にさえ教えを乞い、教養あふれていながら、

教養の乏しい人にさえ教えを乞う。才能・教養があってもまるでないかのように、それらが充実していても空虚なようにし、他人から害を受けてもそれに対抗して争わない。これらは到底できないと思うだろうが、その昔、我が友顔淵が励んで実行していたよ」と。

別解 ①「犯さるるも校《むく》いず」「他人から害を受けても報復しない。」【集解・義疏】②「昔者吾が友、」(1)「その昔、孔先生の諸賢者たちは、」【仁斎】(2)「その昔、我が友は、」【徂徠】

190

曾子《そうし》曰《い》はく、以《もっ》て六尺《りくせき》の孤《こ》を託《たく》すべく、以《もっ》て百里《ひゃくり》の命《めい》を寄《よ》すべく、大節《たいせつ》に臨《のぞ》みて奪《うば》ふべからざるは、君子人《くんしじん》か、君《くん》子人《しじん》なり、と。

曾子曰、可以託六尺之孤、可以寄百里之命、臨大節而不可奪也、君子人與、君子人也。

曽先生が言うには「ある人物がいて、父君を亡くした幼君をあずけて補助させても安心でき、百里四方の諸侯の国の政令を任せきることができ、生死のかかる重大な時機にも、その志を奪えない。こんな人物は君子と呼ぶべき人だろうか、これこそ君子と呼ぶべき人だ」と。

別解 ①「大節に臨みて奪ふべからざるは、」「国を安んじ、社稷を定めるに当り、国を傾け、奪わないのは、」【集解】②「君子人なるか、君子人なるか。」「これこそ君子であろうか、これこそ君子であろうか。」【徂徠】③大任

に当たり、大衆を治めるには、忠信であって、その上、才能がない人でないとできない。【仁斎】

191

曾子《そうし》曰《い》はく、士《し》は以《もっ》て弘毅《こうき》ならざるべからず。任重《にんおも》くして道遠《みちとお》し。仁以《じんもっ》て己《おの》が任《にん》と爲《な》す。亦《ま》た重《おも》からずや。死《し》して而《しか》る後《のち》に已《や》む。亦《ま》た遠《とお》からずや、と。

曾子曰、士不可以不弘毅。任重而道遠。仁以爲己任。不亦重乎。死而後已。不亦遠乎。

曽先生が言うには「学を修め道に志すものは、包容力と強固な意志を持たなければならない。負うべき任務は重く歩むべき道は遠い。仁こそ自分の任務と自覚する。なんとまた重い荷ではないか。死ぬ時がやめる時だ。生ある限り続くのだから、なんとまた遠い道のりではないか」と。

別解 ①「士は」「成人した男子は」【義疏】

192

子《し》曰《い》はく、詩《し》に興《おこ》り、禮《れい》に立《た》ち、樂《がく》に成《な》る、と。

子曰、興於詩、立於禮、成於樂。

孔先生がおっしゃるには、「学ぶ人は、詩によって善に向かう心が奮い立ち、礼によって自立して安定し、音楽によって心が澄み切って人格が完成する」と。

【別解】①先王の教えは詩・書・礼・楽である。『書経』は政事を記すが、その内容は大きく深い。そのため、詩と礼楽で補助するのである。【徂徠】②学問の順序を示した。【義疏】③政治の順序を示した。【義疏王弼】④学問で実力を付け、その効果が出てくる順序を示した。【仁斎】

193

子曰《しい》はく、民《たみ》は之《これ》に由《よ》らしむべし。之《これ》を知《し》らしむべからず、と。

子曰、民可使由之。不可使知之。

孔先生がおっしゃるには、「民衆には何事も道に従うようにさせることならできる。一人一人訪ねて、個々のわけを理解させることはできない」と。

【別解】①「民は之を由《もち》ゐしむべし。之を知らしむべからず。」「民衆には道を用いるべきである。(だが、)道を理解させることはできない。」【集解・義疏】②「民は之に由らしむべし。之を知らしむべからず。」「民衆は自然と政治の中にいるようにすべきである。(政治の由来を)知らしめるべきではない。」【仁斎】③本章は、民衆を治める方法は、民衆のために学校を建て、教育を行い、自然と人格を養うように導くことを述べた。【仁斎】

194

子曰《しい》はく、勇《ゆう》を好《この》みて貧《ひん》を疾《にく》めば亂《らん》す。人《ひと》にして不仁《ふじん》な

子曰、好勇疾貧亂也。

る、之《これ》を疾《にく》むこと已甚《はなはだ》しければ亂《らん》す、と。

人而不仁、疾之已甚亂也。

孔先生がおっしゃるには、「勇敢さを好んで貧乏を嫌う者は、人の道に外れる行動をとるようになる。人が仁心を失っていることを過剰に忌み嫌うと、その人は追い詰められて、やはり、人の道に外れる行動をとるようになる」と。

別解 ①「勇を好みて貧を疾むは亂す」は、自分が乱をなすこと。「人にして不仁なる」以下は、人に乱をさせること。自分で乱をなすわけではないが、自分でするのと同じである。【徂徠】

195

子曰《しい》はく、如《も》し周公《しゅうこう》の才《さい》の美《び》有《あ》るも、驕且《きょうか》つ吝《りん》ならしめば、其《そ》の餘《よ》は觀《み》るに足《た》らざるのみ、と。

子曰、如有周公之才之美、使驕且吝、其餘不足觀也已。

孔先生がおっしゃるには、「もし周公ほどの最高な知能・技芸を備えていても、己を誇り他者の長所を認めたがらないなら、その他は目を向ける価値もない」と。

別解 ①経文を「設使《たと》ひ驕且つ吝ならば、其の餘は觀るに足らざるのみ。」(「もし己を誇り他者の長所を認めたがらないなら、周公ほどの美点があっても目を向ける価値もない。」)に作る。【義疏】②「驕且つ吝」は徳のな

い人である。【徂徠】③［周公ほどの美点があっても目を向ける価値がない］からは、己を誇り、他者の長所を認めたがらないのを孔先生が嫌う視座が、よくわかる。【仁斎】④天下を治めるには、人心を得るのが先務である。そのため、孔先生は本章のように述べた。【徂徠】

196

子曰《しい》はく、三年《さんねん》學《まな》びて穀《こく》に至《いた》らざるは、得易《えやす》からざるのみ、と。

子曰、三年學不至於穀、不易得也。

孔先生がおっしゃるには、「長い年月学問を修めながら、仕官して禄を求めようとしない人は、なかなかいるものではない」と。

別解　①「三年　學びて穀に至らざるは、」(1)［三年間も学んで、善に到達しないものは、］【集解・義疏】(2)［三年間も学んで、俸禄を得られないのは、］【義疏孫綽】②「三年にして、學、穀に至らざるは、」［三年間経過し、学問が俸禄を得るに至らないのは、］【徂徠】③志の小さい者は成果も小さい。志の大きい者は成果も必ず大きい。【仁斎】

197

子曰《しい》はく、篤《あつ》く信《しん》じて學《がく》を好《この》み、死《し》を守《まも》りて道《みち》を善《よ》くす。

子曰、篤信好學、守

危邦《きほう》には入《い》らず、亂邦《らんほう》には居《お》らず。天下《てんか》道《みち》有《あ》れば則《すなわ》ち見《あら》はれ、道無《みちな》くんば則《すなわ》ち隠《かく》る。邦《くに》に道《みち》有《あ》るに、貧《まず》しくして且《か》つ賤《いや》しきは恥《はじ》なり。邦《くに》に道無《みちな》きに、富《と》み且《か》つ貴《たっと》きは恥《はじ》なり、と。

死善道。危邦不入、亂邦不居。天下有道則見、無道則隱。邦有道、貧且賤焉恥也。邦無道、富且貴焉恥也。

孔先生がおっしゃるには、「人の道を固く信じて積極的に学問に励み、命がけで道にそった生き方を尽くす。崩壊しそうな国家には足を踏み入れず、綱紀の乱れた国には留まらない。天下に道が行われていれば出向いて仕官を求め、道が行われない情勢ならば身を隠す。国に道が行われているのに、貧しい上に身分も低いのは恥である。国に道が行われていないのに、財産や地位があるのは恥である」と。

別解 ①「信に篤くして學を好み、」「信義に篤く先王の道を学ぶのを好み、」【義疏】②「死を善道に守る。」「善をなして死んでも悪をなして死なない。」【義疏】③「危邦には入らず。」「(初めて仕官する際には、)崩壊しそうな国家には足を踏み入れない。」【義疏】④「天下道有れば則ち見はれ、道無くんば則ち隠る。」「天子に道があれば出仕し、道がなければ出仕しない。」【義疏】⑤「篤く信じて」から「則ち隠る」までは古言である。【徂徠】⑥門人が孔先生の平生の格言をまとめた。【仁斎】

198

子曰《しい》はく、其《そ》の位《くらい》に在《あ》らずんば、其《そ》の政《まつりごと》を謀《はか》らず、と。

子曰、不在其位、不謀其政。

孔先生がおっしゃるには、「その地位に就いていなければ、その職務に口を挟まない」と。

【別解】①憲問第十四・359に重出。②人には各々分限があり、思うままにはできないのに、職務を越え、政治に参加しようとする。それを孔先生は戒めた。【仁斎】

199

子曰《しい》はく、師摯《しし》の始《し》は、關雎《かんしょ》の亂《らん》、洋洋乎《ようようこ》として耳《みみ》に盈《み》てるかな、と。

子曰、師摯之始、關雎之亂、洋洋乎盈耳哉。

孔先生がおっしゃるには、「魯の楽師の摯が就任したばかりの頃、関雎の楽曲の終章は、美しさに満ちみちていて、耳いっぱいに広がったものだった」と。

【別解】①「師摯の關雎の亂《らん》を始《はじ》めるは、」「摯が関雎の楽曲の終章を演奏し始めた時は、」【集解・義疏】②「師摯の始は、關雎の亂、」「摯が「四始」（関雎・麟趾《りんし》・鵲巣《じゃくそう》・騶虞《すうぐ》）を演奏する時は、関雎の乱声が最も美しかった。」【徂徠】

200

子曰《しい》はく、狂《きょう》にして直《ちょく》ならず。侗《とう》にして愿《げん》ならず。悾悾《こうこう》として信《しん》ならざるは、吾之《われこれ》を知《し》らず、と。

子曰、狂而不直。侗而不愿。悾悾而不信、吾不知之矣。

孔先生がおっしゃるには、「志が壮大なのに真っ直ぐでなく、無知なのに律儀さが無く、無能なのに誠実でない。私はそんな者をどうしていいかわからない」と。

【別解】①「侗にして愿ならず。」〔完成していないのに、誠実さが無く、〕【集解・集解】②本章は古えと今が異なることを孔先生が嘆いた。【義疏】

201

子曰《しい》はく、學《がく》は及《およ》ばざるが如《ごと》くす。猶《な》ほ之《これ》を失《うしな》はんことを恐《おそ》る、と。

子曰、學如不及。猶恐失之。

孔先生がおっしゃるには、「学問は追いかけても追いかけても、まだ追いつかないように励むものだ。それでもなお見失うのではないかと恐れるものだ」と。

【別解】①「猶ほ之を失はんことを恐る。」「それでもなお時と人を失うのではないかと恐れるのだ。」【徂徠】

202

子曰《しい》はく、巍巍乎《ぎぎこ》たり、舜《しゅん》・禹《う》の天下《てんか》を有《たも》つや。而《しこう》して與《あずか》らず、と。

子曰、巍巍乎、舜・禹之有天下也。而不與焉。

孔先生がおっしゃるには、「堂々としているなあ、舜・禹が天下を治めた様子と言うものは。しかも、至高の地位に就いて、それを心にも掛けなかった」と。

別解 ①「舜・禹の天下を有つや。而して與らず。」「舜・禹は（堯の天下を継承したため、）自分たちの天下だとは思わず、堯の道を実践している」【徂徠】②「與《あた》へられざるが而《ごと》し。」「（帝位を与えられても、）与えられていないようなものだ。」【仁斎】③本章は舜・禹が天下を求めようとしないで天下を得たことを褒めた。【集解・義疏】

203

子曰《しい》はく、大《だい》なるかな、堯《ぎょう》の君《きみ》爲《た》るや。巍巍乎《ぎぎこ》として、唯《た》だ天《てん》を大《だい》なりと爲《な》す。唯《た》だ堯《ぎょう》之《これ》に則《のっと》る。蕩蕩乎《とうとうこ》として、民《たみ》能《よ》く名《な》づくる無《な》し。巍巍乎《ぎぎこ》として、其《そ》れ成功《せいこう》有《あ》り。煥乎《かんこ》として、其《そ》れ文章《ぶんしょう》有《あ》り、と。

子曰、大哉、堯之爲君也。巍巍乎、唯天爲大。唯堯則之。蕩蕩乎、民無能名焉。巍巍乎、其有成功也。煥乎、其有文章。

孔先生がおっしゃるには、「偉大だなあ、堯が君臨した様子は。堂々として、それより偉大なのは天だけだ。

広々とどこまでも広がるなあ、民衆はそれを言い表しもできないほどだった。堂々として成し遂げた業績がある。輝かしい礼楽もあった」と。

別解 ①「巍巍乎として、」〔(堯の様子は、)堂々としていて偉大であり、〕【徂徠】②「唯だ堯 之に則る。」(1)〔堯だけが天に則り、教化を行うことができた。〕【集解】(2)〔堯だけが天に則ることができた。〕【義疏】(3)〔堯だけが礼楽に則ることができた。〕【徂徠】③「唯だ堯 之に則《なぞら》ふ。」〔堯だけが天を準則としていた。〕【仁斎】④民は堯の徳化に涵養されても、涵養されているとは分からない。これは人が天地の中にあって、天地の大きさが分からないのと同じである。そのため、孔先生は「民能く名づくる無し」と言ったのである。【仁斎】

204

舜《しゅん》に臣《しん》五人《ごにん》有《あ》りて、天下《てんか》治《おさ》まる。武王《ぶおう》曰《い》はく、予《われ》に亂臣《らんしん》十人《じゅうにん》有《あ》り、と。孔子《こうし》曰《い》はく、才難《さいかた》し、と。其《そ》れ然《しか》らずや。唐虞《とうぐ》の際《さい》は、斯《これ》より盛《さか》んなりと爲《な》す。婦人《ふじん》有《あ》り、九人《くにん》のみ。天下《てんか》を三分《さんぶん》して其《そ》の二《に》を有《たも》ち、以《もっ》て殷《いん》に服事《ふくじ》す。周《しゅう》の徳《とく》は、其《そ》れ至徳《しとく》と謂《い》ふべきのみ、と。

舜有臣五人、而天下治。武王曰、予有亂臣十人。孔子曰、才難。不其然乎。唐虞之際、於斯爲盛。有婦人焉、九人而已。三分天下有其二、以服事殷。周之徳、其可謂至徳也已矣。

舜には五人の賢臣がいて天下はよく治まっていた。周の武王は「私のところには乱臣十人がいる」とおっしゃられた。孔先生がおっしゃるには、『人材は得がたいものだ』と言う言葉があるが、ほんとうにそうではないか。堯・舜の時代は周代よりも人材豊富であったが、その後の時代は及ばなかった。夫人がいたが、九人だけだった。天下を三分してその二の諸侯から信頼を得ていたが、それでもまだ殷に仕えていた。こんな行動を取り続けた周の徳は至高のものと言えよう。」と。

【別解】①「予に亂臣十人有り。」（1）「私のところには共に天下を治めるものが十人いる。」【集解・義疏】（2）「私のところには乱に打ち勝つ逸材が十人いる。」臣を衍文とする。【徂徠】②「唐虞の際は、」「堯と舜とが交代する間から、」【義疏】③「斯《ここ》に於《お》いて盛なりと爲す。」「周代に至って盛んになった。」【集解・義疏・仁斎・徂徠】④本章は堯・舜・文・武の道徳や事業は万世の規範となることを述べた。【仁斎】

205

子曰《しい》はく、禹《う》は吾間然《われかんぜん》すること無《な》し。飲食《いんしょく》を菲《うす》くして、孝《こう》を鬼神《きしん》に致《いた》し、衣服《いふく》を惡《あ》しくして、美《び》を黻冕《ふつべん》に致《いた》し、宮室《きゅうしつ》を卑《ひく》くして、力《ちから》を溝洫《こうきょく》に盡《つ》くす。禹《う》は吾《われ》間然《かんぜん》すること無《な》し、と。

子曰、禹吾無間然矣。菲飲食、而致孝乎鬼神、惡衣服、而致美乎黻冕、卑宮室、而盡力乎溝洫。禹吾無間然矣。

孔先生がおっしゃるには、「禹は全く非のうちどころがない。自分は質素な食事を採って先祖を手厚く

祭り、自分の着物は粗末にして、祭服を立派にし、自分の宮殿は簡素にして灌漑用水に力を注いだ。禹は全く非のうちどころがないなあ。」と。

【別解】①「禹は吾間然すること無し。」「禹は全く恥じなかった。」【義疏】②孔先生が禹の時代の政治に参与できなかったことへの嘆きを示したものである。【集解】③禹は自分は質素にし、祭祀は慎み、朝廷の礼は手厚くし、民事を重視した。これが夏王朝の数百年の太平をもたらした理由である。【仁斎】④孔先生が禹を賞賛したのは、「恭倹」(他人には恭しく、自分では慎ましい)にある。「恭倹」は帝王の聖徳のためである。【徂徠】⑤「孝を鬼神に致し」とは祖先を敬うこと、「美を黻冕に致し」とは聖人を敬うこと、「力を溝洫に盡くす」とは民を敬うことである。この三者を敬えば、先王の道は尽きる。【徂徠】

子罕第九

凡三十章。

凡べて三十章。

全三十章。

206

子《し》罕《まれ》に利《り》を言《い》ふ、命《めい》と、仁《じん》と。

子罕言利、與命與仁。

孔先生は、利欲を刺激するような事、深遠な天命、広大な仁徳については、軽々しく話題にされなかった。

【別解】①「罕に利を言《と》く、命を與《ゆる》し、仁を與《ゆる》す。」［まれに利益について語った。（弟子たちに）天命や仁について書き記すことを許可した。」【義疏】②「罕に利を言ふ。命と與《とも》にし、仁と與《とも》にす。」［まれに利益について言った。（その時は、）天命や仁と一緒であった。」【徂徠】③仁について述べたことは、門人が謹んで記録し、ことごとく書き記した。そのため、残ったのである。【仁斎】

207

達巷黨《たっこうとう》の人《ひと》曰《い》はく、大《だい》なるかな孔子《こうし》。博《ひろ》く學《まな》びて名《な》を成《な》す所《ところ》無《な》し、と。子《し》之《これ》を聞《き》き、門弟子《もんていし》に謂《い》ひて曰《い》はく、吾《われ》何《なに》をか執《と》らん。御《ぎょ》を執《と》らんか、射《しゃ》を執《と》らんか。吾《われ》は御《ぎょ》を執《と》らん、と。

達巷黨人曰、大哉孔子。博學而無所成名。子聞之、謂門弟子曰、吾何執。執御乎、執射乎。吾執御矣。

達巷の村人たちが言うには、「偉大な人だなあ、孔先生は。広く学ばれて身に付けられたことがあまりに多すぎて、かえって一芸一能で有名にならない（それはそれで惜しい気もするが）」と。孔先生はそれ

を耳にされて、門人たちにおっしゃるには、「それなら私は何を専門にやって有名になろうか。車馬でも御してみようか。弓でも射てみようか。私は車馬を御してみせよう」と。

別解 ①「達巷黨人曰はく、」〔達巷黨人が言うことには、〕達巷を姓、黨人を名とする。【徂徠】

208

子曰《しい》はく、麻冕《まべん》は禮《れい》なり。今《いま》や純《じゅん》なるは儉《けん》なり。吾《われ》は衆《しゅう》に從《したが》はん。下《しも》に拜《はい》するは禮《れい》なり。今上《いまかみ》に拜《はい》するは泰《たい》なり。衆《しゅう》に違《たが》ふと雖《いえ》ども、吾《われ》は下《しも》に從《したが》はん、と。

子曰、麻冕禮也。今也純儉。吾從衆。拜下禮也。今拜乎上泰也。雖違衆、吾從下。

孔先生がおっしゃるには、「麻作りの冠は、正式な礼である。ただ、製作に手数がかかり過ぎる。そこで今は簡便な絹糸で作るが、これは理にかなった倹約だから、私は大勢に従おう。臣下は君主に、建物の下に降りて拝礼するのが正式な礼である。今は上にいたまま拝礼するが、しかし、これは理にかなわない省略で、高慢だ。それなら大勢とは異なるが、私は下に降りて拝礼しよう」と。

別解 ①時代が移ると、倹約であったものが変化して贅沢になるものがある。麻冕はその一例である。【徂徠】

209

子《し》四《し》を絶《た》つ。意《い》毋《な》く、必《ひつ》毋《な》く、固《こ》毋《な》く、我《が》毋《な》し。

子絶四。毋意、毋必、毋固、毋我。

孔先生は以下四つ（意・必・固・我）の欠点が絶無であった。始める前から憶測で決めてかからない。すべて事前に決めた通りにしようと無理押ししない。結果に拘わる依怙地なところがない。成果を独り占めしようとする利己的なところがない。

【別解】①「子 四絶《な》し。」「孔先生は以下の四つが無かった。」【義疏】②「意毋く、」「心の中で利害を考えない、」【仁斎】

210

子《し》匡《きょう》に畏《い》す。曰《い》はく、文王《ぶんのう》既《すで》に没《ぼっ》したれども、文《ぶん》茲《ここ》に在《あ》らずや。天《てん》の將《まさ》に斯《こ》の文《ぶん》を喪《ほろ》ぼさんとするや、後死《こうし》の者《もの》、斯《こ》の文《ぶん》に與《あずか》るを得《え》ざるなり。天《てん》の未《いま》だ斯《こ》の文《ぶん》を喪《ほろ》ぼさざるや、匡人《きょうひと》其《そ》れ予《われ》を如何《いかん》せん、と。

子畏於匡。曰、文王既沒、文不在茲乎。天之將喪斯文也、後死者、不得與於斯文也。天之未喪斯文也、匡人其如予何。

孔先生が匡の地で、御身辺を厳戒しなければならない重大な危機に直面した。孔先生がおっしゃるには、「道を体現した文王はとうに崩御されたが、その文化はこの私の中に生きているではないか。天がそ

の文化を滅ぼすつもりならば、文王と共に滅んだはずで、ずっと後世の私が、その前進に関与できるはずがないではないか。天が未だこの文化を滅ぼすつもりなどないとしたら、匡の人ごときに我が身をどうかされるものではないぞ」と。

別解 ①「文茲に在らずや。」（1）［その文章はここにあるのではないか。］【義疏】（2）［先王の遺文がここにあるではないか。］【仁斎】（3）［礼楽がここにあるではないか。］【徂徠】

211

大宰《たいさい》子貢《しこう》に問《と》ひて曰《い》はく、夫子《ふうし》は聖者《せいじゃ》か。何《なん》ぞ其《そ》れ多能《たのう》なるや、と。子貢《しこう》曰《い》はく、固《もと》より天《てん》之《これ》を縦《ゆる》して将《ほとん》ど聖《せい》にして、又多能《またたのう》なり、と。子《し》之《これ》を聞《き》きて曰《い》はく、大宰《たいさい》我《われ》を知《し》れるか。吾少《われわか》くして賤《いや》し。故《ゆえ》に鄙事《ひじ》に多能《たのう》なり。君子《くんし》は多《た》ならんや。多《た》ならざるなり、と。牢《ろう》曰《い》はく、子《し》云《い》ふ、吾《われ》試《もち》ゐられず。故《ゆえ》に藝《げい》あり、と。

大宰問於子貢曰、夫子聖者與。何其多能也。子貢曰、固天縦之將聖、又多能也。子聞之曰、大宰知我乎。吾少也賤。故多能鄙事。君子多乎哉。不多也。牢曰、子云、吾不試。故藝。

ある高官が子貢に尋ねて言うには、「先生は聖人なのでしょうか。なんと多くの技芸に通じていらっしゃることか」と。子貢が言うには、「もとより天がすべての面において許しを与えられた方ですから、ほ

とんど聖人でありましょう。その上でこそ多くのことが出来るのです」と。孔先生がおっしゃるには、「その高官は私を理解しているのだろうか。私は若い頃低い身分に甘んじていた。だから、つまらないことがいろいろ出来るようになったに過ぎない。君子はそんなにいろいろ出来るものだろうか。多くはないものだ（だから、聖人であろうはずもない）」と。琴牢（子開または子張）も言うには、「先生は『私は地位に就けなかった。だからこそ、器用になってしまったのだ』と言っていらした」と。

別解 ①「固《まこと》に天 縦《てんしょう》の将《しょう》聖《せい》にして、」「もちろん天が許した大聖であり、」【集解・義疏】②「固《まこと》に天 之を縦《ゆる》せば、将《まさ》に聖ならんとす。」「もちろん、天が（制作することを）許せば、制作する。」【徂徠】③「大宰 我を知《ち》とするか。」「その高官は私を智者とするのか。」【徂徠】④本章に「牢曰」とあるため、『論語』の前半十篇の編集者は琴牢であろう。【徂徠】

212

子曰《しい》はく、吾《われ》知《し》る有《あ》らんや、知《し》る無《な》きなり。鄙夫《ひふ》有《あ》り、我《われ》に問《と》ふ空空如《こうこうじょ》たり。我《われ》其《そ》の兩端《りょうたん》を叩《たた》きて竭《つ》くせり、と。

子曰、吾有知乎哉、無知也。有鄙夫、問於我空空如也。我叩其兩端而竭焉。

孔先生がおっしゃるには、「私には知っていることなどあろうか。何も知らないのだ。つまらない男がきて私にものを尋ね、いかにも愚かしい様子でも、私はとことんまで尽くして答えているだけなのだ」と。

【別解】①「吾知《ち》有らんや、知《ち》無きなり。」「私は知恵を出し惜しみするか。そうではない。」【徂徠】

213

子《し》曰《い》はく、鳳鳥《ほうちょう》至《いた》らず。河《か》圖《と》を出《い》ださず。吾《われ》已《や》んぬるかな、と。

子曰、鳳鳥不至。河不出圖。吾已矣夫。

孔先生がおっしゃるには、「理想の御代だった舜・文王の時には舞い降りた鳳凰が、今は飛んでこない、同じく伏義の時には黄河から躍り出た龍馬の背の図も、今は出てこない。私はこの世に希望が持てない」と。

【別解】①本章は明君がいないのを嘆いた。【仁斎・徂徠】

214

子《し》齊衰者《しさいしゃ》と冕衣裳者《べんいしょうしゃ》と、瞽者《こしゃ》とを見《み》る。之《これ》を見《み》れば少《わか》しと雖《いえ》ども必《かな》らず作《た》つ。之《これ》を過《す》ぐれば必《かな》らず趨《はし》る。

子見齊衰者冕衣裳者、與瞽者。見之雖少必作。過之必趨。

孔先生が喪服を着ている人、高位の冠を着けた人、目の見えない人に出会ったなら、相手が年少者であっても、必ず立ちあがって敬意を表し、そばを通り過ぎる時には、必ず小走りになって敬意を表された。

【別解】①「齊衰の者を見て、冕衣裳の者と瞽者と之を見れば、」「喪服を着ている人を見て、高位の冠を着けた

人、目の見えない人を見たなら、」【徂徠】②瞽者は楽の師であることが存在する。そのため孔先生も敬したのであろう。【徂徠】③本章は孔先生の仁がどんなものにも及び、どんな時にも仁であったことを述べている。後出の「師冕見ゆ」章（衛靈公第十五・420）も同じである。【仁斎】

215

顔淵《がんえん》喟然《きぜん》として歎《たん》じて曰《い》はく、之《これ》を仰《あお》げば彌〻《いよいよ》高《たか》く、之《これ》を鑽《き》れば彌〻《いよいよ》堅《かた》し。之《これ》を瞻《み》れば前《まえ》に在《あ》り、忽焉《こつえん》として後《しりえ》に在《あ》り。夫子《ふうし》循循然《じゅんじゅんぜん》として善《よ》く人《ひと》を誘《いざな》ふ。我《われ》を博《ひろ》むるに文《ぶん》を以《もっ》てし、我《われ》を約《やく》するに禮《れい》を以《もっ》てす。罷《や》まんと欲《ほっ》すれども能《あた》はず。既《すで》に吾《わ》が才《さい》を竭《つく》せり。立《た》つ所《ところ》有《あ》りて卓爾《たくじ》たるが如《ごと》し。之《これ》に從《したが》はんと欲《ほっ》すと雖《いえ》ども、由末《よしな》きのみ、と。

顔淵喟然歎曰、仰之彌高、鑽之彌堅。瞻之在前、忽焉在後。夫子循循然善誘人。博我以文、約我以禮。欲罷不能。既竭吾才。如有所立卓爾。雖欲從之、末由也已。

顔淵が深く嘆息して言うには、「先生を仰ぎ見て進むとますます高く、切り込むとますます堅くなる。前方に見つけたと思えば、ふいに後ろに現れてとても追いつけない。しかし先生は、実に順序だてて上手に人を導かれる。まず書物で私の視野を広げられ、礼で節度をつけて下さる。これによって、私はやめよ

うとしてもやめられなくなった。もう私は自分の能力を出し尽くしたが、しっかりと揺るがず立つお姿までは捉えることができた。そこまで行きたいと思っているのに、力が足りないために手だてが無いのだ」と。

【別解】①「顔淵喟然として歎じて曰はく、」「顔淵は深く感歎して言うには、」【仁斎】②「善く人を誘《すす》む。」「（正しい道によって）上手に人を奨励なされる。」【集解・義疏・仁斎】③本章は顔回が自らの学問の履歴を述べた。【仁斎】

216

子《し》疾《やまい》病《へい》なり。子路《しろ》門人《もんじん》をして臣《しん》為《た》らしむ。病《やまい》間《かん》にして曰《い》はく、久《ひさ》しいかな。由《ゆう》の詐《いつわり》を行《おこな》ふや。臣《しん》無《な》くして臣《しん》有《あ》りと為《な》す。吾《われ》誰《たれ》をか欺《あざむ》かん。天《てん》を欺《あざむ》かんや。且《か》つ予《われ》其《そ》の臣《しん》の手《て》に死《し》せん与《よ》りは、無寧《むし》ろ二三子《にさんし》の手《て》に死《し》せんか。且《か》つ予《われ》縦《たと》ひ大葬《たいそう》を得《え》ずとも、予《われ》は道路《どうろ》に死《し》せんや、と。

子疾病。子路使門人為臣。病間曰、久矣哉。由之行詐也。無臣而為有臣。吾誰欺。欺天乎。且予與其死於臣之手也、無寧死於二三子之手乎。且予縱不得大葬、予死於道路乎。

先生の病気が重くなった。子路が門人たちを、かつては抱えていた家臣に仕立てて、もしもの時に備えた。幸い持ち直して孔先生がおっしゃるには、「昔から変わらないね、由（子路）が偽ろうとするのは。家臣がいないのに家臣がいるよう取り繕う。みんな知っているのに、私は誰を欺こうとするのか。天を欺くの

か。それに私はにせの家臣の手で葬られるよりは、むしろ門人の手で葬られたい。それに私はもしも立派な葬儀が出せなかったとしても、門人のいる私が、道端で野垂れ死にするわけあるまい」と。

【別解】①「子路 門人をして臣為らしむ。」（1）「子路は（孔先生が以前、大夫であったため）門人たちに家臣の礼を行わせようとした。」【集解】（2）「子路は（孔先生が聖人であるため）門人たちを家臣に仕立てた。」【義疏】（3）「子路は門人たちに家臣の礼を行わせた。」【徂徠】②「且つ予縦ひ大葬を得ずとも、」「私はもしも君臣の礼による葬儀が出せなかったとしても、」【集解・義疏・仁斎】③子路が生きているので、孔先生は本章の時に没したのではない。【徂徠】

217

子《し》貢《こう》曰《い》はく、斯《ここ》に美玉《びぎょく》有《あ》り。匵《とく》に韞《おさ》めて諸《これ》を藏《ぞう》せんか。善賈《ぜんか》を求《もと》めて諸《これ》を沽《う》らんか、と。子《し》曰《い》はく、之《これ》を沽《う》らんかな。之《これ》を沽《う》らんかな。我《われ》は賈《か》を待《ま》つ者《もの》なり、と。

子貢曰、有美玉於斯。韞匵而藏諸。求善賈而沽諸。子曰、沽之哉。沽之哉。我待賈者也。

子貢が言うには、「ここに美しい宝玉があります。箱に入れたまま仕舞い込んでおきましょうか、それともよい値を求めて売りに出しましょうか」と。孔先生がおっしゃるには、「売ろうとも、売ろうとも。私はよい値で買う人を待ち望んでいるものだ」と。

【別解】①「善賈《ぜんこ》を求めて諸を沽らんか。」〔良い商人を求めて売りましょうか。〕【徂徠】②「之を沽らんかな。之を沽らんかな。」〔(自分を安く売り込まず、)待とうよ。待とう。よい買い手が現れるまで待とう。〕【集解・義疏】

218

子《し》九夷《きゅうい》に居《お》らんと欲《ほっ》す。或《ある》ひと曰《い》はく、陋《ろう》なり。之《これ》を如《い》何《かん》せん、と。子《し》曰《い》はく、君子《くんし》之《これ》に居《お》らば、何《なん》の陋《ろう》か之《こ》れ有《あ》らん、と。

子欲居九夷。或曰、陋。如之何。子曰、君子居之、何陋之有。

先生が今の中国を見限って、東方の未開地にでも住まおうかという気持ちをもらされた。ある人が言うには、「東方の地は、むさ苦しい所です。どうして住まわれましょう」と。孔先生がおっしゃるには、「人格者がそこに住んでいれば、その地がどうしてむさ苦しいままになっていようか」と。

【別解】①九夷は一地域。孔望山のあたりである。【徂徠】②聖人のいる所は教化される。九夷も中国となる。【義疏】

219

子曰《しい》はく、吾《われ》衞《えい》自《よ》り魯《ろ》に反《かえ》りて、然《しか》る後《のち》に樂《がく》正《ただ》しく、雅《が》・頌《しょう》各〻《おのおの》其《そ》の所《ところ》を得《え》たり、と。

子曰、吾自衞反魯、然後樂正、雅・頌各得其所。

孔先生がおっしゃるには、「私は衛の国から魯の国に戻って、その後この国の詩《うた》や楽は正しい姿を取り戻し、宮廷の雅楽も宗廟の祭歌も落ち着いたのだ」と。

【別解】①本章は雅や頌の校訂ではなく、楽の混乱を正したことを指す。【徂徠】

220

子曰《しい》はく、出《い》でては則《すなわ》ち公卿《こうけい》に事《つか》へ、入《い》りては則《すなわ》ち父兄《ふけい》に事《つか》へ、喪事《そうじ》は敢《あえ》て勉《つと》めずんばあらず。酒《さけ》の困《みだ》れを爲《な》さず、何《なん》ぞ我《われ》に有《あ》らんや、と。

子曰、出則事公卿、入則事父兄、喪事不敢不勉。不爲酒困、何有於我哉。

孔先生がおっしゃるには、「出仕した時には高官によく仕えて、家では父や兄によく仕える。父母の喪に際してはできる限りに誠意を尽くす。酒を飲んでは乱れない。これとて私は完全にはできてはいない」と。

【別解】①出仕、家、喪は酒のために興る。【義疏衛瓘】②謙譲ではなく、礼を学ぶことを勧めている。【徂徠】

221

子《し》川上《せんじょう》に在《あ》りて曰《い》はく、逝《ゆ》く者《もの》は斯《か》くの如《ごと》きか、晝夜《ちゅうや》を舍《お》かず、と。

子在川上曰、逝者如斯夫、不舍晝夜。

孔先生が川のほとりにいておっしゃるには、「過ぎ行くものはこの流れのようなものか。行くもの来たるもの、昼となく、夜となく」と。

【別解】①「逝く者は斯くの如きか、」(1)悲観の言葉。【集解】(2)年老いたことを悲観した。【義疏】(3)年月は過ぎ去り、道が興らなかったのを悲観した。【義疏孫綽】(4)過ぎ去った年月は取り戻せないのを悲観した。【徂徠】②「晝夜を舍《や》めず。」「昼となく、夜となく止まることはない。」【仁斎】

222

子《し》曰《い》はく、吾未《われいま》だ徳《とく》を好《この》むこと色《いろ》を好《この》むが如《ごと》くなる者《もの》を見《み》ざるなり、と。

子曰、吾未見好徳如好色者也。

孔先生がおっしゃるには、「私は道徳を愛する気持ちが、まるで美人を心から愛するような人を未だに見たことがない」と。

【別解】①「徳を好むこと」「徳のある人を好む」【徂徠】②本章は孔先生が本当に学問を好む者がいないことを嘆いた。【仁斎】③本章は人君のために述べた。【徂徠】

223

子曰《しい》はく、譬《たと》へば山《やま》を爲《つく》るが如《ごと》し。未《いま》だ一簣《いっき》を成《な》さずして、止《や》むは吾《わ》が止《や》むなり。譬《たと》へば地《ち》を平《たいら》かにするが如《ごと》し。一簣《いっき》を覆《くつがえ》すと雖《いえ》ども、進《すす》むは吾《わ》が往《ゆ》くなり、と。

子曰、譬如爲山。未成一簣、止吾止也。譬如平地。雖覆一簣、進吾往也。

孔先生がおっしゃるには、「学ぶと言うのは、たとえば山を築くようなものだ。あと一かごの土を積めばというところで、それをやめてしまったのは、自分でしなかったのである。また、たとえば土地をならすようなものだ。たった一かごをあけただけでも、進んだのは自分で進んだのである」と。

【別解】①「止むは吾が止むなり。」〔止めてしまう者には私も止めよう。〕【集解・義疏】②「進むは吾が往くなり。」〔進む者には私も進もう。〕【集解・義疏】③本章は『書経』旅獒「細行を矜《たも》たざれば、終《つい》に大徳を累《わずら》はす。山を爲《つく》ること九仞《きゅうじん》、功一簣に虧《か》く。」を解釈した語である。【徂徠】

224

子曰《しい》はく、之《これ》に語《つ》げて惰《おこた》らざる者《もの》は、其《そ》れ回《かい》なるか、と。

子曰、語之而不惰者、其回也與。

孔先生がおっしゃるには、「言葉をかけて怠ることなく実行する者は、さて顔回ぐらいか」と。

【別解】①「之に語げて惰らざる者は、」〔言葉をかけて怠ることなく理解する者は、〕【義疏】

225

子《し》 顔淵《がんえん》を謂《い》ひて曰《い》はく、惜《お》しいかな、吾《われ》 其《そ》の進《すす》むを見《み》る。未《いま》だ其《そ》の止《とど》まるを見《み》ざるなり、と。

子謂顏淵曰、惜乎、吾見其進也。未見其止也。

孔先生が顔淵についておっしゃるには、「惜しい者を亡くしたものだ。私は彼が進歩するのは見たが、彼が停滞するのをついに見たことがなかった」と。

226

子《し》曰《い》はく、苗《なえ》にして秀《ひい》でざる者《もの》有《あ》るかな。秀《ひい》でて實《みの》らざる者《もの》有《あ》るかな、と。

子曰、苗而不秀者有矣夫。秀而不實者有矣夫。

孔先生がおっしゃるには、「苗まで育って花が咲かないものがあるのだなあ。花が咲いたのに実を結ばないものがあるのだなあ」と。

【別解】①本章は顔回の死を嘆いた。【義疏】②本章は『詩経』の「比」(比喩)のようなものである。【仁斎】

227

子《し》曰《い》はく、後生《こうせい》畏《おそ》るべし。焉《いず》くんぞ來者《らいしゃ》の今《いま》に如《し》かざるを知《し》らんや。四十五十《しじゅうごじゅう》にして聞《きこ》ゆる無《な》くんば、斯《こ》れ亦《ま》た畏《おそ》るるに足《た》らざるのみ、と。

子曰、後生可畏。焉知來者之不如今也。四十五十而無聞焉、斯亦不足畏也已。

孔先生がおっしゃるには、「後輩たちは恐ろしいものだ。彼らの未来が、私の今より劣るなどとどうして判ろうか。ただ四十、五十の歳になって評判が聞こえてこないようであれば、これはもう恐れるまでもないが」と。

【別解】①知命の年（五十歳）になっても、何一つ評判が聞こえてこないようであれば、恐れるまでもない。【義疏孫綽】

228

子《し》曰《い》はく、法語《ほうご》の言《げん》は、能《よ》く從《したが》ふこと無《な》からんや。之《これ》を改《あらた》むるを貴《とうと》しと爲《な》す。巽與《そんよ》の言《げん》は、能《よ》く說《よろこ》ぶこと無《な》からんや。之《これ》を繹《たず》ぬるを貴《とうと》しと爲《な》す。說《よろこ》びて繹《たず》ねず、從《したが》ひて改《あらた》めず。吾《われ》之《これ》を如何《いかん》ともする末《な》きのみ、と。

子曰、法語之言、能無從乎。改之爲貴。巽與之言、能無說乎。繹之爲貴。說而不繹、從而不改。吾末如之何也已矣。

孔先生がおっしゃるには、「規範とすべき言葉には、従わずにはいられない。それによって自分を改めたかどうかが大切なのだ。遠回しの注意は、喜ばずにはいられない。それによって深い意図を察するのが大切なのだ。喜んだだけで察しない、従っただけで改めないなら、私にはどうしようもないのだ」と。

別解 ①「法語の言は、」(1)〔規則とすべき言葉には、〕【義疏】(2)〔礼法の言葉には、〕【仁斎】(3)〔先王の規範となる言葉には、〕【徂徠】②「巽與の言は、」(1)〔謙遜して、うやうやしく与える言葉には、〕【義疏】(2)〔へりくだって与える言葉には、〕【仁斎】

229

子曰《しい》はく、忠信《ちゅうしん》を主《しゅ》とし、己《おのれ》に如《し》かざる者《もの》を友《とも》とする毋《な》かれ。過《あやま》ちては則《すなわ》ち改《あらた》むるに憚《はばか》ること勿《な》かれ、と。

子曰、主忠信、毋友不如己者。過則勿憚改。

孔先生がおっしゃるには、「誠実さと言行の一致することを、まず第一と考え、自分より少しでも劣る者ばかりを集めて、自分のわがままを通さないようにすべきだ。もし自分に過失があったら、誰だって過ちはあるのだから、自分の面目などに拘わらず、速やかに改めるようすべきだ」と。

別解 ①學而第一・8の重出だが、「君子重からずんば則ち威あらず。學べば則ち固ならず」は重出していない。②重出であるが、弟子たちは孔先生の教えを重んじたので、再び記した。【義疏范寧】

230

子曰《しい》はく、三軍《さんぐん》は帥《すい》を奪《うば》ふべきなり。匹夫《ひっぷ》も志《こころざし》を奪《うば》ふべからざるなり、と。

子曰、三軍可奪帥也。匹夫不可奪志也。

孔先生がおっしゃるには、「大軍は、司令官を奪い取るのはできる。しかしたった一人でも、志を奪い取ることはできない」と。

別解 ①本章は人君のために述べた。「匹夫・匹娼であっても侮らないように」の意である。【徂徠】②本章は人には志がなければならないことを述べた。大軍は数が多くても心が一つでなければ司令官を奪い取ることができる。匹夫は微少な存在だが、その志を守れば奪い取ることはできない。【仁斎】

231

子曰《しい》はく、敝《やぶ》れたる縕袍《おんぽう》を衣《き》て、狐貉《こかく》を衣《き》たる者《もの》と立《た》ちて恥《は》ぢざる者《もの》は其《そ》れ由《ゆう》なるか。忮《そこな》はず求《むさぼ》らず、何《なに》を用《もっ》てか臧《よ》からざらん、と。子路《しろ》終身之《しゅうしんこれ》を誦《しょう》す。子曰《しい》はく、是《こ》の道《みち》や、何《なん》ぞ以《もっ》て臧《よ》しとするに足《た》らんや、と。

子曰、衣敝縕袍、與衣狐貉者立而不恥者其由也與。不忮不求、何用不臧。子路終身誦之。子曰、是道也、何足以臧。

孔先生がおっしゃるには、「破れた綿入れを身に着けて、高価な毛皮を着た人と並んで立って恥じな

い者と言えば、さて子路ぐらいか。『人のものをそこなおうとせず、自分のことで貪欲にもならないなら、どうして良くないことが起きようか』という詩そのままだ」と。子路はいつもその歌を口ずさんでいた。孔先生が（励まして）おっしゃるには、「この詩に示された道は、どうして最善とするに価しようか」と。

別解 ①「是の道や、何ぞ以て臧しとするに足らんや。」「この詩は、どうして最善だとするに価しようか。」【徂徠】②孔先生は子路が善をひけらかしたことを心配した。【義疏顔延之】③「忮はず求らず」以下は別の一章である。【徂徠】

232

子曰《しい》はく、歳寒《としさむ》くして、然《しか》る後《のち》に松栢《しょうはく》の彫《しぼ》むに後《おく》るるを知《し》るなり、と。

子曰、歳寒、然後知松栢之後彫也。

孔先生がおっしゃるには、「寒く厳しい時節になって後、初めて君子のような松や柏が、小人に見える他の木と一際違って、なかなか散らないとはっきり判る」と。

別解 ①寒く厳しい時になって後に木が分かり、困難な時になって後に人が判る。乱世に遭遇すれば、小人は変化するが、君子は操を改めない。【義疏珊琳公】②君主は小人が使い易いことを喜び、君子は必ずしも一般人よりも優れるものではないと思うことがある。そのため、孔先生は本章のように述べたのである。【徂徠】

233

子曰《しい》はく、知者《ちしゃ》は惑《まど》はず。仁者《じんしゃ》は憂《うれ》へず。勇者《ゆうしゃ》は懼《おそ》れず、と。

子曰、知者不惑。仁者不憂。勇者不懼。

孔先生がおっしゃるには、「ものの道理を理解している人は惑わない。仁の徳ある人は心配事がない。勇気ある者は動揺しない」と。

別解 ①本章は人の性分が同じではないことを論じている。【義疏】

234

子曰《しい》はく、與《とも》に共《とも》に學《まな》ぶべきも、未《いま》だ與《とも》に道《みち》に適《ゆ》くべからず。與《とも》に道《みち》に適《ゆ》くべきも、未《いま》だ與《とも》に立《た》つべからず。與《とも》に立《た》つべきも、未《いま》だ與《とも》に權《はか》るべからず、と。

子曰、可與共學、未可與適道。可與適道、未可與立。可與立、未可與權。

孔先生がおっしゃるには、「一緒には学べるが、一緒に道を求めて進むことまではできない。あるいは一緒には道を求めて進めるかもしれないが、一緒に道を固く守り通せはしない。あるいは一緒に道を固く守れるかもしれない。しかし、一緒に判断を誤らず対処しては行けない」と。

別解 ①「與に共に學ぶべきも」から「未だ與に權るべからず。」まで。〔（道を信じる者とは、）一緒に学ぶこ

郵便はがき

恐縮ですが
郵便切手を
お貼り下さ
い

1670052

杉並区南荻窪一―二五―三

明徳出版社 行

ふりがな 芳　名	年齢 歳
住　所 〒	
メール アドレス	
職　業	電　話　（　　　）
お買い求めの書店名	このカードを前に出したことがありますか はじめて　（　　）回目

愛読者カード

ご購読ありがとうございます。このカードは永く保存して、新刊案内のご連絡を申し上げますので、何卒ご記入の上ご投函ください。

書　名

この本の内容についてのご意見、ご感想をお書きください。

紹 介 欄　本書をお薦めしたい方をご紹介ください。ご案内を差し上げます。

「明徳出版社図書目録」を御希望の方に送呈します。

□ 希望する　　□ 希望しない

Eメールでもご依頼いただけます。

メールアドレス：info@meitokushuppan.co.jp

携帯・スマートフォンからもご購入いただけます。

※個人情報の取り扱いについて
お客様からいただいた芳名、住所、電話番号、メールアドレスなどの個人情報は、小社からの新刊案内等の送付以外の目的には使用いたしません。

とができるが、（その志が一経一芸にとどまるものとは、）一緒に道を求めて進むことまではできない。（志が大きく先王の道に至ることを求める者とは、）一緒に道を求めて進むことはできるかもしれないが、一緒に道を完成させることはできない。道が完成しても、それを用いることはできない。」［一緒に相談することはできるが、臨機応変の処置をすることはできない。］【徂徠】②「與に立つべきも、未だ與に權るべからず。」［一緒に相談することはできるが、臨機応変の処置をすることはできない。］【義疏】③本章は権（臨機応変の処置）と道（正統な処置）との難しいことを明らかにしている。【義疏】

235

唐棣《とうてい》の華《はな》、偏《へん》として其《そ》れ反《はん》せり。豈《あ》に爾《なんじ》を思《おも》はざらんや。室《しつ》是《こ》れ遠《とお》ければなり、と。子曰《しい》はく、未《いま》だ之《これ》を思《おも》はざるなり。夫《そ》れ何《なん》の遠《とお》きことか之《こ》れ有《あ》らんや、と。

唐棣之華、偏其反而。豈不爾思。室是遠而。子曰、未之思也。夫何遠之有。

古い詩に「唐棣の花は、心あるかのようにひらひらと。どうしてあなたを思わずにいられよう。家が何とも遠すぎて」とある。孔先生がおっしゃるには、「まだ思いが軽いね。本当に深く慕えば、まあどうして遠いことなどあろうか」と。

【別解】①234と合わせて一章とし、「権」の話とする。【集解・義疏】②「唐棣の華、偏として其れ反せり。豈に爾を思はざらんや」（1）逸詩（『詩経』に収録されなかった詩）である。【集解・義疏】（2）「唐棣の華、偏として其れ反せり」に意味はなく、「豈に爾を思はざらんや」を導くためにある。【仁斎】③「未だ之を思はざるかな。何の遠きこ

とか之れ有らんや。」［まだ思っていないのだなあ。どうして遠いことなどあろうか。］【釈文一読】④「子曰はく」以下は、孔先生が詩を解釈した言葉である。古の詩の解釈は字句に拘泥しただろうか。本章をじっくり見れば、古の人が詩を学んだ方法において、おおむね理解できるだろう。【徂徠】⑤道の外に人は無く、人の外に道は無い。孔先生が教えを設けたときは人に応じて教えを立て、教えを立てて人を駆り立てたのではない。【仁斎】

鄕黨第十

楊氏曰、聖人之所謂道者、不離乎日用之間也。故夫子之平日、一動一靜、門人皆審視而詳記之。尹氏曰、甚矣孔門諸子之嗜學也。於聖人之容色・言動、無不謹書而備錄之、以貽後世。今讀其書卽其事、宛然如聖人之在目也。雖然聖人豈拘拘而爲之者哉。蓋盛德之至、動容周旋自中乎禮耳。學者欲潛心於聖人、宜於此求焉。舊說凡一章。今分爲十七節。

楊氏曰はく、「聖人の所謂道とは、日用の間を離れざるなり。故に夫子の平日、一動一靜、門人皆審らかに視て詳しく之を記す」と。尹氏曰はく、「甚しいかな孔門の諸子の學を嗜むこと。聖人の容色・言動に於いて、謹んで書して之を

備録し、以て後世に貽さざる無し。今其の書を讀み其の事に卽けば、宛然として聖人の目に在るが如きなり。然りと雖も聖人豈に拘拘として之を爲す者ならんや。蓋し盛德の至り、動容周旋して自ら禮に中るのみ。學者聖人に潛心せんと欲せば、宜しく此に於て求むべし」と。舊說 凡べて一章。今分かちて十七節と爲す。

楊氏（楊時）が言うには、「聖人の言う道とは、現実生活から離れない。だからこそ孔先生の平生の動静を、門人が見逃さずに、詳細に記すのである」と。尹氏（尹焞）が言うには、「何とも、孔門の諸子は、学問好きである。聖人の表情・言動について、慎重に書き置き、つぶさに記し、後世に遺さないものは無かった。いま本書を読んで、その内容に即して読むと、聖人がありありと目に浮かぶようである。聖人は一々意識的に行動などするだろうか。思うに、完成された人格からの行動やふるまいは、すべて自ずと礼のうちにおさまっているのだ。学ぶ者は心を聖人にすべて倣おうとするなら、ここに典型を求めるべきである」と。旧説は本章全体を一章とするが、ここでは分けて十七節とした。

＊［注記］本書は底本に従い十八節としたが、朱熹の十七節は、八佾重出の第章を除いたとの説もある。

236

孔子《こうし》郷黨《きょうとう》に於《お》けるや、恂恂如《じゅんじゅんじょ》たり。言《い》ふ能《あた》はざる者《もの》に似《に》たり。其《そ》の宗廟《そうびょう》・朝廷《ちょうてい》に在《あ》るや、便便《べんべん》として言《い》ふ。唯《た》だ謹《つつし》めるのみ。

孔子於郷黨、恂恂如也。似不能言者。其在宗廟・朝廷、便便言。唯謹爾。

孔先生は故郷に居られる時は、恭順になさっていて、人並みにものが言えない者のようである。先生が宗廟や朝廷にいらした時は、はっきりとものを言われたが、とても謹しみをもっていらした。

別解 ①「恂恂如たり。」〔穏やかで慎み深いご様子であった。〕【集解・義疏・徂徠】

237

朝《ちょう》にして下大夫《かたいふ》と言《い》へば、侃侃如《かんかんじょ》たり。上大夫《じょうたいふ》と言《い》へば、誾誾如《ぎんぎんじょ》たり。君在《きみいま》せば、踧踖如《しゅくせきじょ》たり、與與如《よよじょ》たり。

朝與下大夫言、侃侃如也。與上大夫言、誾誾如。君在、踧踖如也、與與如也。

朝廷にいて同僚の下大夫と話す時には、礼を守って剛直であった。上役の上大夫と話す時には、言葉柔らかでも言うべきことははっきりおっしゃった。君主がお出ましになれば、うやうやしく、また伸びやかでもあられた。

【別解】①「侃侃如たり。」〔穏やかであった。〕【集解・義疏・徂徠】②「誾誾如たり。」（1）〔中正であった。〕【集解・義疏】（2）〔中正でおもねらなかった。〕【徂徠】

238

君《きみ》召《め》して擯《ひん》せしむれば、色勃如《いろぼつじょ》たり、足躩如《あしかくじょ》たり。与《とも》に立《た》つ所《ところ》に揖《ゆう》すれば、手《て》を左右《さゆう》にす。衣《い》の前後《ぜんご》、襜如《せんじょ》たり。趨《はし》り進《すす》むや、翼如《よくじょ》たり。賓退《ひんしりぞ》くや、必《かな》らず復命《ふくめい》して曰《い》はく、賓顧《ひんかえり》みず、と。

君召使擯、色勃如也、足躩如也。揖所與立、左右手。衣前後、襜如也。趨進、翼如也。賓退、必復命曰、賓不顧矣。

君主が孔先生をお召しになって、賓客の接待を命じられると、先生は顔つきに敬意が表われて緊張がはしり、足どりは進めないかのようであった。一緒に立つ同役に挨拶する時、手を左右に動かされる。そうしても、着物の前後は乱れない。小走りに進まれても、鳥が翼を広げるようにご立派であった。賓客が退出すると、必ず君主に報告して「来賓は満足げに振り返らずに帰られました」とおっしゃった。

【別解】①「足躩如たり。」〔小走りになった。〕【集解・義疏】②「賓顧みず。」〔上擯（上級の接待係）は君主に報告して「来賓は振り返らずに帰られました」とおっしゃった。〕なお、これは『儀礼』聘礼の文である。【徂徠】③学ぶ者は、三礼（『儀礼』『周礼』『礼記』）を熟読して、その後、『論語』について言うべきである。【徂徠】

公門《こうもん》に入《い》るに、鞠躬如《きっきゅうじょ》たり。容《い》れられざるが如《ごと》し。立《た》つに門《もん》に中《ちゅう》せず。行《ゆ》くに閾《しきみ》を履《ふ》まず。位《くらい》を過《す》ぐれば、色勃《いろぼつ》如《じょ》たり、足躩如《あしかくじょ》たり。其《そ》の言《げん》は足《た》らざる者《もの》に似《に》たり。齊《もすそ》を攝《かか》げて堂《どう》に升《のぼ》るに、鞠躬如《きっきゅうじょ》たり。氣《き》を屏《おさ》めて息《いき》せざる者《もの》に似《に》たり。出《い》でて一等《いっとう》を降《くだ》れば、顏色《がんしょく》を逞《はな》ちて怡怡如《いいじょ》たり。階《かい》を沒《つ》いて趨《はし》れば、翼如《よくじょ》たり。其《そ》の位《くらい》に復《かえ》れば、踧踖《しゅくせき》如《じょ》たり。

入公門、鞠躬如也。如不容。立不中門。行不履閾。過位、色勃如也、足躩如也。其言似不足者。攝齊升堂、鞠躬如也。屛氣似不息者。出降一等、逞顏色怡怡如也。沒階趨、翼如也。復其位、踧踖如也。

孔先生は宮城の門を入る時は、謹んで身をかがめ、まるで入りづらいかのようにされた。立ち止まっても、君主に遠慮して門の中央には立たず、通るにも門の敷居を踏まないようにされた。王座を行過ぎる時は、たとえ君主のお出ましがなくても、顔に緊張がはしり、足どりは重く、言葉も満足に出せない者のようだった。君主に拝謁するときは、着物の裾を持ち上げてつまづかないよう慎重に堂に登られる。君前では息を殺して呼吸しない者のようであった。退いて階段を一段下ると顔の緊張が緩んで楽しげであった。階段を降り切って小走りに進まれても鳥が翼を広げるように立派だった。自分の席に着かれると、慎しみ深い御様子だった。

【別解】①「顔色を逞《の》べて怡怡如たり。」［顔の緊張が解け安らかであった。］【集解・義疏】②「其の位に復れば、」［（前に通り過ぎた）王座に戻られると、］【集解・義疏・徂徠】

240

圭《けい》を執《と》れば、鞠躬《きっきゅう》如《じょ》たり。勝《た》へざるが如《ごと》し。上《あ》ぐることは揖《ゆう》の如《ごと》くし、下《さ》ぐることは授《さず》くるが如《ごと》し。勃如《ぼつじょ》として戰色《せんしょく》あり、足《あし》は蹜蹜《しゅくしゅく》として循《したが》ふ有《あ》るが如《ごと》し。享禮《きょうれい》には容色《ようしょく》有《あ》り。私覿《してき》には愉愉《ゆゆ》如《じょ》たり。

執圭、鞠躬如也。如不勝。上如揖、下如授。勃如戰色、足蹜蹜如有循。享禮有容色。私覿愉愉如也。

孔先生が他国に派遣されて、圭を手に執る時は、重くて持てないかのように恭々しくされた。それを上げる時も胸の前で会釈する程にし、下げる時にも物を受け渡す程になさる。顔は緊張しておののくかのようであり、進むには歩幅を狭く、地を摺るように前後の足が接しているようであった。贈答の儀では、和やかさが出でいる。私的な拝謁の時には楽しげにされた。

【別解】①孔先生が隣国に使者として訪問したことは経書にも注釈にも見えない。しかし、当時の門人は直接それを見て、記したのだから、郷黨篇を信用すべきである。【仁斎】②本章は孔先生が礼について述べたのであり、孔先生の事蹟を記したのではない。【徂徠】

241

君子《くんし》は紺《こん》・緅《しゅう》を以《もっ》て飾《かざ》らず。紅《こう》・紫《し》は以《もっ》て褻服《せっぷく》と爲《な》さず。暑《しょ》に當《あ》たりては、袗《しん》の絺綌《ちげき》、必《かな》らず表《ひょう》にして之《これ》を出《い》だす。緇衣《しい》には羔裘《こうきゅう》、素衣《そい》には麑裘《げいきゅう》、黄衣《こうい》には狐裘《こきゅう》。褻裘《せつきゅう》は長《なが》し。右《みぎ》の袂《たもと》を短《みじ》かくす。必《かな》らず寝衣《しんい》有《あ》り。長《なが》さ一身有半《いっしんゆうはん》。狐貉《こかく》の厚《あつ》さを以《もっ》て居《い》る。喪《も》を去《のぞ》けば佩《お》びざる所《ところ》無《な》し。帷《い》裳《しょう》に非《あら》ずんば、必《かな》らず之《これ》を殺《さい》す。羔裘玄冠《こうきゅうげんかん》しては、以《もっ》て弔《ちょう》せず。吉月《きつげつ》には必《かな》らず朝服《ちょうふく》して朝《ちょう》す。

君子不以紺・緅飾。紅・紫不以爲褻服。當暑、袗絺綌、必表而出之。緇衣羔裘、素衣麑裘、黄衣狐裘。褻裘長。短右袂。必有寝衣。長一身有半。狐貉之厚以居。去喪無所不佩。非帷裳必殺之。羔裘玄冠、不以弔。吉月必朝服而朝。

君子は、普段着を紺や淡紅色で飾らない。紅や紫は普段着にもされない。暑中には一重の葛衣であったが、必ず上着にして外に出し、下着をつけた。黒い上着を着れば、黒羊の皮衣をつけた。白い上着を着れば、白い鹿の皮衣をつけた。黄色い上着を着れば、黄色い狐の皮衣をつけた。普段着の裾は長く作って右の袂を短くする。必ず寝間着を用意された。長さは身長の一倍半にして足を見せなかった。私邸では狐や狢の厚い着物を召した。喪が明ければどんな飾りでも腰に下げられた。礼服の帷裳以外は、必ず狭く縫い込まれた。黒い皮衣と赤黒い冠は吉例の礼服だから、葬儀には召されない。毎月一日には、礼服で拝謁なさった。

【別解】①本章は孔先生の衣服の制を記した。孔先生の立ち居振る舞いは礼にかなっていた。【仁斎】

242

齊《さい》すれば必《かな》らず明衣《めいい》有《あ》り、布《ふ》なり。齊《さい》すれば必《かな》らず食《し》を變《へん》じ、居《お》れば必《かな》らず坐《ざ》を遷《うつ》す。

齊必有明衣、布。齊必變食、居必遷坐。

潔斎には必ず物忌み用の明衣を用意し、麻布で作った。潔斎には必ず普段とは食事を変え、住まいもいつもの座を移して別の所にいらした。

243

食《し》は精《しらげる》を厭《いと》はず。膾《なます》は細《ほそ》きを厭《いと》はず。食《し》の饐《い》して餲《あい》し、魚《うお》の餒《だい》して肉《にく》の敗《やぶ》れたるは食《くら》はず。色《いろ》の惡《あ》しきは食《くら》はず。臭《におい》の惡《あ》しきは食《くら》はず。飪《じん》を失《うしな》ひたるは食《くら》はず。時《とき》ならずんば食《くら》はず。割正《きりめただ》しからずんば食《くら》はず。其《そ》の醬《しょう》を得《え》ずんば食《くら》はず。肉《にく》は多《おお》しと雖《いえ》ども、食氣《しき》に勝《か》たしめず。惟《た》だ酒《しゅ》は量無《りょうな》し、亂《らん》に及《およ》ばず。沽酒《こしゅ》・市脯《しほ》は食《くら》はず。薑《はじかみ》を撤《てっ》せず

食不厭精。膾不厭細。食饐而餲、魚餒而肉敗不食。色惡不食。臭惡不食。失飪不食。不時不食。割不正不食。不得其醬不食。肉雖多、不使勝食氣。惟酒無量、不及亂。沽酒・市脯不食。不

して食《くら》ふ。多《おお》くは食《くら》はず。公《こう》に祭《まつ》れば肉《にく》を宿《しゅく》せしめず。祭《さい》肉《にく》は三日《さんじつ》を出《い》ださず。三日《さんじつ》を出《い》づれば、之《これ》を食《くら》はず。食《くら》ふに語《かた》らず。寝《い》ぬるに言《い》はず。疏食《そし》・菜羹《さいこう》・瓜《か》と雖《いえど》も祭《まつ》れば、必《かなら》ず齊如《さいじょ》たり。

撤薑食。不多食。祭於公不宿肉。祭肉不出三日。出三日、不食之矣。食不語。寝不言。雖疏食・菜羹瓜祭、必齊如也。

ご飯は精米を嫌がられなかった。なますは細切りを嫌がられなかった。ご飯がすえて味が変わったのや、魚がくずれて肉の腐ったのは召し上らない。色が悪いのは召し上らない。臭いの悪いのは召し上らない。料理の仕方が悪いのは召し上らない。季節はずれの未熟なものは召し上らない。切り方が乱れているのは、召し上らない。料理に合ったつけだれがなければ、召し上らない。肉は多くあっても主食のごはんより多くは召し上らない。酒だけは定めた量はなかったが、乱れるほどにはお召されない。買った酒や乾し肉は不潔でもあるので口になさらない。ハジカミは清浄なので取りのけずに召し上がる。多くは召し上がらない。公式の祭に助勤した時には、下げ渡された肉は宵越しにしない。供物の肉は三日以内に分け与える。三日過ぎたら肉が腐るので召し上がらない。食べている時には返事をなさらない。横になったら人に話しかけない。食事の時には粗末な飯や野菜の汁や瓜のようなものでも、食物や料理を作り出した古人を偲んで必ず供えた。

【別解】①「時ならずんば食はず。」「朝・昼・晩の決まった時間でなければ食べない。」【集解・義疏】②「薑を撤《さ》

らずして食ふ。」「ハジカミは（ものいみの）例外として召し上がる。」【集解】③「公に祭れば肉を宿せしめず。」の解釈が「祭肉は三日を出ださず。三日を出づれば、之を食はず。」であり、伝写の過程で誤って『論語』の本文に入った。【徂徠】

244

席正《せきただ》しからずんば、坐《ざ》せず。

席不正、不坐。

座の敷物がきちんとしていなければ、座に着かれない。

【別解】①席を正しくするのは礼儀正しいことである。【義疏范寧】②斎の時の礼か、錯簡か脱字がある。【徂徠】

245

郷人《きょうじん》の飲酒《いんしゅ》に、杖者出《じょうしゃい》づれば斯《ここ》に出《い》づ。郷人《きょうじん》の儺《だ》には朝服《ちょうふく》して阼階《そかい》に立《た》つ。

郷人飲酒、杖者出斯出矣。郷人儺朝服而立於阼階。

村人と酒を飲むには、杖をつく老人が退出してから、初めて退出なさる。村人が鬼やらいをする時には、礼服を着て東の階段に立って敬意を表した。

【別解】①「郷人の儺には朝服して阼階に立つ。」（1）先祖を驚かすことを心配した。【集解】（2）宗廟を驚かす

ことを心配した。【義疏】（3）習俗に従い、郷人に敬意を示した。【仁斎】（4）古礼であり、孔先生も行ったが、その意味は不明。【徂徠】

246

人《ひと》を他邦《たほう》に問《と》はしむるときは、再拝《さいはい》して之《これ》を送《おく》る。康子《こうし》薬《くすり》を饋《おく》る。拝《はい》して之《これ》を受《う》けて曰《い》はく、丘未《きゅういま》だ達《たつ》せず。敢《あえ》て嘗《な》めず、と。

問人於他邦、再拜而送之。康子饋藥。拜而受之曰、丘未達。不敢嘗。

使者を遣わして他国の人を見舞わせる時には、再拝して自から送り出す。季康子が薬を贈ってきた。先生は拝礼して厚意に感謝しておっしゃるには、「わたくし丘は、まだ十分に薬に不案内ですから、今は服用を御遠慮致します」と。

247

廐《うまや》焚《や》けたり。子《し》朝《ちょう》より退《しりぞ》く。曰《い》はく、人《ひと》を傷《そこな》へるか、と。馬《うま》を問《と》はず。

廐焚。子退朝。曰、傷人乎。不問馬。

孔先生の屋敷の厩が焼けてしまった。孔先生が朝廷から退出されておっしゃるには、「人に怪我はなかったか」と。馬のことは問わなかった。

別解 ①「人を傷へるか不《いな》や、と。馬を問ふ。」「人に怪我はあったのか、なかったのか。（その後で、）馬のことを問うた。」【釈文】②「人を傷へるか」の人は、家人や近所の火を消した人々である。火を消して、馬を救わないことは有り得ないので、孔先生は馬のことを問わなかった。【徂徠】③当時、孔先生は魯の司寇であったが、朝廷から退出した時に馬を問わなかったのは、馬を重視していた風潮を正そうとしたからである。【義疏王弼】

248

君《きみ》食《し》を賜《たま》へば、必《かな》らず席《せき》を正《ただ》しくして先《ま》づ之《これ》を嘗《な》む。君《きみ》腥《せい》を賜《たま》へば、必《かな》らず熟《じゅく》して之《これ》を薦《すす》む。君《きみ》生《せい》を賜《たま》へば、必《かな》らず之《これ》を畜《やしな》ふ。君《きみ》に侍食《じしょく》するときは、君《きみ》祭《まつ》れば先《ま》づ飯《はん》す。疾《や》めるとき、君《きみ》之《これ》を視《み》れば、東首《とうしゅ》して朝服《ちょうふく》を加《くわ》へ、紳《しん》を拖《ひ》く。君《きみ》命《めい》じて召《め》せば、駕《が》を俟《ま》たずして行《ゆ》く。

君賜食、必正席先嘗之。君賜腥、必熟而薦之。君賜生、必畜之。侍食於君、君祭先飯。疾、君視之、東首加朝服、拖紳。君命召、不俟駕行矣。

君主から食物を賜れば、必ず席を正してから、先ずご自身が少しいただいた。君主から生肉を賜れば、必ず先祖にお供えしてからいただいた。君主から生きたものを賜れば、必ず大切に飼った。君主との陪食には、君主が古人へのお祭をすると、先生は助勤しないで毒見のため先に供物をいただくようにした。病気の時に君主が見舞われると、先生は東枕に寝て、出仕の服装に着替え、大帯をひいておいた。君主がお召しになると、車を待たずに急いで出かけた。

別解 ①「朝服を加《おお》ひ、」〔出仕の服装を体の上にかけ、〕【義疏】

249

太廟《たいびょう》に入《い》りて、事毎《ことごと》に問《と》ふ。

入太廟、毎事問。

太廟のなかでは、一つ一つ儀式をおたずねになった。

別解 ①本章は、八佾第三・55に一部重出する。②八佾第三・55はある人に答えたものであり、本章は孔先生の普段の行動である。そのため、両方とも記録してある。【義疏旧通】③郷黨篇は孔先生の普段の行動を記録している。本章については既に詳しく記したが、ここでまた記録しているのは重出ではない。【仁斎】

250

朋友《ほうゆう》死《し》して、帰《き》する所《ところ》無《な》くんば、曰《い》はく、我《われ》に於《おい》て殯《ひん》せよ、と。朋友《ほうゆう》の饋《おくりもの》は、車馬《しゃば》と雖《いえ》ども、祭肉《さいにく》に非《あら》ずんば拜《はい》せず。

朋友死、無所歸、曰、於我殯。朋友之饋、雖車馬、非祭肉不拜。

友人が亡くなって引き取り手がなかった時、孔先生がおっしゃるには、「私の所で葬儀を致しましょう」と。友人からの贈り物は、車馬のような立派なものでも、お祭の肉とは違うので、拝礼しなかった。

【別解】①「朋友」は孔先生の友人である。孔先生の家で亡くなったが、誰も引き取りにこなかった。【義疏】

251

寝《い》ぬるに尸《し》せず。居《お》るに容《かたち》づくらず。齊衰者《しさいしゃ》を見《み》れば、狎《な》れたりと雖《いえ》ども必《かな》らず變《へん》ず。冕者《べんしゃ》と瞽者《こしゃ》とを見《み》れば、褻《な》れたりと雖《いえ》ども必《かな》らず貌《ぼう》を以《もっ》てす。凶服者《きょうふくしゃ》には之《これ》に式《しょく》す。負版者《ふはんしゃ》に式《しょく》す。盛饌《せいせん》有《あ》れば、必《かな》らず色《いろ》を變《へん》じて作《た》つ。迅雷風烈《じんらいふうれつ》には必《かな》らず變《へん》ず。

寝不尸。居不容。見齊衰者、雖狎必變。見冕者與瞽者、雖褻必以貌。凶服者式之。式負版者。有盛饌、必變色而作。迅雷風烈必變。

寝る時には、死人のような寝方はしない。普段、家では容儀を飾らなかった。喪服を着けた人を見ると、日頃馴れ親しんでいる人でも必ず容色を正して悲しんだ。位ある人と目の見えない人を見たなら、晴れの場でなくとも顔色を正した。乗車中には、途中で喪服を着けている人に出会うと、俯いて車の横木に手をついて哀悼の意を表した。国の戸籍簿を持つ者にも同様に敬意を表した。立派なご馳走を出された時には、必ず容儀を改めて立ちあがる。雷が鳴り、酷い風のときにはやはり容儀を正された。

【別解】①「寝ぬるに尸せず。」「（横向きに少し体を曲げ、）死人の寝方はしない。」【義疏】②「必らず色を變じて作つ。」「顔の表情を改めて立ち上がられた。」【集解・義疏】③「負版者に式す。」は注釈文の混入。【徂徠】④「齊衰者を見れば」から「必らず貌を以てす」までは門人が郷黨篇のための特記で単なる重出ではない。【仁斎】

252

車《くるま》に升《のぼ》るときは、必《かな》らず正《ただ》しく立《た》ちて綏《すい》を執《と》る。車中《しゃちゅう》には内顧《ないこ》せず。疾言《しつげん》せず。親《した》しく指《ゆびさ》さず。

升車、必正立執綏。車中不内顧。不疾言。不親指。

車に乗る時には必ず正しく立って、引き綱を手に握った。車中では取り乱したかと心配をかけるので、頭を回して振り返らない。せわしくものを言わない。自分を指差さない。

別解 ①本章は孔先生が車に乗るときの礼である。【義疏】

253

色《いろ》みて斯《ここ》に舉《あ》がり、翔《かけ》りて而《しか》る後《のち》に集《とど》まる。曰《い》はく、山《さん》梁《りょう》の雌雉《しち》、時《とき》なるかな時《とき》なるかな、と。子路《しろ》之《これ》に共《きょう》す。三《み》たび嗅《か》ぎて作《た》つ。

色斯舉矣、翔而後集。曰、山梁雌雉、時哉時哉。子路共之。三嗅而作。

鳥が人の顔色が悪いのを見取って飛び去り、飛び回ってからその後集まった。孔先生がおっしゃるには、「山の橋の雌の雉は飛ぶも帰るも、時に適っている。時に適っている」と。子路が鳥を取ろうとすると、鳥は三度鳴いて飛び立った。

別解 ①「子路 之に共す。三たび嗅ぎて作つ。」「子路は雉を料理して孔先生に差し出した。孔先生は、三度、

（その料理の）臭いをかぐと、立ち上がられた。」【集解・義疏】②「子路 之に共《むか》ふ。」「子路が鳥に向かっていくと、」【仁斎】③「色みて斯に擧がり、翔りて而る後に集まる」は逸詩である。「山梁の雌雉、時なるかな時なるかな」は孔先生の解釈である。『韓詩外伝』には、この類いが多い。朱熹は郷黨篇は孔先生の行いを記したとすることに固執した。そのため、本章には欠文があるとするが、不学ゆえの過ちである。【徂徠】④本章は「君子 幾を見て作る」（『易経』『繫辞下伝』）の意と合致する。門人は、その事が、孔先生の意と合致するため、一部始終を記録したのであろう。【仁斎】⑤本章は郷黨篇のこれ以前の章と似ない。郷黨篇に入れてはいけないようにも見える。孔先生がお出ましの時に出会った鳥への感応を門人が附記したのであろうか。【仁斎】

先進第十一

此篇多評弟子賢否。凡二十五章。胡氏曰、此篇記閔子騫言行者四。而其一直稱閔子。疑閔氏門人所記也。

此の篇 多く弟子の賢否を評す。凡べて二十五章。胡氏曰はく、此の篇 閔子騫の言行を記す者四なり。而して其の一は直だ閔子と稱するのみ。疑ふらくは閔氏の門人の記す所ならん、と。

この篇は多く弟子の賢愚を評している。全二十五章。胡氏（胡寅）が言うには、「この篇は閔子騫の言行を記したものが四章、しかしその一つはただ閔子と称する。閔氏の門人が記録したのではないか」と。

254

子曰《しい》はく、先進《せんしん》の禮樂《れいがく》に於《お》けるは、野人《やじん》なり。後進《こうしん》の禮樂《れいがく》に於《お》けるは、君子《くんし》なり。如《も》し之《これ》を用《もち》ひなば、則《すなわ》ち吾《われ》は先進《せんしん》に從《したが》はん、と。

子曰、先進於禮樂、野人也。後進於禮樂、君子也。如用之、則吾從先進。

孔先生がおっしゃるには、「(今の世では)『先人は、文化儀礼や楽（ガク）に対して、質朴な田舎者のようだった。後人である今の人は、文化儀礼や楽に対して、洗練された君子である』と言うが、もしそれらを行うなら、今の世の体面に傾き過ぎた君子より、私は外面と内実の調和のとれた先人に従おう」と。

別解　①「先進・後進」(1)仕官した先輩・後輩。【集解】(2)五帝以前・三王以後。【義疏】(3)郷党（村里）から仕官することの先と後。【徂徠】②「野人なり。」「(晏嬰のような)倹約のようだ。」【徂徠】③「如し之を用ひなば、」「もし、どちらかを選択して行うならば、」【集解・義疏】④「先進」から「君子なり」までは、時人もしくは先輩の言で孔先生が述べた。魯の臧文仲あたりであろうか。【徂徠】

255

子曰《しい》はく、我《われ》に陳《ちん》・蔡《さい》に從《したが》ひし者《もの》は、皆門《みなもん》に及《およ》ばざるなり、と。徳行《とくこう》には顔淵《がんえん》・閔子騫《びんしけん》・冉伯牛《ぜんはくぎゅう》・仲弓《ちゅうきゅう》。言語《げんご》には宰我《さいが》・子貢《しこう》。政事《せいじ》には冉有《ぜんゆう》・季路《きろ》。文學《ぶんがく》には子游《しゆう》・子夏《しか》。

子曰、從我於陳・蔡者、皆不及門也。徳行顔淵・閔子騫・冉伯牛・仲弓。言語宰

孔先生がおっしゃるには、「かつて陳国や蔡国にまで、私について苦難を共にした者は、すべて膝元にはいなくなってしまった」と。その当時の門人とは、行い正しい顔淵・閔子騫・冉伯牛・仲弓、弁舌巧みな宰我・子貢、政治に優れた冉有・季路、学問に通じた子游・子夏たちだった。

別解 ①「皆門に及ばざるなり。」（1）「みな就職の機会を失った。」【集解・義疏】（2）「後進の君子も既に没した。」【徂徠】②徳行が人生の根本のため、始めに言う。【義疏】③徳行は、言語・政事・文学の三者を兼ねる。【仁斎】

我・子貢。政事冉有季路。文學子游・子夏。

256

子《し》曰《い》はく、回《かい》や我《われ》を助《たす》くる者《もの》に非《あら》ざるなり。吾《わ》が言《げん》に於《お》いて、説《よろこ》ばざる所《ところ》無《な》し、と。

子曰、回也非助我者也。於吾言、無所不説。

孔先生がおっしゃるには、「顔回は、（子夏のように）思わぬ質問をして私を気づかせてくれることはなかった。私の言葉をどんなことでも黙って深く理解して、心から喜んでいた」と。

別解 ①「回や我を助《ま》す者に非ざるなり。」「顔回は私を啓発してくれる人ではない。」【集解】②本章は孔先生が顔回を得たことを深く喜んだ言葉である。【仁斎】

257

子曰《しい》はく、孝《こう》なるかな閔子騫《びんしけん》、人《ひと》其《そ》の父母昆弟《ふぼこんてい》の言《げん》を間《かん》せず、と。

子曰、孝哉閔子騫、人不間於其父母昆弟之言。

孔先生がおっしゃるには、「孝行者だなあ、閔子騫は。人々は、閔子騫の親兄弟が彼を誉めちぎる言葉を聞いても、異議を唱えるものがいなかった」と。

別解 ①「孝なるかな閔子騫、と。」「(よその人が)「孝行者だなあ、閔子騫は。」といっている。」【徂徠】②「人其の父母昆弟の言を間《へだ》てず。」「誰も閔子騫の親兄弟を非難することは言わなかった。」【集解・義疏・仁斎】

258

南容《なんよう》 白圭《はくけい》を三復《さんぷく》す。孔子《こうし》其《そ》の兄《あに》の子《こ》を以《もっ》て之《これ》に妻《めあ》はす。

南容三復白圭。孔子以其兄之子妻之。

南容は、「白い圭玉は欠けたとしても、磨いて何とか治せるが、言葉のきずは治せない」という『詩経』(大雅・抑篇)の詩を、たびたび繰りかえし口ずさんでいた。(こんなに発言に慎重だからと)南容に孔先生は、兄の娘を結婚させた。

別解 ①発言を変えるようでは、聡明で巧みな弁舌があっても、身を修め、行いを整え、禍に陥らないようにするのは難しいだろう。そのため、孔先生は南容に兄の娘を結婚させたのである。【仁斎】

259

季《き》康《こう》子《し》問《と》ふ、弟《てい》子《し》孰《たれ》か學《がく》を好《この》むと爲《な》す、と。孔《こう》子《し》對《こた》へて曰《い》はく、顔《がん》回《かい》といふ者《もの》有《あ》り。學《がく》を好《この》めり。不《ふ》幸《こう》短《たん》命《めい》にして死《し》せり。今《いま》や則《すなわ》ち亡《な》し、と。

季康子問、弟子孰爲好學。孔子對曰、有顔回者。好學。不幸短命死矣。今也則亡。

季康子が質問していうには、「ご門弟の内で、いずれのお方が学問を好まれますか」と。孔先生がお答えして申し上げるには、「顔回という者がおりました。学ぶことを心から喜んでおりました。しかし、不幸にも短命で死にました。もはや今となっては、門弟の内に学問好きの者はおりません」と。

別解 ①哀公は君主のため詳しく答えた。（雍也第六・121参照）しかし、季康子は臣下だったため簡略に答えた。【義疏一云】

260

顔《がん》淵《えん》死《し》す。顔《がん》路《ろ》子《し》の車《くるま》以《もっ》て之《これ》が椁《かく》を爲《つく》らんと請《こ》ふ。子《し》曰《い》はく、才《さい》も不《ふ》才《さい》も、亦《ま》た各〻《おのおの》其《そ》の子《こ》と言《い》ふなり。鯉《り》や死《し》せしとき、棺《かん》有《あ》りて椁《かく》無《な》かりき。吾《われ》徒《と》行《こう》して以《もっ》て之《これ》が椁《かく》を爲《つく》らざりしは、吾《われ》大《たい》夫《ふ》の後《しりえ》に從《したが》ひて、徒《と》行《こう》すべから

顔淵死。顔路請子之車以爲之椁。子曰、才不才、亦各言其子也。鯉也死、有棺而無椁。吾不徒行以爲之椁、以吾從大夫之

ざるを以《もっ》てなり、と。　後、不可徒行也。

顔淵が亡くなった。父君の顔路が、孔先生の今は使わない車を貰い受けて、それを売った代金で、外棺を作りたいと願った。孔先生がおっしゃるには、「出来が良くても悪くても、やはり我が子は我が子だと言う。我が子の鯉が死んだ時、内棺はあったが外棺はなかった。その時も私は車を売って、徒歩で歩いてまでして子のために外棺を作ろうとはしなかった。私が大夫の末席をけがしているからには、徒歩で出歩くわけにはいかないのだ」と。

別解　①「才も不才も、」「才能のある顔淵も才能がない孔鯉も、」【義疏】

261

顔淵《がんえん》死《し》す。子《し》曰《い》はく、噫《ああ》、天《てん》予《われ》を喪《ほろ》ぼせり、天《てん》予《われ》を喪《ほろ》ぼせり、と。　顔淵死。子曰、噫、天喪予、天喪予。

顔淵が亡くなった。孔先生がおっしゃるには、「(私が道の全てを託した顔淵が先立ったとは)ああ、天は私をなきものとしたのだ。天は私をなきものとしたのだ」と。

別解　①聖人が世に出る時は補佐役がいる。その顔淵が没したので、孔先生は天意を知って嘆いた。【徂徠】

262

顔淵《がんえん》死《し》す。子《し》之《これ》を哭《こく》して慟《どう》す。從者《じゅうしゃ》曰《い》はく、子《し》慟《どう》せり、と。曰《い》はく、慟《どう》する有《あ》るか。夫《か》の人《ひと》の爲《ため》に慟《どう》するに非《あら》ずして、誰《た》が爲《ため》にかせん、と。

顔淵死。子哭之慟。從者曰、子慟矣。曰、有慟乎。非夫人之爲慟、而誰爲。

顔淵が亡くなった。孔先生は慟哭して激しく泣き悲しまれた。付き従う門人が言うには「先生、悲しみが少し過ぎておられます」と。孔先生がおっしゃるには、「悲しみが過ぎているとな。顔淵のために激しく悲しまないで、いったい誰のために悲しむことなどあろうぞ」と。

別解

①「子 之を哭して慟す。」［孔先生は（顔家に赴き、）慟哭して激しく泣き悲しまれた。］【義疏】

263

顔淵《がんえん》死《し》す。門人《もんじん》厚《あつ》く之《これ》を葬《ほうむ》らんと欲《ほっ》す。子《し》曰《い》はく、不可《ふか》なり、と。門人《もんじん》厚《あつ》く之《これ》を葬《ほうむ》る。子《し》曰《い》はく、回《かい》や予《われ》を視《み》ること猶《な》ほ父《ちち》のごとくせり。予《われ》視《み》ること猶《な》ほ子《こ》のごとくするを得《え》ざるなり。我《われ》には非《あら》ざるなり。夫《か》の二三子《にさんし》なり、と。

顔淵死。門人欲厚葬之。子曰、不可。門人厚葬之。子曰、回也視予猶父也。予不得視猶子也。非我也。夫二三子也。

顔淵が亡くなった。彼の門人が顔淵を手厚く葬ろうとした。孔先生がおっしゃるには、「それは許され

ないことだ」と。しかし、門人たちは手厚く葬った。孔先生がおっしゃるには、「顔回は私を父親のように見てくれていた。しかし、お前達のしたことで、私は顔回を我が子同然に見て（子の鯉と同じ葬儀のようにして）やれなかった。私ではない。（これは）お前達がしでかしたことなのだ」と。

別解　①「門人厚く之を葬らんと欲す。」〔孔先生の門人が顔淵を手厚く葬ろうとした。〕【義疏一云】②「我を非《ひ》とせんかな、二三子や。」〔葬式を派手にした門人を止められなかった私を非難するだろう。他国にいる門人は。〕【徂徠】③「夫の二三子なり。」〔（顔淵の父である）顔無繇と諸君がしでかしたのだ。〕【仁斎】④礼に反するに関わらず、顔淵を手厚く葬ったのは、顔無繇だろう。【義疏范寧】

264

季路《きろ》鬼神《きしん》に事《つか》へんことを問《と》ふ。子曰《しい》はく、未《いま》だ人《ひと》に事《つか》ふる能《あた》はず、焉《いず》くんぞ能《よ》く鬼《き》に事《つか》へん、と。敢《あえ》て死《し》を問《と》ふ、と。曰《い》はく、未《いま》だ生《せい》を知《し》らず、焉《いず》くんぞ死《し》を知《し》らん、と。

季路問事鬼神。子曰、未能事人、焉能事鬼。敢問死。曰、未知生、焉知死。

子路が神霊にお仕えする道を質問した。孔先生がおっしゃるには、「まだ人にさえ十全にお仕え出来ないのに、どうして神霊にお仕えできようか」と。子路が重ねて死について質問した。孔先生がおっしゃるには、「まだ生きることさえ解らないのに、どうして死がわかろうか」と。

【別解】①周公旦や孔先生の教えも現在を説くのみで過去や未来を明らかにしなかった。そこで、子路は幽明の中の「鬼神に事へ」ること、つまり、過去について質問した。【義疏】②「敢て死を問ふ。」「今日より後の死後について質問します。」【義疏】③鬼神や死のことは明らかにし難く、語っても無益なので、孔先生は答えなかった。【集解】

265

閔子《びんし》側《かたわら》に侍《じ》す。誾誾如《ぎんぎんじょ》たり。子路《しろ》行行如《こうこうじょ》たり。冉有《ぜんゆう》・子貢《しこう》侃侃如《かんかんじょ》たり。子樂《したの》しむ。由《ゆう》や若《ごと》きは其《そ》の死《し》を得《え》ざらん、と。

閔子侍側。誾誾如也。子路行行如也。冉有子貢侃侃如也。子樂。若由也不得其死然。

閔子騫が孔先生の傍らに控えていた。その様子はなごやかだった。子路は武骨だった。冉有と子貢は剛直な様子だった。孔先生は（英才たちに囲まれて）楽しげなご様子だった。（しかし、子路のたたずまいを見ておっしゃるには）「由のような者は、普通の死に方は出来ないかもしれない」と。

【別解】①「子樂しむ。」「四人の弟子たちがそれぞれの本性を尽くすのを楽んだ。」【集解・義疏】②「由やが若きは其の死を得ず。」「由のような者は、普通の死に方はできない。」【集解・義疏・徂徠】

266

魯《ろ》人《ひと》長府《ちょうふ》を爲《つく》る。閔子騫《びんしけん》曰《い》はく、舊貫《きゅうかん》に仍《よ》らば之《これ》を如何《いかん》、何《なん》ぞ必《かな》らずしも改《あらた》め作《つく》らん、と。子《し》曰《い》はく、夫《か》の人《ひと》言《い》はず、言《い》へば必《かな》らず中《あた》る有《あ》り、と。

魯人爲長府。閔子騫曰、仍舊貫如之何、何必改作。子曰、夫人不言、言必有中。

魯の役人が、君主の財産を収める長府と言う倉を造営した。閔子騫が言うには、「もとのままで、どこがいけないのだろう。どうして造りかえる必要があろうか」と。孔先生がおっしゃるには、「あの人は無口な人だが、言えば必ず道理に適っている」と。

【別解】①「言へば必らず中る有り。」「言えば必ず的中する。」【徂徠】②孔先生は閔子騫が民に労役を課し、新たに造営しようとしなかったことを褒めた。【義疏王粛】

267

子《し》曰《い》はく、由《ゆう》の瑟《しつ》は、奚《なん》爲《す》れぞ丘《きゅう》の門《もん》に於《おい》てせん、と。門《もん》人《じん》は子路《しろ》を敬《けい》せず。子《し》曰《い》はく、由《ゆう》や堂《どう》に升《のぼ》れり。未《いま》だ室《しつ》に入《い》らざるなり、と。

子曰、由之瑟、奚爲於丘之門。門人不敬子路。子曰、由也升堂矣。未入於室也。

孔先生がおっしゃるには、「由（子路）の瑟は（その音が武骨に過ぎて）どうして我が屋敷で弾じられよう」

と。（それ以来）門人は子路を尊敬しなくなった。孔先生がおっしゃるには、「由は、人の道に関して、家で譬えればもう客間には入っている。まだ、奥座敷に入っていないだけのことだ（だから、瑟の音だけで軽蔑するのは浅はかだ）」と。

別解 ①「奚爲れぞ丘の門に於てせん。」（1）［（雅・頌に合わないので、）どうして我が屋敷で弾じることができよう。」【集解】（2）［（その音が武骨に過ぎて、天寿を全うできないと思い、）どうして私のところで弾じることができよう。」【義疏】②「堂に升る」は古語で［六芸に通じて、大夫となるのに十分である。」【徂徠】③「未だ室に入らざるなり」は古語で［礼楽の源に通じて、古の聖人の心を知っている。」【徂徠】

268

子《し》貢《こう》問《と》ふ、師《し》と商《しょう》と孰《いず》れか賢《まさ》れると。子《し》曰《い》はく、師《し》や過《す》ぎたり。商《しょう》や及《およ》ばず、と。曰《い》はく、然《しか》らば則《すなわ》ち師《し》は愈《まさ》れるか、と。子《し》曰《い》はく、過《す》ぎたるは猶《な》ほ及《およ》ばざるがごとし、と。

子貢問、師與商也孰賢。子曰、師也過。商也不及。曰、然則師愈與。子曰、過猶不及。

子貢が質問して言うには「師（子張）と商（子夏）とは、どちらが優れてますか」と。孔先生がおっしゃるには、「師は過ぎている。商はまだ足りない」と。子貢が言うには、「ならば師の方が優れていますね」と。孔先生がおっしゃるには、「過ぎているのは足りないのと同じ（中庸が最も優れているの）だ」と。

【別解】①「師と商と孰《たれ》か賢れる。」「師と商とは、誰が優れているのでしょうか。」【義疏】②孔先生が人の賢否を軽々しく言わなかったのは、二人はともに「中」ではないからである。そのため、優劣を明らかにせず、後世の者に残したのである。【義疏江熙】③朱熹は「道は中庸であるのを最高とする」というが、中庸は道に名付けることができようか。【徂徠】

269

季氏《きし》周公《しゅうこう》よりも富《と》めり。而《しか》るに求《きゅう》や之《これ》が爲《ため》に聚斂《しゅうれん》して之《これ》を附益《ふえき》す。子曰《しい》はく、吾《わ》が徒《と》に非《あら》ざるなり。小子《しょうし》鼓《こ》を鳴《な》らして之《これ》を攻《せ》めて可《か》なり、と。

季氏富於周公。而求也爲之聚斂而附益之。子曰、非吾徒也。小子鳴鼓而攻之可也。

魯の大夫に過ぎない季氏は（仕える魯君のご先祖で周王朝建国に大功あった）周公（旦）より金持ちであった。それなのに（冉）求は（仕官した）季氏のために厳しく税を取り立てて、その財産をますます増やした。孔先生がおっしゃるには、「冉求はもはや我が門人ではない。諸君、非難の声を大にして罪を責めてよいぞ」と。

【別解】①「周公」（1）周王の冢宰（王の補佐役）【集解・義疏】（2）周公旦ではない。【徂徠】②「季氏」から「之を附益す」までは、孔先生の言葉である。【徂徠】③「吾が徒に非ざるなり。」「（我が門人は仁義を尊ぶ。それなのに税を厳しく取り立てた）冉求はもはや我が門人ではない。」【義疏】④「鼓を鳴らして之を攻《おさ》めて可なり。」「太鼓を

鳴らして攻め立ててよいぞ。」【義疏】

270

柴《さい》や愚《ぐ》なり。參《しん》や魯《ろ》なり。師《し》や辟《へき》なり。由《ゆう》や喭《がん》なり。

柴也愚。參也魯。師也辟。由也喭。

（孔先生がおっしゃるには、）「柴（子羔）は（こだわり過ぎて融通がきかず）愚かしい。曽参は（理解するまでずっと続けるが）のろまだ。師（子張）は（外づらを飾って誠実さが足りず）世間ずれしている。由（子路）は（言葉も容姿も）がさつだ」と。

別解 ①「柴や愚なり。」「柴は（仁を過度に好み）愚かしい。」【義疏王弼】②「由や喭なり。」（1）「由は剛猛だ。」【義疏王弼】（2）「由は粗野で不作法だ。」【徂徠】③本章は孔先生が門弟中の優秀な人を戒めたのであり、四人の弟子を軽く見てはならない。【仁斎】④本章は内面的な過失を指摘し、本人に知らせたか、友人に伝えさせたかであろう。【徂徠】

271

子《し》曰《い》はく、回《かい》や其《そ》れ庶《ちか》からんや。屢〻《しばしば》空《むな》し。賜《し》は命《めい》を受《う》けずして貨殖《かしょく》す。億《はか》れば則《すなわ》ち屢〻《しばしば》中《あた》る、と。

子曰、回也其庶乎。屢空。賜不受命而貨殖焉。億則屢中。

孔先生がおっしゃるには、「顔回は、まあ、道に近い生き方と言えよう。（天命を受け容れて富貴を求めないから）たびたび食べ物にも事欠いてはいた。賜（子貢）は、天命を受け容れることができないで、財産を殖やす。（顔回の生き方には及ばないが、才能はあるらしい。）予想は、しばしば理にかなっている」と。

別解 ①「回や其れ庶からんや。屢〻空し。」〔顔回は聖道に近い。〕【集解】②「回や其れ庶《こいねが》ひて屢〻空《くう》なり。」〔顔回は幾を望み、（聖を慕い、）たびたび貧しかった。〕【義疏王弼】③「回や其れ庶《こいねが》ひて屢〻空し。」〔顔回は自ら望んでたびたび「空」であった。〕【義疏顔特進】④「回や其れ庶《ねが》へるか。屢〻空し。」〔顔回は天命を受けて興るだろう。（その才能を小さなことに用いなかったため、）たびたび食べ物にも事欠いていた。〕【徂徠】⑤「賜は命を受けずして貨殖す。」（1）〔賜は、官爵を受けずに財産を殖やす。〕【義疏王弼】（2）〔賜は、君命を受けずに財産を殖やす。〕【義疏殷仲湛】（3）〔賜は、私の命令を受けずに財産を殖やす。〕【義疏亦曰】⑥「億れば則ち屢〻中る。」〔賜は、（心を虚ろにすることは顔回のようにできなかったが、）事理を憶度するときは常に的中した。〕【義疏一通】⑦「億《おく》すれば則ち屢〻中る。」〔（子貢は）好んでその才知を用い、予想を的中させた。〕【徂徠】

272

子張《しちょう》　善人《ぜんにん》の道《みち》を問《と》ふ。子曰《しい》はく、迹《あと》を践《ふ》まず。亦《ま》た室《しつ》に入《い》らず、と。

子張問善人之道。子曰、不践迹。亦不入於室。

子張が善人の生き方について質問した。孔先生がおっしゃるには、「人柄がいいから、聖賢の遺された

法をたどらないで進んでも、自然と悪い事はなさない。しかし、それを学ばないでは奥義には入れない」と。

【別解】①「善人」（1）聖人の事蹟を守り行わないが、多少は業を創る人。【集解】（2）豪傑の士、管仲のような人。【仁斎】②「善人の道を問ふ。」（1）「善人となるべき方法を質問した。」【義疏】（2）「善人の道とするところを質問した。」【仁斎】③「迹に践《したが》はず。」「（聖人の）事蹟を守り行わず。」【集解・義疏】④顔回のみが「室に入る」ことができた。【義疏】

273

子曰《しい》はく、論《ろん》の篤《あつ》きに是《こ》れ與《ゆる》せば、君子者《くんししゃ》か、色荘者《しきそうしゃ》か、と。

子曰、論篤是與、君子者乎、色荘者乎。

孔先生がおっしゃるには、「言うことが確かだというだけで、人柄までが確かだと許すならば、言行一致の人格者なのか、うわべだけの偽善者か（知り得ないではないか）」と。

【別解】①「論篤《ろんとく》是《こ》れか、」「道理からはずれた言葉がないのは善人か、」【集解・義疏】②「論篤《ろんとく》是《ぜ》か、」「時人の議論は正しいのか、」【徂徠】③前章と同じく、善人の道を論じ、それにかなう、言・行・色を示した。【義疏】

子路《しろ》問《と》ふ、聞《き》くがままに斯《ここ》に諸《これ》を行《おこな》はんか、と。子《し》曰《い》はく、父兄《ふけい》在《いま》す有《あ》り、之《これ》を如何《いかん》ぞ其《そ》れ聞《き》くがままに斯《ここ》に之《これ》を行《おこな》はん、と。冉有《ぜんゆう》問《と》ふ、聞《き》くがままに斯《ここ》に諸《これ》を行《おこな》はんか、と。子《し》曰《い》はく、聞《き》くがままに斯《ここ》に之《これ》を行《おこな》へ、と。公西《こうせい》華《か》曰《い》はく、由《ゆう》や問《と》ふ、聞《き》くがままに斯《ここ》に諸《これ》を行《おこな》はんか、と。子《し》曰《い》はく、父兄《ふけい》在《いま》す有《あ》り、と。求《きゅう》や問《と》ふ。聞《き》くがままに斯《ここ》に諸《これ》を行《おこな》はんか、と。子《し》曰《い》はく、聞《き》くがままに斯《ここ》に之《これ》を行《おこな》へ、と。赤《せき》や惑《まど》ふ。敢《あえ》て問《と》ふ、と。子《し》曰《い》はく、求《きゅう》や退《しりぞ》く。故《ゆえ》に之《これ》を進《すす》む。由《ゆう》や人《ひと》を兼《か》ぬ。故《ゆえ》に之《これ》を退《しりぞ》く、と。

二三二

子路問、聞斯行諸。子曰、有父兄在、如之何其聞斯行之。冉有問、聞斯行諸。子曰、聞斯行之。公西華曰、由也問、聞斯行諸。子曰、有父兄在。求也問。聞斯行諸。子曰、聞斯行之。赤也惑。敢問。子曰、求也退。故進之。由也兼人。故退之。

子路が質問して言うには「善いことを聞いたら、すぐに実行していいでしょうか」と。孔先生がおっしゃるには、「ご父兄がいらっしゃるではないか。相談もせずに聞いたままにすぐ実行などできようはずもない」と。冉有が質問して言うには「善いことを聞いたら、すぐに実行していいでしょうか」と。孔先生がおっしゃるには、「聞いたなら、すぐ実行しなさい」と。公西華が言うには、「由（子路）が『善いことを聞いたら、すぐに実行していいでしょうか』と質問すると、先生は、『相談すべきご父兄がいらっしゃ

るではないか』とさとされ、求（冉有）が『善いことを聞いたら、すぐに実行していいでしょうか』と質問すると、先生は『聞いたなら、すぐ実行しなさい』とさとされました。私（赤・公西華）は戸惑っております。そこで思い切ってお尋ね致します」と。孔先生がおっしゃるには、「求は引っ込み思案だ。だから、励まして行動を勧めたのだ。由は何人分もの勇気がある。やりすぎる嫌いがあるから、抑えておいたのだ」と。

【別解】①「聞くがままに斯に諸を行はんか。」「（貧者や被災者に施すのは、）すぐに実行していいでしょうか。」【集解・義疏】②「赤や惑《うたが》ふ。」「私は（先生のお答えが異なるのを）疑問に思います。」【義疏】③孔先生が人を教えるのは、時には進め、時には抑え、それぞれ臨機応変である。【仁斎】

275

子《し》匡《きょう》に畏《い》す。顔淵《がんえん》後《おく》れたり。子《し》曰《い》はく、吾《われ》女《なんじ》を以《もっ》て死《し》せりと爲《な》せり、と。曰《い》はく、子《し》在《いま》す、回《かい》何《なん》ぞ敢《あえ》て死《し》せん、と。

子畏於匡。顔淵後。
子曰、吾以女爲死矣。
曰、子在、回何敢死。

孔先生が匡の国で、窮地に陥ったことがあった。その時、顔回は一行を見失い、ようやく遅れて追いついた。孔先生がおっしゃるには、「私はお前が死んでしまったかと思ったよ」と。顔回が言うには、「先生が生きておいでなのに、私（回・顔淵）がどうして死ねましょう」と。

【別解】①孔先生と顔淵はともに匡の国で包囲されたが、孔先生は先に脱出し、家に帰った。その後、顔淵も

帰ってきた。【義疏】②聖賢は影響する。それは天が雨を降らす際には山林や沼地から雲が出るようなものだ。孔先生が生きているならば、顔淵は道理として死ぬことはない。そのため、顔淵が亡くなったとき、孔先生は「天 予を喪ぼせり」（先進第十一・261）といった。【義疏】③顔淵は後方で孔先生を守るために戦い、遅れた。【徂徠】④孔先生の顔淵への愛情の厚さ、孔先生と顔淵がぴったりと一致していたのは、恩義を尽くしただけではない。【仁斎】

276

季子然《きしぜん》問《と》ふ。仲由《ちゅうゆう》・冉求《ぜんきゅう》は大臣《だいじん》と謂《い》ふべきか。子曰《しい》はく、吾《われ》子《し》を以《もっ》て異《い》を之《こ》れ問《と》ふと爲《な》す。曾《すなわ》ち由《ゆう》と求《きゅう》とを之《こ》れ問《と》ふか。所謂大臣《いわゆるだいじん》とは、道《みち》を以《もっ》て君《きみ》に事《つか》へ、不可《ふか》なれば則《すなわ》ち止《や》む。今《いま》由《ゆう》と求《きゅう》とは、具臣《ぐしん》と謂《い》ふべし、と。曰《い》はく、然《しか》らば則《すなわ》ち之《これ》に從《したが》はん者《もの》か、と。子曰《しい》はく、父《ちち》と君《きみ》とを弑《しい》せんには、亦《ま》た從《したが》はざるなり、と。

季子然問。仲由・冉求可謂大臣與。子曰、吾以子爲異之問。曾由與求之問。所謂大臣者、以道事君、不可則止。今由與求也、可謂具臣矣。曰、然則從之者與。子曰、弑父與君、亦不從也。

魯の大夫季氏の子弟の然が言うには、「私が召し抱えた先生の高弟仲由と冉求は、大臣と呼んでよろしいでしょうか」と。孔先生がおっしゃるには、「私はあなたのご質問は意外でした。何と由（子路）と求（冉有）についてのご質問でしたか。大臣と言われる者は、正しい道によって君主に仕えますが、それが聞き入れられなければ、身を引きます。今のところ由と求は、（正しい道で主君を諫めもしないのですから）

臣下のあたま数に入っているだけでしょう」と。季子然が言うには、「では、臣下ならば何事にも主君の意志に従う者でしょうか」と。孔先生がおっしゃるには、「父と君主を殺すような命令には、やはり従う者ではありません」と。

【別解】①「吾 子を以て異を之れ問ふと爲す。」「私はあなたから何か特別なことを質問されると思いました。」

【徂徠】②本章は季子然を奮い立たせ、季氏を深く責めた。【義疏孫綽】

277

子路《しろ》 子羔《しこう》をして費《ひ》の宰《さい》爲《た》らしむ。子《し》曰《い》はく、夫《か》の人《ひと》の子《こ》を賊《そこな》はん、と。子路《しろ》曰《い》はく、民人《みんじん》有《あ》り、社稷《しゃしょく》有《あ》り。何《なん》ぞ必《かな》らずしも書《しょ》を讀《よ》みて、然《しか》る後《のち》に學《がく》と爲《な》さん、と。子《し》曰《い》はく、是《こ》の故《ゆえ》に夫《か》の佞者《ねいしゃ》を惡《にく》む、と。

子路使子羔爲費宰。子曰、賊夫人之子。子路曰、有民人焉、有社稷焉。何必讀書、然後爲學。子曰、是故惡夫佞者。

季氏に仕えた子路が、子羔（高柴）を推挙して、季氏の費という領地の代官とした。孔先生がおっしゃるには、「もう少しでものになる、あの若者をだめにしてしまうぞ」と。子路が言うには、「費の地には、治めるべき民も学ぶべき人物もおります。祭るべき土地の氏神も豊作祈願の神様だって鎮まっています。何も、書物を読むばかりが学問だとは限りますまい」と。孔先生がおっしゃるには、「だから、理屈の立つ者は嫌いなのだ」と。

別解 ①「夫の人の子を賊はん。」〔（季氏は不臣である。それにも関わらず、道を曲げて仕官するのは、）あの若者をだめにしてしまうぞ。〕【義疏張憑】②「何ぞ必らずしも書を読みて、」〔なにも『書（経）』を読むばかりが、〕【徂徠】③「是の故に夫の佞者を悪む。」（1）〔だから、口の達者な奴は嫌いなのだ。〕【集解・義疏】（2）孔先生のこの発言は当時の風潮を批判したものであり、子路を批判したのではない。【義疏繆協】④子路の言葉は道理があるようだが、実際には人をだめにするものである。そのため、孔先生は強く子路を責めた。【仁斎】

278

子路《しろ》・曾皙《そうせき》・冉有《ぜんゆう》・公西華《こうせいか》侍坐《じざ》す。子《し》曰《い》はく、吾《われ》一日《いちじつ》爾《なんじ》より長《ちょう》ぜるを以《もっ》て、吾《われ》を以《もっ》てすること毋《な》かれ。居《お》れば則《すなわ》ち曰《い》はく、吾《われ》を知《し》らざるなり、と。如《も》し或《あるい》は爾《なんじ》を知《し》らば、則《すなわ》ち何《なに》を以《もっ》てせんや、と。

子路・曾皙・冉有・公西華侍坐。子曰、以吾一日長乎爾、毋吾以也。居則曰、不吾知也。如或知爾、則何以哉。

子路・曽晳・冉有・公西華が先生のお側に控えていた。孔先生がおっしゃるには、「私は君たちより少し年長だからと、遠慮はいらない。君たちは、いつも『自分を認める人が現れない』と言うが、もし君たちを認める人がいて、任用されるならば、どんな事をしたいかね」と。

別解 ①「吾一日の長なる爾《のみ》を以て、」〔私は君たちより優れているからといって、〕【徂徠】

子路《しろ》率爾《そつじ》として對《こた》へて曰《い》はく、千乘《せんじょう》の國《くに》、大國《たいこく》の間《かん》に攝《せつ》し、之《これ》に加《くわ》ふるに師旅《しりょ》を以《もっ》てし、之《これ》に因《よ》るに饑饉《ききん》を以《もっ》てす。由《ゆう》や之《これ》を爲《おさ》めば、三年《さんねん》に及《およ》ぶ比《ころおい》、勇《ゆう》有《あ》りて、且《か》つ方《ほう》を知《し》らしむべきなり。夫子《ふうし》之《これ》を哂《わら》ふ。求《きゅう》爾《なんじ》は何如《いかん》と。對《こた》へて曰《い》はく、方六七十《ほうろくしちじゅう》、如《も》しくは五六十《ごろくじゅう》、求《きゅう》や之《これ》を爲《おさ》めば、三年《さんねん》に及《およ》ぶ比《ころおい》、民《たみ》を足《た》らしむべし。其《そ》の禮樂《れいがく》の如《ごと》きは、以《もっ》て君子《くんし》を俟《ま》たん、と。赤《せき》爾《なんじ》は何如《いかん》と。對《こた》へて曰《い》はく、之《これ》を能《よ》くすと曰《い》ふには非《あら》ず。願《ねが》はくは學《まな》ばん。宗廟《そうびょう》の事《こと》、如《も》しくは會同《かいどう》には、端《たん》・章甫《しょうほ》して、願《ねが》はくは小相《しょうしょう》爲《た》らん、と。

子路率爾而對曰、千乘之國、攝乎大國之間、加之以師旅、因之以饑饉。由也爲之、比及三年、可使有勇、且知方也。夫子哂之。求爾何如。對曰、方六七十、如五六十、求也爲之、比及三年、可使足民。如其禮樂、以俟君子。赤爾何如。對曰、非曰能之。願學焉。宗廟之事、如會同、端・章甫、願爲小相焉。

子路がいきなりお答えして言うには、「兵車千台を出せる規模の国が、大国のはざまで圧迫され、その上戦争が続き、穀物も野菜も凶作が重なったような時、由（子路）が治めて三年も経つ頃には、国民は勇気に奮い立ち、その上、進むべき道を自覚して、順良で死を恐れなくなるでしょう」と。孔先生は微笑なさった。ついでおっしゃるには、「求（冉有）、君はどうだね」と。冉求がお答えして言うには、「六・

七十里か五・六十里四方の比較的小さい所で、わたくし求が治めるならば、三年も経つ頃には、民衆に満ち足りた暮らしを送らせるでしょう。礼楽のような高尚な方面は、私の任ではないので、立派な人格者にご依頼致します」と。（孔先生がおっしゃるには）「赤（公西華）、君はどうだね」と。お答えしていうには、「礼楽方面は、私が遺憾なくできるわけではありません。何としても礼楽は学びたいと存じます。宗廟でのご先祖へのお祀りや、天子への謁見式や諸侯会談の際、玄端の礼服を着け章甫の冠を被って、何とか君主が、神や天子に対して礼を失しないよう、補佐の下役を勤めたく存じます」と。

別解 ②「大國の間に攝《せま》り、」「大国のはざまで危険な状態にあり、」【義疏】③「且つ方を知らしむべきなり。」「守るべき規範や道理を分からせるようにします。」【集解・義疏・徂徠】

點《てん》爾《なんじ》は何如《いかん》と。瑟《しつ》を鼓《こ》すること希《まれ》なり。鏗爾《こうじ》として瑟《しつ》を舍《お》きて作《た》つ。對《こた》へて曰《い》はく、三子者《さんししゃ》の撰《せん》に異《こと》なれり、と。子《し》曰《い》はく、何《なん》ぞ傷《いた》まん。亦《ま》た各〻《おのおの》其《そ》の志《こころざし》を言《い》ふなり、と。曰《い》はく、莫春《ぼしゅん》には、春服《しゅんぷく》既《すで》に成《な》り、冠者《かんじゃ》五六人《ごろくにん》、童子《どうし》六七人《ろくしちにん》、沂《き》に浴《よく》し、舞雩《ぶう》に風《ふう》し、詠《えい》じて歸《かえ》らん、と。夫子《ふうし》

點爾何如。鼓瑟希。鏗爾舍瑟而作。對曰、異乎三子者之撰。子曰、何傷乎。亦各言其志也。曰、莫春者、春服既成、冠者五六人、童子六七人、浴乎沂、風乎舞雩、詠

喟《き》然《ぜん》として歎《たん》じて曰《い》はく、吾《われ》は點《てん》に與《くみ》せん、と。

而歸。夫子喟然歎曰、吾與點也。

（孔先生がおっしゃるには）「点（曽皙）、君はどうだね」と。曽皙はこの問答を聞いていたので、瑟を弾じて途切れがちであったが、コトリと瑟を置いて起ち上がって、お答えして言うには、「私はご三方の抱負と随分違いますが」と。孔先生がおっしゃるには、「そんな心配しなくてよい。彼らもやはりそれぞれの抱負を述べたのだから」と。曽皙が言うには、「のどかな春の終わり頃、新しい春着も出来上がり、青年五・六人、少年六・七人を伴って、沂の汀で春の禊ぎをして、樹木の豊かな雨乞いの舞台で涼風に吹かれ、歌いながら帰りたいと存じます」と。孔先生はああと感嘆の声をもらしておっしゃるには、「私は点に心寄せるね」と。

別解 ④「三子者の撰《の》ぶるに異なれり。」（1）「ご三方の政治について述べることとは違いますが。」【集解】（2）「ご三方の述べたこととは違いますが。」【義疏】⑤「詠じて歸らん。」「（先王の道を）歌いながら帰ってきたいと思います。」【集解・義疏】

三子者《さんししゃ》出《い》づ。曾皙《そうせき》後《おく》る。曾皙《そうせき》曰《い》はく、夫《か》の三子者《さんししゃ》の言《げん》は何如《いかん》と。子曰《しい》はく、亦《ま》た各ゝ《おのおの》其《そ》の志《こころざし》を言《い》ふのみ、と。曰《い》

三子者出。曾皙後。曾皙曰、夫三子者之言何如。子曰、亦各言其志也已矣。曰、

はく、夫子《ふうし》何《なん》ぞ由《ゆう》を哂《わら》ふや、と。曰《い》はく、國《くに》を爲《おさ》むるには禮《れい》を以《もっ》てす。其《そ》の言讓《げんゆず》らず。是《こ》の故《ゆえ》に之《これ》を哂《わら》ふ、と。唯《た》だ求《きゅう》は則《すなわ》ち邦《くに》に非《あら》ざるか。安《いず》くんぞ方六七十《ほうろくしちじゅう》、如《も》しくは五六十《ごろくじゅう》にして、邦《くに》に非《あら》ざる者《もの》を見《み》ん、と。唯《た》だ赤《せき》は則《すなわ》ち邦《くに》に非《あら》ざるか、と。宗廟《そうびょう》・會同《かいどう》は、諸侯《しょこう》に非《あら》ずして何《なん》ぞ。赤《せき》や之《これ》が小爲《しょうた》らば、孰《たれ》か能《よ》く之《これ》が大爲《だいた》らん、と。

夫子何哂由也。曰、爲國以禮。其言不讓。是故哂之。唯求則非邦也與。安見方六七十、如五六十、而非邦也者。唯赤則非邦也與。宗廟會同、非諸侯而何。赤也爲之小、孰能爲之大。

三人が退出して行ったが、曽皙は後に残った。曽皙が言うには、「あの三人の言葉をいかがお考えですか」と。孔先生がおっしゃるには、「彼らもやはりそれぞれの抱負を述べたに過ぎない」と。（曽皙は）言うには、「先生はどうして由（子路）をお笑いになったのですか」と。（孔先生がおっしゃるには）「国を治めるためには礼が根本になくてはならない。しかし由の言葉は不遜だった。だから笑ったのだよ」と。（曽皙は）「（子路の大それた望みと同じく）求（冉有）の望みも国を治めることにはなりませんか」と。（孔先生がおっしゃるには）「どうして六・七十里か五・六十里四方もあって国ではないだろうか（求も統治に望みがあるのだよ）」と。（曽皙は）「赤（公西華）の望みも国を治めることにはなりませんか」と。（孔先生がおっしゃるには）「宗廟でのご先祖へのお祀りや、天子への謁見式や諸侯会談は、諸侯の国事でなくて何だろうか。赤が下役についたら、いったい誰にその上役が務まろうか（赤も統治に望みがあるのだよ）」と。

【別解】⑥「唯だ求は則ち邦に非ざるか」以下は全て孔先生の言葉である。【集解・義疏・徂徠】⑦曽晳のみが時を知っていたことを孔先生は「吾は點に與せん」と褒めた。【集解】⑧曽晳の発言からは唐・虞・三代の民が鼓腹撃壌（人々の生活が満ち足りて、世の中の平和であるさま）の気風がある。そのため、孔先生は「吾は點に與せん」と褒めた。【仁斎】⑨曽晳の発言は「微言」である。曽晳の志は大きく、礼楽を制作し、天下を陶冶することにあった。ただ、優れた君主のいない現状をみて、本来の志を言わなかった。曽晳の志とは伊尹や太公望のことであったのだろう。【徂徠】

顔淵第十二

凡二十四章。
凡べて二十四章。
全二十四章。

顔淵《がんえん》 仁《じん》を問《と》ふ。子《し》曰《い》はく、己《おのれ》に克《か》ちて禮《れい》に復《かえ》るを仁《じん》と爲《な》す。一日《いちじつ》己《おのれ》に克《か》ちて禮《れい》を復《かえ》れば、天下《てんか》 仁《じん》に歸《き》す。仁《じん》を爲《な》すは己《おのれ》に由《よ》る。人《ひと》に由《よ》らんや、と。顔淵《がんえん》曰《い》はく、其《そ》の目《もく》を請《こ》ひ問《と》ふ。子《し》曰《い》はく、非禮《ひれい》視《み》る勿《な》かれ、非禮《ひれい》聽《き》く勿《な》かれ、非禮《ひれい》言《い》ふ勿《な》かれ、非禮《ひれい》動《うご》く勿《な》かれ、と。顔淵《がんえん》曰《い》はく、回《かい》 不《ふ》敏《びん》と雖《いえ》ども、請《こ》ふ斯《こ》の語《ご》を事《こと》とせん、と。

二三四

顔淵問仁。子曰、克己復禮爲仁。一日克己復禮、天下歸仁焉。爲仁由己。而由人乎哉。顔淵曰、請問其目。子曰、非禮勿視、非禮勿聽、非禮勿言、非禮勿動。顔淵曰、回雖不敏、請事斯語矣。

顔淵が仁について質問した。孔先生がおっしゃるには、「私欲にうち勝って礼の規範に立ち戻るようにするのが、仁である。たった一日でも、私欲にうち勝って礼の規範に立ち戻るようにすると、世の人々がみな仁者だと認めてくれるものだ。仁を実践するのは、自分の意志に発するもので、他人に関係はない」と。顔淵が言うには、「どうかその細目をお教えください」と。孔先生がおっしゃるには、「礼に外れたものを見てはならない。礼に外れたものは聞いてはならない。礼に外れたことは言ってはならない。礼に外れたことはしてはならない」と。顔淵が言うには、「わたくし回は愚かではございますが、このお言葉をしかと守って生きたいと存じます」と。

【別解】①「己を克《おさ》めて禮を復るを仁と爲す。」「吾が身を愼んで礼に返るのは仁である。」【集解・義疏】②「己

を克《せ》めて禮を復るを仁と爲す。」［吾が身を礼から外れていないか責めて、礼に返るのは仁である。」【義疏范寧】③「己を克《よ》くして禮を復《ふ》むを仁と爲す。」は古語で［吾が身を慎んで礼を実践し、礼を吾が物とするのは仁である。」【徂徠】④「己に克ちて禮を復《ふく》するを仁と爲す。」［己を捨てて、人に従い、礼を繰り返し実践することが仁である。」【仁斎】⑤「非禮視る勿かれ。」［礼に似て礼ではないものを見てはならない。」後出の「非禮」も同じ。【徂徠】⑥乱世の君主は一日でさえも、吾が身を責めることができないため、一日とした。【義疏范寧】⑦顔淵には王佐の才があった。そのため、孔先生は天下を仁にする道を告げた。【仁斎】

280

仲弓《ちゅうきゅう》仁《じん》を問《と》ふ。子曰《しい》はく、門《もん》を出《い》でては大賓《たいひん》を見《み》るが如《ごと》くし、民《たみ》を使《つか》ふには、大祭《たいさい》を承《う》くるが如《ごと》くす。己《おのれ》の欲《ほっ》せざる所《ところ》は、人《ひと》に施《ほどこ》すこと勿《な》かれ。邦《くに》に在《あ》りても怨《うら》み無《な》く、家《いえ》に在《あ》りても怨《うら》み無《な》し、と。仲弓《ちゅうきゅう》曰《い》はく、雍《よう》不敏《ふびん》なりと雖《いえ》ども、請《こ》ふ斯《こ》の語《ご》を事《こと》とせん、と。

仲弓問仁。子曰、出門如見大賓、使民如承大祭。己所不欲、勿施於人。在邦無怨、在家無怨。仲弓曰、雍雖不敏、請事斯語矣。

仲弓が仁について質問した。孔先生がおっしゃるには、「一旦、家の門を出たなら、どんな人にも、高貴な客人に接するように応対し、民衆を労役に使うには、重要な祭りを承るように慎しみ深くせよ。自分がして欲しくないと思うことは、他人にしてはならない。そうすれば、国にいても怨まれないし、家にい

ても怨まれない」と。仲弓が言うには、「わたくし雍は愚かではございますが、このお言葉をしかと守って生きて参ります」と。

【別解】①「大賓を見るが如くし、」「君主と臣下とのめでたい宴会のように応対し、」【義疏范寧】②「大祭を承くるが如くす。」「国の祭りを承るようにせよ。」【義疏范寧】③「大祭を承《たす》くるが如くす。」「重要な祭りを補佐するようにし、民を侮らないようにせよ。」【仁斎】④「在邦《ざいほう》も怨み無く、在家《ざいか》も怨み無し。」「卿大夫であっても怨まれることなく、郷人であっても怨まれることはない。」【徂徠】⑤「請ふ斯の語を事《もち》ひん。」「このお言葉をしかと用いたいと思います。」【義疏】⑥「門を出でては」から「家に在りても怨み無し。」までは古語である。【徂徠】⑦孔先生門下の諸先生は仁の意味については熟達していた。しかし、仁を実行する方法となると理解が足りなかった。そのため、弟子たちの質問も孔先生の答えも、みな仁の実践であり、仁の意味は論じられていない。【仁斎】⑧仲弓は諸侯の器量があった、そのため、孔先生は諸侯の仁を告げた。【徂徠】

281

司馬牛《しばぎゅう》 仁《じん》を問《と》ふ。子曰《しい》はく、仁者《じんしゃ》は其《そ》の言《い》ふや訒《じん》す、と。曰《い》はく、其《そ》の言《い》ふや訒《じん》す。斯《こ》れ之《これ》を仁《じん》と謂《い》ふか、と。子曰《しい》はく、之《これ》を爲《な》すこと難《かた》し。之《これ》を言《い》ふこと訒《じん》する無《な》きを得《え》んや、と。

司馬牛問仁。子曰、仁者其言也訒。曰、其言也訒。斯謂之仁已乎。子曰、爲之難。言之得無訒乎。

司馬牛が仁について質問した。孔先生がおっしゃるには、「仁なる人は、言葉を惜しんでみだりに物言わない」と。司馬牛が言うには、「言葉を惜しんでみだりに言わなければ、それは仁と言えるでしょうか」と。孔先生がおっしゃるには、「何事も実行が難しいのだ。言行の一致を重んずれば、言葉を惜しまないわけにはゆかないではないか」と。

別解 ①「仁者は其の言ふや訒《かた》し。」「仁なる人は、軽々しく言葉を発しない。」【集解・義疏】②「仁は其の言ふや訒《かた》し。」「仁は奥深いため、軽々しく言えない。」【義疏一云】③「之を為《おこな》ふこと難し。」「仁を実行するのは難しい。」【集解・義疏一云】④孔先生は弟子たちの仁に関する質問に、必ず仁なる人の行動を答えた。これは仁が形のないものだからである。【仁斎】⑤仁とは民を安んじ、人に長たるの徳のこと。仁者はこれを心とする者である。【徂徠】⑥司馬牛は言葉が多く、さわがしい人物であった。孔先生は、そのことを念頭に入れて答えた。【徂徠】

282

司馬《しば》牛《ぎゅう》君子《くんし》を問《と》ふ。子《し》曰《い》はく、君子《くんし》は憂《うれ》へず懼《おそ》れず、と。曰《い》はく、憂《うれ》へず懼《おそ》れざる、斯《こ》れ之《これ》を君子《くんし》と謂《い》ふか、と。子《し》曰《い》はく、内《うち》に省《かえり》みて疚《やま》しからずんば、夫《そ》れ何《なに》をか憂《うれ》へ何《なに》をか懼《おそ》れん、と。

司馬牛問君子。子曰、君子不憂不懼。曰、不憂不懼、斯謂之君子已矣。子曰、内省不疚、夫何憂何懼。

司馬牛が君子について質問した。孔先生がおっしゃるには、「君子はくよくよ思い悩まず、不安をいだ

いて恐れもない」と。司馬牛が言うには、「くよくよ思い悩まず、不安をいだいて恐れもなければ、それは君子と言えるでしょうか」と。孔先生がおっしゃるには、「君子は心に反省して、自分のした事に後ろめたさがない。（これはなかなか容易ではないが）日頃からそうならば、いったい何を思い悩み、何を不安に思うだろうか」と。

【別解】①「憂へず懼れず。」（1）［司馬牛は兄の桓魋の罪が吾が身に及ぶのを心配していたので、孔先生はこのように答えた。］【集解・義疏】（2）［これは仁と勇気がある者でなければできない。そういう人が君子なのである。］【仁斎】

283

司馬牛《しばぎゅう》 憂《うれ》へて曰《い》はく、人皆兄弟《ひとみなけいてい》有《あ》り。我獨《われひと》り亡《な》し、と。子夏《しかい》曰はく、商之《しょうこれ》を聞《き》く。死生《しせい》 命《めい》有《あ》り、富貴《ふうき》 天《てん》に在《あ》り、と。君子《くんし》は敬《けい》して失《うしな》ふこと無《な》く、人《ひと》と恭《うやうや》しくして禮《れい》有《あ》らば、四海《しかい》の內《うち》、皆兄弟《みなけいてい》なり。君子《くんし》何《なん》ぞ兄弟《けいてい》無《な》きを患《うれ》へん、と。

司馬牛憂曰、人皆有兄弟。我獨亡。子夏曰、商聞之矣。死生有命、富貴在天。君子敬而無失、與人恭而有禮、四海之內、皆兄弟也。君子何患乎無兄弟也。

司馬牛が（兄の桓魋が乱を起こしたことを）気に病んで言うには、「人にはみんな兄弟があるのに、私

にだけはおりません」と。子夏が言うには、「わたくし商は、こんな言葉を聞いています、『死ぬも生きるも天命である、財産も地位も天が与える（いずれも人の力ではどうしようもない）』と」と。学問修養に志す者が、いつも慎み深くて過ちもなく、人との交際には、行き届いて敬意がこもり、礼儀正しければ、世界中の人は、みな兄弟となるものです。あなたのような立派な人格を持った方が、（血のつながった）兄弟がいないなど、どうして気に病むことがありましょうか。（決して気にすることはありません）

別解 ①「司馬牛憂へて曰はく、」（1）［司馬牛が（兄の桓魋が罪があるために、今にも殺されそうなので）気に病んで言うことには、］【集解】（2）［司馬牛が（兄の桓魋が罪があるために、自分も）気に病んで言うことには、］【義疏】②「敬して失ふこと無く、」［過失が無く、］【徂徠】③司馬牛の兄は桓魋ではない。本章によると、司馬牛には実際に兄弟がいないことは、はっきりと分かる。【仁斎】

284

子張《しちょう》明《めい》を問《と》ふ。子《し》曰《い》はく、浸潤《しんじゅん》の譖《そしり》、膚受《ふじゅ》の愬《うったえ》、行《おこな》はれざるを、明《めい》と謂《い》ふべきのみ。浸潤《しんじゅん》の譖《そしり》、膚受《ふじゅ》の愬《うったえ》、行《おこな》はれざるを、遠《とお》しと謂《い》ふべきのみ、と。

子張問明。子曰、浸潤之譖、膚受之愬、不行焉、可謂明也已矣。浸潤之譖、膚受之愬、不行焉、可謂遠也已矣。

子張が明について質問した。孔先生がおっしゃるには、「じわじわと浸み込むような中傷や、じかに肌

に受けるような痛切な訴えは、それだけで人は信じ込まされてしまうが、それらにも動かされないようなら、それは明（聡明）に他ならないと言える。いや、浸み込むような中傷や、肌に受けるような痛切な訴えにも動かされないようなら、それこそ遠（優れて聡明）に他ならないと言える。」と。

別解 ①「明を問ふ。」〔上位にいる人の徳について質問した。〕【徂徠】②「膚受の愬、」（1）〔皮膚の表面ですむような浅い譖言は、〕【集解・徂徠】（2）〔知らないうちに皮膚に垢がたまるように、しだいに人を害する譖言は、〕【義疏】③「明と謂ふべきのみ。」〔人の上に立てると言える。〕【徂徠】④子張の質問の念頭には、「遠きを視ること惟《こ》れ明。」（『書経』大甲中）があった。子張は『書経』の解釈を孔先生に質問したのであろう。【徂徠】

285

子《し》貢《こう》政《まつりごと》を問《と》ふ。子《し》曰《い》はく、食《しょく》を足《た》し、兵《へい》を足《た》し、民《たみ》之《これ》を信《しん》にす、と。子《し》貢《こう》曰《い》はく、必《かな》らず已《や》むを得《え》ずして去《さ》らば、斯《こ》の三者《さんしゃ》に於《おい》て何《なに》をか先《さき》にせん、と。曰《い》はく、兵《へい》を去《さ》らん、と。子《し》貢《こう》曰《い》はく、必《かな》らず已《や》むを得《え》ずして去《さ》らば、斯《こ》の二者《にしゃ》に於《おい》て何《なに》をか先《さき》にせん、と。曰《い》はく、食《しょく》を去《さ》らん、と。古《いにしえ》自《よ》り皆《みな》死《し》有《あ》り。民《たみ》信《しん》無《な》くんば立《た》たず、と。

子貢問政。子曰、足食、足兵、民信之矣。子貢曰、必不得已而去、於斯三者何先。曰、去兵。子貢曰、必不得已而去、於斯二者何先。曰、去食。自古皆有死。民無信不立。

子貢が政治について質問した。孔先生がおっしゃるには、「食糧を十分に行き渡らせ、戦備を十分に整えて、生命の不安をなくし、民衆を教育して信頼を得ることだ」と。子貢が言うには、「やむを得ず止めるとしたら、この三つの中で、どれを真っ先にやめるべきですか」と。孔先生がおっしゃるには、「戦備を諦めよう」と。子貢が言うには、「やむを得ず止めるとしたら、あとの二つの中で、どれを先にやめるべきですか」と。孔先生がおっしゃるには、「食糧の確保だろう。食を欠けば死に直面するが、昔からすべてのものには、死がある。民衆が信じなくなったら、生活も政府も立ちゆくものではない」と。

【別解】①「民 之を信にす。」「民を信用させるようにする。」【仁斎】②「民 之を信《しん》ず。」「民は君主が父母であることを信じて疑わないようにする。」【徂徠】

286

棘子成《きょくしせい》曰《い》はく、君子《くんし》は質《しつ》のみ。何《なん》ぞ文《ぶん》を以《もっ》て爲《な》さん、と。子貢《しこう》曰《い》はく、惜《お》しいかな、夫子《ふうし》の說《と》けるや君子《くんし》なり。駟《し》も舌《した》に及《およ》ばず。文《ぶん》は猶《な》ほ質《しつ》のごときなり。質《しつ》は猶《な》ほ文《ぶん》のごときなり。虎豹《こひょう》の鞹《かわ》は、猶《な》ほ犬羊《けんよう》の鞹《かわ》のごとし、と。

棘子成曰、君子質而已矣。何以文爲。子貢曰、惜乎、夫子之說君子也。駟不及舌。文猶質也。質猶文也。虎豹之鞹、猶犬羊之鞹。

衛の大夫の棘子成が言うには、「君子に大切なのは、本質だけだ。どうして外面を飾ることなどいるも

のか」と。子貢が言うには、「いかにも惜しいことです、あなた様の説は、確かに君子そのものではあります。しかし一旦、そんなことをおっしゃれば、四頭立ての馬車さえ追いつかない、取り返しのつかない言葉になります。外面は内面の本質のように、本質は外面の美しさのようでなければなりなせん。君子の内外は一致していなければなりません。外面を無視すれば、毛皮を取り除いたなめし革と同じで、虎や豹のなめし革も、まるで犬や羊のなめし革のようで、区別が付きませんから」と。

別解 ①「文は猶ほ質のごとく、質は猶ほ文のごとければ、虎豹の鞟は、猶ほ犬羊の鞟《かわ》のごとし。」(棘子成の発言のように)外面は本質のように、本質は外面のようにすれば、虎や豹のなめし革も、まるで犬や羊のなめし革と同じであろうか。」【徂徠】②君子の君子たる所以は「文」だけである。文とは文と質との調和がとれている状態で、質と文とは対立するものではない。つまり、「郁郁乎として文なるかな」(八佾第三・54)の状態である。【仁斎】

287

哀公《あいこう》有若《ゆうじゃく》に問《と》ひて曰《い》はく、年《とし》饑《う》ゑて用《よう》足《た》らず。之《これ》を如何《いかん》せん、と。有若《ゆうじゃく》對《こた》へて曰《い》はく、盍《なん》ぞ徹《てつ》せざる、と。曰《い》はく、二《に》も吾《われ》猶《な》ほ足《た》らず。之《これ》を如何《いかん》ぞ、其《そ》れ徹《てつ》せんや、と。對《こた》へて曰《い》はく、百姓《ひゃくせい》足《た》らば、君孰《きみたれ》と與《とも》にか足《た》らざらん。百姓《ひゃくせい》足《た》らずんば、君孰《きみたれ》と與《とも》にか足《た》らん、と。

哀公問於有若曰、年饑用不足。如之何。有若對曰、盍徹乎。曰、二吾猶不足。如之何、其徹也。對曰、百姓足、君孰與不足。百姓不足、君孰與足。

魯の哀公が有若にお尋ねになって言うには、「今年は凶作で国費が足りない。いったいどうしたらよいものか」と。有若がお答え申し上げるには「（凶作なら、現行の二割課税を）どうして一割課税になさらないのですか」と。哀公がおっしゃるには、「今の二割課税ですら私は足りないのに、どうして一割にできようか」と。お答え申し上げるには「減税して万民が豊かになったら、殿様は誰と一緒に貧しい暮らしをなさるのですか。増税して万民が貧しくなったら、殿様は誰と一緒に満ち足りた暮らしをなさるのですか。（民と苦楽を共にしてこそ君主でしょう）」と。

別解 ①「盍ぞ徹せざる。」「（周王の土地には夏の税法、卿・大夫の土地には殷の税法を用いていますが、）どうして一割課税になさらないのですか」【仁斎】②哀公は自分のため、有若は国のためと、「用」の理解が二者は異なっていた。【徂徠】③哀公は暗愚であり、政治は厳しく、税金は重かった。そのため、飢饉となった。【義疏】

288

子《し》張《ちょう》　徳《とく》を崇《たか》くし惑《まどい》を辨《べん》ぜんことを問《と》ふ。子《し》曰《い》はく、忠《ちゅう》信《しん》を主《しゅ》とし、義《ぎ》に徙《うつ》るは、徳《とく》を崇《たか》くするなり。之《これ》を愛《あい》しては其《そ》の生《せい》を欲《ほっ》し、之《これ》を惡《にく》みては其《そ》の死《し》を欲《ほっ》す。既《すで》に其《そ》の生《せい》を欲《ほっ》し、又《また》其《そ》の死《し》を欲《ほっ》するは、是《こ》れ惑《まどい》なり。誠《まこと》に富《とみ》を以《もっ》てせず。亦《ま》た祇《ただ》に異《い》を以《もっ》てす、と。

子張問崇徳辨惑。子曰、主忠信、徙義、崇徳也。愛之欲其生、惡之欲其死。既欲其生、又欲其死、是惑也。誠不以富。亦祇以異。

子張が人格を高め、迷いをはっきりさせることについて質問した。孔先生がおっしゃるには、「誠実さと言行の一致を、まず第一と考え、正義に近づくことが、人格を高めることだ。人は、愛しているときには、その人に長生きして欲しいと願い、その人を憎むとその死を願うが、これこそ迷いだ。そんな願いがかなわないのは、『詩（経）』（小雅・我行其野篇）に『まことに金持ちになろうとしたってなれず、かえって異なる結果となる』とある通りだ」と。

【別解】①「徳を崇くし惑を辨《わか》たんことを問ふ。」「人格を高め、迷いを区別させることを質問した。」【集解】②「祇《まさ》に異を以てす。」「ちょうど異なる結果となる。」【集解・義疏・仁斎・徂徠】③「誠に富以てせず。亦た祇に異を以てす。」は、季氏第十六・432の冒頭に移動すべきである。【仁斎・徂徠】

289

齊《せい》の景公《けいこう》政《まつりごと》を孔子《こうし》に問《と》ふ。孔子《こうし》對《こた》へて曰《い》はく、君《きみ》は君《きみ》たり。臣《しん》は臣《しん》たり。父《ちち》は父《ちち》たり。子《こ》は子《こ》たり、と。公《こう》曰《い》はく、善《よ》いかな、信《まこと》に如《も》し君君《きみきみ》たらず、臣臣《しんしん》たらず、父父《ちちちち》たらず、子子《ここ》たらずんば、粟《ぞく》有《あ》りと雖《いえ》ども、吾《われ》得《え》て諸《これ》を食《くら》はんや、と。

齊景公問政於孔子。孔子對曰、君君。臣臣。父父。子子。公曰、善哉、信如君不君、臣不臣、父不父、子不子、雖有粟、吾得而食諸。

斉の景公が、政治について孔先生にお尋ねになられた。孔先生がお答え申し上げるには「君主は君主に徹し、臣下は臣下に徹し、父は父として、子は子として生きることです」と。景公がおっしゃるには「善い言葉だ。本当にもし、君主は君主に徹しない、臣下は臣下に徹しない、父は父らしくなく、子は子らしくなくなったら、穀物があっても、私はどうしてそれを食らえようか」と。

【別解】①この時、陳桓が斉の実権を握っており、君は君ではなく、臣は臣ではなく、父は父ではなく、子は子ではなかった。そのため、このように答えた。【集解】②この時、斉は弱く、陳桓が実権を握っていた。そのため、景公は政治について孔先生に尋ねた。【義疏】③後世の人君は、本章を読んで、吾が身を反省しなければ、斉の景公と同じである。【仁斎】

290

子《し》曰《い》はく、片言《へんげん》以《もっ》て獄《ごく》を折《さだ》むべき者《もの》は、其《そ》れ由《ゆう》なるか。子《し》路《ろ》は諾《だく》を宿《しゅく》する無《な》し、と。

子曰、片言可以折獄者、其由也與。子路無宿諾。

孔先生がおっしゃるには、「たった一言で判決を下して納得させられるのは、由（子路）だろう」と。子路は引き受けたことを先延ばししなかった（だからみんなから信頼されていた）。

【別解】①「片言以て獄を折むべき者は、」(1)［(被告と原告の両方ではなく、どちらか)一方のみで判決を下して裁判の判決を下せるのは、］【集解・義疏】(2)［(子路の心や言葉は誠実であるため、)たった一言で判決を下

せるのは、」］【義疏孫綽】（3）孔先生は古語を引用して子路を褒めた。【徂徠】②「片言以て獄を折《た》つべき者は、」［たった一言で判決を判断できるのは、］【仁斎】③「子路は諾を宿《あらかじめ》すること無し。」［子路は（安易に）前もって承諾しなかった。］【集解・義疏・徂徠】④「子路は諾を宿むること無し」は独立させ、一章とすべきである。【仁斎】

291

子《し》曰《い》はく、訟《うったえ》を聴《き》くは、吾《われ》猶《な》ほ人《ひと》のごとし。必《かな》らずや訟《うったえ》無《な》からしめんか、と。

子曰、聴訟、吾猶人也。必也使無訟乎。

孔先生がおっしゃるには、「訴訟を審理するのは、私は人並みにしかできない。だから、きっと訴訟が起きなくさせるように政治をしよう」と。

別解 ①「必らずや訟無からしめんか、」［（私の才能を示そうとするならば、）訴訟が起きなくさせるように政治をしよう、］【徂徠】②本章は、民を治める者は訴訟を上手く解決することを良いとするが、訴訟を起きなくさせることが最高の政治であることを知っていないという意味である。【仁斎】

292

子《し》張《ちょう》政《まつりごと》を問《と》ふ。子《し》曰《い》はく、之《これ》に居《い》て倦《う》むこと無《な》く、之《これ》を行《おこな》ふに忠《ちゅう》を以《もっ》てす、と。

子張問政。子曰、居之無倦、行之以忠。

子張が政治について質問した。孔先生がおっしゃるには、「いつも政治のことを心に置いて怠らず、政策を実行するには、真心をもって当たることだ」と。

【別解】①「之に居て倦むこと無く、」（1）「政治を行う地位にいるときは怠ることなく、」【集解・義疏】（2）「政治に対するには家事のようにして怠ることなく、」【徂徠】

293

子曰《しい》はく、博《ひろ》く文《ぶん》を學《まな》び、之《これ》を約《やく》するに禮《れい》を以《もつ》てすれば、亦《ま》た以《もつ》て畔《そむ》かざるべきか、と。

子曰、博學於文、約之以禮、亦可以弗畔矣夫。

孔先生がおっしゃるには、「君子は、『詩（経）』『書（経）』をはじめとする書物から広く知識を得て、実践する段になって、それを礼によって引き締めていけば、道そのものとは言えなくとも、また、道に背かないでいられるだろう」と。

【別解】①雍也第六・144に重出。ただし、「博學」の上に「君子」の二字がある。

294

子曰《しい》はく、君子《くんし》は人《ひと》の美《び》を成《な》して、人《ひと》の惡《あく》を成《な》さず。小《しょう》人《じん》は是《これ》に反《はん》す、と。

子曰、君子成人之美、不成人之惡。小人反是。

孔先生がおっしゃるには、「君子は人の美点を伸ばして達成させようとするが、人の欠点は抑えて育たないようにする。小人はそれと反対なことをする」と。

別解 ①君子の心は善を善とするのは熱心であるが、悪を悪とし批判するのは熱心ではない。美名のある人には、褒め称え、善を全うさせ、悪名のある人には、弁明し、寛容にすることで、悪で終わらないようにする。小人はその逆である。【仁斎】

295

季康子《きこうし》政《まつりごと》を孔子《こうし》に問《と》ふ。孔子《こうし》對《こた》へて曰《い》はく、政《せい》は正《せい》なり。子《し》帥《ひき》ゐるに正《せい》を以《もつ》てせば、孰《たれ》か敢《あえ》て正《ただ》さざらん、と。

季康子問政於孔子。孔子對曰、政者正也。子帥以正、孰敢不正。

季康子が政治について孔先生に尋ねた。孔先生がお答え申し上げるには、「政治とは正すことです。あなたご自身が身を正して先頭に立てば、いったい誰が正しくならないでしょう（誰もが見習ってあなたのようでありたいとするでしょう）」と。

別解 ①君が本で、民は末である。聖賢が政治を論じる時は根本に及んでいる。以下の二章も同様である。【仁

斎】

296

季康子《きこうし》盗《とう》を患《うれ》へて孔子《こうし》に問《と》ふ。孔子《こうし》對《こた》へて曰《い》はく、苟《いや》しくも子《し》の不欲《ふよく》ならば、之《これ》を賞《しょう》すと雖《いえ》ども竊《ぬす》まず、と。

季康子患盜問於孔子。孔子對曰、苟子之不欲、雖賞之不竊。

季康子が魯に盗難が多いのを憂慮して、孔先生に尋ねた。孔先生がお答え申し上げるには「もしあなた様が無欲なら、褒美を出しても盗みなんかしません」と。

【別解】①「盗を患へて」［魯に盗賊が多いのを憂慮して］【義疏】②為政者が無欲であれば、民は自然と純朴になる。【義疏李充】③季康子はむなしく盗みを止める方法を思うばかりで、その根本に立ち返るのを知らなかった。そのため、孔先生は根本を正すことを季康子に告げた。その意は切実である。【仁斎】

297

季康子《きこうし》政《まつりごと》を孔子《こうし》に問《と》ひて曰《い》はく、如《も》し無道《むどう》を殺《ころ》して、以《もつ》て有道《ゆうどう》に就《つ》かば、何如《いかん》と。孔子《こうし》對《こた》へて曰《い》はく、子《し》政《まつりごと》を爲《な》すに、焉《いず》くんぞ殺《さつ》を用《もち》ひんや。子《し》善《ぜん》を欲《ほつ》すれば民《たみ》善《ぜん》

季康子問政於孔子曰、如殺無道、以就有道、何如。孔子對曰、子爲政、焉用殺。子欲善而民善矣。君子之

なり。君子《くんし》の徳《とく》は風《かぜ》なり。小人《しょうじん》の徳《とく》は草《くさ》なり。草《くさ》 之《これ》に風《かぜ》を尚《くわ》ふれば、必《かな》らず偃《ふ》す、と。

徳風。小人之徳草。草尚之風、必偃。

季康子が政治について孔先生にお尋ねになった、「もしも、悪人を殺して、民を人としての道に向かわせたらどうだろう」と。孔先生がお答え申し上げるには「あなた様は、政治をなさるのにどうして人を殺す必要があるのです。あなた様ご自身が善くなろうとなされば、民も善くなります。君子の人格は風で、小人の人格は草のようなものです。草は風が吹けばなびきます」と。

【別解】①「以て有道を就《な》さば、」「人としての道を実現させたなら、」【集解・義疏】②「以て有道に就《な》さば、」「人としての道に実現させたなら、」【仁斎】③「君子の徳は風なり。小人の徳は草なり。」「上にある者の人格は風で、民の人格は草のようなものです。」【義疏・徂徠】④季康子は悪人を殺し、善人を育成しようとした。しかし、善人を育成すれば、悪人も自然と感化されて善人となるのを知らない。【仁斎】

298

子張《しちょう》問《と》ふ。士《し》 何如《いか》なるを斯《こ》れ之《これ》を達《たつ》と謂《い》ふべきか、と。子《し》曰《い》はく、何《なん》ぞや、爾《なんじ》が謂《い》ふ所《ところ》の達《たつ》とは、と。子張《しちょう》對《こた》へて曰《い》はく、邦《くに》に在《あ》りても必《かな》らず聞《きこ》え、家《いえ》に在《あ》りても必《かな》らず

子張問。士何如斯可謂之達矣。子曰、何哉、爾所謂達者。子張對曰、在邦必聞、在家必聞。子曰、是

聞《きこ》ゆ、と。子曰《しい》はく、是《こ》れ聞《ぶん》なり、達《たつ》に非《あら》ざるなり。夫《そ》れ達《たつ》なる者《もの》は、質《しつ》直《ちょく》にして義《ぎ》を好《この》み、言《げん》を察《さつ》して色《いろ》を観《み》、慮《おもんぱか》りて以《もっ》て人《ひと》に下《くだ》る。邦《くに》に在《あ》りても必《かな》らず達《たつ》し、家《いえ》に在《あ》りても必《かな》らず達《たつ》す。夫《そ》れ聞《ぶん》なる者《もの》は、色《いろ》仁《じん》を取《と》りて行《おこない》は違《たが》ふ。之《これ》に居《い》て疑《うたが》はず。邦《くに》に在《あ》りても必《かな》らず聞《きこ》え、家《いえ》に在《あ》りても必《かな》らず聞《きこ》ゆ、と。

聞也、非達也。夫達也者、質直而好義、察言而觀色、慮以下人。在邦必達、在家必達。夫聞也者、色取仁而行違。居之不疑。在邦必聞、在家必聞。

子張が質問した「士とは、どのようであれば達（人）と言われるようになるでしょうか」と。孔先生がおっしゃるには、「どういう意味だね、おまえが達と言うのは」と。子張がお答え申し上げるには「国にいてもきっと名が聞こえ、家にいてもきっと名が聞こえて来るようなことです」と。孔先生がおっしゃるには、「それは、聞と言うのだ。達ではない。そもそも達というものは、飾らず正直で正義に沿った行動が好きで、人の言葉を見抜いて顔色を観察し、思慮深くて謙遜する。それなら信頼されて、国にいても、きっと出来ないことはなく、家にいても、きっと出来ないことはない。そもそも聞というものは、うわべは仁で飾っても行動は違うのに、そんな状態に安住して、自ら疑おうともしない。そんな虚名でも、国にいてもきっと聞こえてくるし、家にいてもきっと聞こえて来るものだ」と。

別解 ①「士 何如なるを斯れ之を達と謂ふべきか。」「大夫はどのような徳行を行えば「達士」と言われるよ

うになるでしょうか。」【義疏】② 「邦に在りても必らず聞え、家に在りても必らず聞ゆ。」〔諸侯に仕えてもきっと名が聞こえ、卿大夫に仕えてもきっと名が聞こえて来るようなことです。」【義疏】③ 「色 仁を取りて、」（1）〔顔色では仁のようにして、」【仁斎】（2）〔顔色では仁者に学び、」【徂徠】

299

樊遅《はんち》従《したが》ひて舞雩《ぶう》の下《もと》に遊《あそ》ぶ。曰《い》はく、敢《あえ》て徳《とく》を崇《たか》くし、慝《とく》を修《おさ》め、惑《まど》ひを辨《べん》ぜんことを問《と》ふ、と。子《し》曰《い》はく、善《よ》いかな問《と》ひや。事《こと》を先《さき》にし得《う》るを後《のち》にするは、徳《とく》を崇《たか》くするに非《あら》ずや、其《そ》の惡《あく》を攻《せ》めて、人《ひと》の惡《あく》を攻《せ》むること無《な》きは、慝《とく》を修《おさ》むるに非《あら》ずや。一朝《いっちょう》の忿《いか》りに其《そ》の身《み》を忘《わす》れて、以《もっ》て其《そ》の親《しん》に及《およ》ぼすは、惑《まど》ひに非《あら》ずや、と。

樊遲從遊於舞雩之下。曰、敢問崇德、修慝、辨惑。子曰、善哉問。先事後得、非崇德與、攻其惡、無攻人之惡、非修慝與。一朝之忿忘其身、以及其親、非惑與。

樊遅が孔先生のお供をして、雨乞いの舞台あたりに出掛けた。樊遅が言うには、「お聞き致しますが、人格を高め、邪心を去り、迷いをはっきりさせることをお教え下さい」と。孔先生がおっしゃるには、「善い質問だね。為すべき事を優先して、損得は後回しにするのは、それが人格を高めることではないか。悪い点を自己批判して、他人の悪い点を責めないのは、邪心を去ることではないか。一時の怒りに身を任せ、近親に八つ当たりするのは、迷いではないだろうか」と。

【別解】①「事を先にし得るを後にするのは、」（1）［まず仕事をして、その後に利益を得るのは、］【集解・徂徠】（2）［まず勤労をして、その後に俸位を得るのは、］【義疏】②「其の悪を攻《おさ》めて、人の悪を攻《おさ》むること無きは、」［自分の悪い所を治めて、人の悪い所を治めないのは、］【義疏】③樊遲はお供をした際に、突然、身に切実な質問をした。そのため孔先生は善い質問だとした。【仁斎】④「舞雩」と質問した場所を記しているのは樊遲が孔先生を尊んだからである。【徂徠】

300

樊遲《はんち》　仁《じん》を問《と》ふ。子曰《しい》はく、人《ひと》を愛《あい》す、と。知《ち》を問《と》ふ。子曰《しい》はく、人《ひと》を知《し》る、と。樊遲《はんち》未《いま》だ達《たっ》せず。子曰《しい》はく、直《なお》きを舉《あ》げて諸《これ》を枉《まが》れるに錯《お》けば、能《よ》く枉《まが》れる者《もの》をして直《なお》からしむ、と。樊遲《はんち》退《しりぞ》く。子夏《しか》を見《み》て曰《い》はく、郷《さき》に吾《われ》夫子《ふうし》に見《まみ》えて知《ち》を問《と》へり。子曰《しい》はく、直《なお》きを舉《あ》げて諸〻《もろもろ》の枉《まが》れるに錯《お》けば、能《よ》く枉《まが》れる者《もの》をして直《なお》からしむ、と。何《なん》の謂《い》ひぞや、と。子夏曰《しかい》はく、富《と》めるかな言《げん》や。舜《しゅん》　天下《てんか》を有《たも》ちて、衆《しゅう》に選《えら》びて皐陶《こうよう》を舉《あ》げて、不仁者《ふじんしゃ》遠《とお》ざかれり、と。湯《とう》　天《てん》

樊遲問仁。子曰、愛人。問知。子曰、知人。樊遲未達。子曰、舉直錯諸枉、能使枉者直。樊遲退。見子夏曰、郷也吾見於夫子而問知。子曰、舉直錯諸枉、能使枉者直。何謂也。子夏曰、富哉言乎。舜有天下、選於衆舉皐陶、不仁者遠矣。湯有天下、

下《か》を有《たも》ちて、衆《しゅう》に選《えら》びて伊尹《いいん》を舉《あ》げて、不仁者《ふじんしゃ》遠《とお》ざかれり、と。

選於衆舉伊尹、不仁者遠矣。

樊遅が仁について質問した。孔先生がおっしゃるには、「人をいとおしむことだ」と。樊遅が知について質問した。孔先生がおっしゃるには、「人をよく理解することだ」と。樊遅はまだよくわからなかった。孔先生がおっしゃるには、「正しい者を推挙して、邪悪な者の上位に用いれば、邪悪な者を正すことが十分に可能だ」と。樊遅が退出してきて子夏に会って言うには、「さっき先生にお目にかかって、知について伺いました。孔先生がおっしゃるには、『正しい者を推挙して邪悪な者の上位に用いれば、邪悪な者を正すことが十分に可能だ』と。どんな意味でしょうか」と。子夏が言うには、「(仁も知も含まれる)意味深い言葉だなあ。舜が天下を取った時、多くの中から選び抜いて皐陶を登用したので、仁でない者は姿を消した。湯王が天下を取った時、大勢の中から選び抜いて伊尹を登用したので、仁でない者は姿を消したのだよ」と。

別解　①「人を愛す。」「仁のある人を愛することだ。」【徂徠】②「人を知る。」「知のある人(人材)を識別することだ。」【徂徠】③「樊遅 未だ達《さと》らず。」「樊遅は(他人を愛することは理解できたが、他人をよく理解することは)理解できなかった。」【義疏】④「富《さかん》なるかな言や。」「(孔先生のお言葉は)御立派であります。」【集解・義疏】⑤「直きを舉げて諸を枉れるに錯けば」は古語である。【徂徠】⑥「人を知る」以下は、智の徳が非常に大きいことを言う。【仁斎】⑦孔先生は魯の哀公にも「直きを舉げて諸〻枉れるに錯けば、則ち民服せん。」(爲政第二・35)と言ったこ

とがある。しかし、哀公は、為政者としての振る舞いが当を得れば、人は心服すると理解するだけであり、孔先生のお言葉のなかに、舜や湯の天下を治めたことが盛大であったことが含まれていることまでは気付かなかった。(哀公と子夏の例からは、)孔先生のお言葉は、受け取る者の浅いか深いかにより、広くも狭くもなることが分かる。【仁斎】

301

子貢《しこう》 友《とも》を問《と》ふ。子曰《しい》はく、忠告《ちゅうこく》して之《これ》を善道《ぜんどう》し、不可《ふか》なれば則《すなわ》ち止《や》む。自《みずか》ら辱《はずかし》めらるること無《な》かれ、と。

子貢問友。子曰、忠告而善道之、不可則止。無自辱焉。

子貢が友(との交際)について質問した。孔先生がおっしゃるには、「まごころ込めて言うべき事は言い、善導する。聞き入れなければやめる。(何度も言うと逆効果で嫌がられ)恥をかかされることがないように」と。

【別解】①「子貢 友を問ふ。」「子貢は朋友を求める方法について質問した。」【義疏】②もしも忠告が聞き入れなければ、相手が悟るのを待つのが良い。【仁斎】③忠告が聞き入れてくれないからといって、絶交するのは小人である。【徂徠】

302

曾子《そうし》曰《い》はく、君子《くんし》は文《ぶん》を以《もっ》て友《とも》を會《かい》し、友《とも》を以《もっ》て仁《じん》を輔《たす》く、と。

曾子曰、君子以文會友、以友輔仁。

曽先生が言うには、「君子は学問で友を集める。その友によって仁の徳を育む」と。

【別解】①「君子は文を以て友を會し、」（1）「君子は礼楽による教化によって友を集める。」【集解・義疏】（2）「君子は礼楽を用いて友と宴会し、」【徂徠】②「友を以て仁を輔く。」「友と切磋し、それによって、自分のなかの仁を成長させ、完成させる。」【集解】③友が「仁を輔く」のは、「直を友とし、諒を友とし、多聞を友とす」（季氏第十六・424）だからである。【徂徠】④君子はむやみに友と集まらない。集まる場合は必ず自己向上の利益のある者を友とする。自分よりも劣る者は友としない。（子罕第九・229）友には仁の徳を育む人を選ぶ。【仁斎】

子路第十三

凡三十章。

凡べて三十章。

全三十章。

303

子路《しろ》政《まつりごと》を問《と》ふ。子《し》曰《い》はく、之《これ》に先《さき》んじ之《これ》を勞《ろう》す、と。益《ま》さんことを請《こ》ふ。曰《い》はく、倦《う》むこと無《な》かれ、と。

子路が政治に関して質問した。孔先生がおっしゃるには、「我が身が民に率先して行うこと（そうすれば、命令しなくても見習って行われる）と、我が身から立ち働くことだ（そうすれば辛い仕事も怨まれはしないから）」と。子路は、もっとあればお教え下さいとお願いした。孔先生がおっしゃるには、「今言ったことを、飽きずに続けることだ」と。

別解 ①「之に先んじ之を勞す。」［道徳によって民を導き、信用させることを先にして、その後、労役させる。］【集解・義疏】②「之に先にし之を勞す。」［（政治を行うことに）先立って、ねぎらうように。］【徂徠】

子路問政。子曰、先之勞之。請益。曰、無倦。

304

仲弓《ちゅうきゅう》季氏《きし》の宰《さい》と爲《な》り、政《まつりごと》を問《と》ふ。子《し》曰《い》はく、有司《ゆうし》を先《さき》にす。小過《しょうか》を赦《ゆる》して、賢才《けんさい》を擧《あ》げよ、と。曰《い》はく、焉《いず》くんぞ賢才《けんさい》を知《し》りて之《これ》を擧《あ》げん、と。曰《い》はく、爾《なんじ》が知《し》る所《ところ》を擧《あ》げよ。爾《なんじ》が知《し》らざる所《ところ》は、人《ひと》其《そ》れ諸《これ》を舍《す》てんや、と。

仲弓爲季氏宰、問政。子曰、先有司。赦小過、擧賢才。曰、焉知賢才而擧之。曰、擧爾所知。爾所不知、人其舍諸。

仲弓が季氏の執事になった時、政治に関して質問した。孔先生がおっしゃるには、「執事は多くの部下を持つのだから、その役人の人事とが先ず大切で、小さな過失は大目に見てやり、優れた才能ある者を抜擢すれば、自然と政治全体がうまく運んで行くものだ」と。すべての人材に目が到らないのを案じて仲弓が言うには、「どうやって優れた才能ある者を見出して、推薦すればいいのでしょうか」と。孔先生がおっしゃるには、「自分の目が届く範囲で人材を抜擢しなさい。お前の知らない人材でも、優れた者なら、他人が放っておかないから」と。

別解 ①「有司を先にす。」「まず執事に任せて、その結果次第では責めるべきだ。」【集解・義疏・徂徠】②「有司に先《さき》んず。」「執事が率先し働く。」【仁斎】③人材がいないのを心配するのは凡庸な君主の通弊である。【仁斎】

305

子路曰《しろい》はく、衞君《えいくん》子《し》を待《ま》ちて政《まつりごと》を爲《な》さば、子《し》将《まさ》に奚《なに》をか先《さき》にせんとする、と。子曰《しい》はく、必《かな》らずや名《な》を正《ただ》さんか、と。子路曰《しろい》はく、是《こ》れ有《あ》るかな、子《し》の迂《う》なるや。奚《なん》ぞ其《そ》れ正《ただ》さん、と。子曰《しい》はく、野《や》なるかな由《ゆう》や。君子《くんし》は其《そ》の知《し》らざる所《ところ》に於《おい》て、蓋《けだ》し闕如《けつじょ》す。名《な》正《ただ》しからずんば、則《すなわ》

子路曰、衞君待子而爲政、子將奚先。子曰、必也正名乎。子路曰、有是哉、子之迂也。奚其正。子曰、野哉由也。君子於其所不知、蓋闕如也。名不正、則言不順。

ち言《げん》順《じゅん》ならず。言《げん》順《じゅん》ならずんば、則《すなわ》ち事成《ことな》らず。事成《ことな》らずんば、則《すなわ》ち禮樂《れいがく》興《おこ》らず。禮樂《れいがく》興《おこ》らずんば、則《すなわ》ち刑罰《けいばつ》中《あ》たらず。刑罰《けいばつ》中《あ》たらずんば、則《すなわ》ち民《たみ》手足《しゅそく》を措《お》く所《ところ》無《な》し。故《ゆえ》に君子《くんし》之《これ》を名《な》づくれば、必《かな》らず言《い》ふべきなり。之《これ》を言《い》へば必《かな》らず行《おこな》ふべきなり。君子《くんし》其《そ》の言《げん》に於《おい》て、苟《いや》しくもする所《ところ》無《な》きのみ、と。

言不順、則事不成。事不成、則禮樂不興。禮樂不興、則刑罰不中。刑罰不中、則民無所措手足。故君子名之、必可言也。言之必可行也。君子於其言、無所苟而已矣。

子路が言うには、「衛の君主が、先生をお迎えして政治を行おうとするなら、先生は、先ず何から手を付けられますか」と。孔先生がおっしゃるには、「名実を一致させるのが必要だね」と。子路が言うには、「そこからですか、先生は現実の急務にうといですね。どうして名実の一致などから始めていられましょう」と。孔先生がおっしゃるには、「いつもながら荒っぽいな、由（子路）は。人格者とは、そのように自分がよくわかっていないことについて、軽率に言わないものだ。名実が一致していなければ、（名目が実質を伴わなくなるから）言うことに筋が通らなくなる。言うことに筋が通らなくなれば、（混乱するばかりで）何事も成し遂げられない。何事も成し遂げられなければ、（秩序と調和に寄与する）儀礼や奏楽がさびれてゆく。儀礼や奏楽がさびれれば、（秩序と調和を欠くから）刑罰が不当なものになる。刑罰が不当なら民衆は不安で、手足の置き所さえなくなってしまう。だから、人格者とは、ひと度名づければ必ず言え

るものにするし、言ったことは必ず実行する。だから人格者は自分の言うことに、いいかげんにすることはないのだ」と。

【別解】①「野なるかな由や。」「分かっていないねえ、由は。」【集解・義疏・徂徠】②「則ち禮樂興《おこ》なはれず。」「儀礼や音楽は行われない。」後出の興も「行なう」の意。【義疏】

306

樊遅《はんち》稼《か》を學《まな》ばんことを請《こ》ふ。子曰《しい》はく、吾《われ》は老農《ろうのう》に如《し》かず、と。圃《ほ》を爲《つく》るを學《まな》ばんと請《こ》ふ。曰《い》はく、吾《われ》は老圃《ろうほ》に如《し》かず、と。樊遅《はんち》出《い》づ。子曰《しい》はく、小人《しょうじん》なるかな樊須《はんしゅ》や。上《かみ》禮《れい》を好《この》めば、則《すなわ》ち民敢《たみあえ》て敬《けい》せざる莫《な》し。上《かみ》義《ぎ》を好《この》めば、則《すなわ》ち民敢《たみあえ》て服《ふく》せざる莫《な》し。上《かみ》信《しん》を好《この》めば、則《すなわ》ち民敢《たみあえ》て情《じょう》を用《もち》ひざる莫《な》し。夫《そ》れ是《かく》の如《ごと》くなれば、則《すなわ》ち四方《しほう》の民《たみ》其《そ》の子《こ》を襁負《きょうふ》して至《いた》らん。焉《いず》くんぞ稼《か》を用《もち》ひん、と。

樊遲請學稼。子曰、吾不如老農。請學爲圃。曰吾不如老圃。樊遲出。子曰、小人哉樊須也。上好禮、則民莫敢不敬。上好義、則民莫敢不服。上好信、則民莫敢不用情。夫如是、則四方之民襁負其子而至矣。焉用稼。

樊遅が穀物の栽培を学びたいと願い出た。孔先生がおっしゃるには、「私は経験豊かな農家にはかなわ

ないよ」と。（次いで）樊遅は野菜の栽培を学びたいと願い出た。孔先生がおっしゃるには、「私は経験豊かな蔬菜農家にはかなわないよ」と。樊遅は退出した。すると孔先生がおっしゃるには、「見方が狭い人物だね、樊須は。人の上に立つ者が礼を好んで威儀があれば、民衆が敬意を抱かないことはない。人の上に立つ者が正義を好んで適正に行動すれば、民衆が従わないことはない。人の上に立つ者が信義を好んで嘘がなければ、民衆が不誠実なことはない。このようになりさえすれば、どこの民衆でも、自分の子供をおんぶして集まって来るだろう。人の上に立つ者が、どうして作物の作り方にこだわる必要があるだろうか。それで救える人は少ない。それより大局に立つ学問をすべきじゃないのか」と。

【別解】①「小人なるかな樊須や。」〔利益を貪る人物だね、樊須は。〕【義疏】②「情を用ひざる莫し。」〔民衆は実情を隠すことはない。〕【集解・徂徠】③孔先生は「鄙事に多能」（子罕第九・211）であった。そのため、樊遅は学ぼうと思った。【徂徠】④孔先生の一門の学術は経世（世の中を治める）のための学術である。世間から逃れるのを高級だとする者は、孔先生や孟先生の心を知るものとは言えない。【仁斎】

307

子《し》曰《い》はく、詩《し》三百《さんびゃく》を誦《しょう》すれども、之《これ》に授《さず》くるに政《まつりごと》を以《もっ》てして達《たっ》せず。四方《しほう》に使《つかい》して、專對《せんたい》すること能《あた》はずんば、多《おお》しと雖《いえ》ども亦《ま》た奚《なに》を以《もっ》て爲《な》さん、と。

子曰、誦詩三百、授之以政不達。使於四方、不能專對、雖多亦奚以爲。

孔先生がおっしゃるには、『詩（経）』の三百篇を暗誦できても、政治を任せられてうまく果たせず、四方の国に使者に立っても一人で対処できないようでは、いくら多く詩を知っていても、何の役に立つというのか」と。

別解 ①「之に授くるに政を以てして達《さと》らず。」「政治を任せられて、『詩（経）』を誦する人と対応しても理解できず、」【義疏】②「亦た奚を以《もち》ふることを爲さん。」「『詩（経）』を用いることができようか。」【徂徠】③『詩（経）』は三百篇ある。その詩は政治を行ったものである。【義疏袁氏】④『詩経』の効用はこれ程までに広い。【仁斎】

308

子曰《しい》はく、其《そ》の身《み》正《ただ》しければ、令《れい》せずして行《おこな》はる。其《そ》の身《み》正《ただ》しからずんば、令《れい》すと雖《いえ》ども従《したが》はず、と。

子曰、其身正、不令而行。其身不正、雖令不從。

孔先生がおっしゃるには、「人の上に立つ者が正しければ、命令しなくとも自然と行われるが、その者が正しくなければ、いくら命令しても行われない」と。

別解 ①「其の身正しければ、」「自分の身が正しければ、」【徂徠】②「其の身正しからずんば、」「自分の身が正しくなければ、」【徂徠】③本章は聖賢が人を治めた常法である。このようにせず、人を治めた例は、まだない。【仁斎】④孔先生の時は、先王の道が完全には亡んでいなかったので、本章のようにいい、人君を責めた。【徂徠】

309

子曰《しい》はく、魯《ろ》・衛《えい》の政《まつりごと》は、兄弟《けいてい》なり、と。

子曰、魯・衛之政、兄弟也。

孔先生がおっしゃるには、「もともと兄弟の君主が封ぜられた魯と衛の国の政治は、衰えたところまで兄弟のように似ている」と。

別解 ①「兄弟なり。」[治乱は兄弟のように概ね同じである。]【義疏衛瓘】②魯は周公、衛は康叔の子孫で、もともと兄弟の国であった。この時、既に非常に衰えていたが、まだ周公・康叔の遺風があり、孔先生は「魯 一変すれば道に至らん」(雍也第六・141)と考えていた。魯は強国であった斉や晋の後に滅び、衛の子孫は漢の時代にも残っていた。孔先生の言葉は信用できる。【仁斎】③孔先生の門人は衛にも多かった。『大学』は衛の人の作であろう。【徂徠】

310

子《し》衛《えい》の公子《こうし》荊《けい》を謂《い》ふ。善《よ》く室《しつ》に居《お》る。始《はじ》め有《あ》るに、曰《い》はく、苟《いささ》か合《あ》へり、と。少《すこ》しく有《あ》るに、曰《い》はく、苟《いささ》か完《まった》し、と。富《と》みて有《あ》るに、曰《い》はく、苟《いささ》か美《び》なり、と。

子謂衛公子荊。善居室。始有、曰、苟合矣。少有、曰、苟完矣。富有、曰、苟美矣。

孔先生が衛の公子の荊についておっしゃるには、「家計の取りはからいがうまい。始めに形ばかりの家財

があったときには、『なんとか間に合う』と言い、少し増えると『なんとか揃った』と言い、充分にあるようになると『なんとか美しくなった』と言った」と。

別解 ①「善く室を居く。」〔家財を管理するのがうまい。〕【徂徠】②「始め有るに、」〔始めて蓄えてたときに、〕後出の「有」も「蓄える」の意。【徂徠】③本章は、孔先生が公子の荊を称揚し、家計を取りはかる方法を示した。【仁斎】

311

子《し》衛《えい》に適《ゆ》く。冉有《ぜんゆう》僕《ぼく》たり。子《し》曰《い》はく、庶《しょ》なるかな、と。冉有《ぜんゆう》曰《い》はく、既《すで》に庶《しょ》なり。又何《またなに》をか加《くわ》へん、と。曰《い》はく、之《これ》を富《と》まさん、と。曰《い》はく、既《すで》に富《と》めり。又何《またなに》をか加《くわ》へん、と。曰《い》はく、之《これ》を教《おし》へん、と。

子適衛。冉有僕。子曰、庶矣哉。冉有曰、既庶矣。又何加焉。曰、富之。曰、既富矣。又何加焉。曰、教之。

孔先生が衛の国に出向かれた。冉有（求）が御者として付き従った。孔先生がおっしゃるには、「この国は人が多いなあ」と。冉有が言うには、「もう充分に人が増えたなら、その上に何をしたらいいでしょう」と。孔先生がおっしゃるには、「裕福にしよう」と。冉求が言うには、「もう充分に裕福になったら、その上に何をしたらいいでしょう」と。孔先生がおっしゃるには、「教育しよう」と。

【別解】①衣食が充分であれば、義を教えるべきである。【義疏范寧】②本章は孔先生が天下に仁を施す気持ちがあったことを示す。【仁斎】③人が多いのに裕福にしないと、民に恒産（安定した財産）がないから恒心（不変の道徳心）が生じない。そのため裕福にすることが必要になる。【仁斎】

312

子曰《しい》はく、苟《いや》しくも我《われ》を用《もち》ふる者《もの》有《あ》らば、朞月《きげつ》のみにして可《か》なり。三年《さんねん》にして成《な》ること有《あ》らん、と。

子曰、苟有用我者、朞月而已可也。三年有成。

孔先生がおっしゃるには、「もし仮に私を国政に任用する人がいれば、一年だけで何とかできよう。三年もたてば、それは完成させられよう」と。

【別解】①「苟《まこと》に我を用ふる者有らば、」「確かに私を国政に任用する人がいれば、」【義疏】②「朞月にして已《すで》に可なり。」「（先王の政治には月々の政令があり、）一年もあれば（施設なども）整う。」【徂徠】③仏肸や公山不狃に召された時に孔先生は赴こうとした。門人たちは、これを疑問に思ったので、孔先生は本章のように言ったのである。後出の「吾 其れ東周を爲さんか」（陽貨第十七・439）も参看せよ。【仁斎】

313

子曰《しい》はく、善人《ぜんにん》邦《くに》を爲《おさ》むること百年《ひゃくねん》ならば、亦《ま》た以《もっ》て

子曰、善人爲邦百年、

残《ざん》に勝《か》ち殺《さつ》を去《さ》るべし、と。誠《まこと》なるかな是《こ》の言《げん》や。

亦可以勝残去殺矣。誠哉是言也。

孔先生がおっしゃるには、「昔から『善人が代々百年も国を治めれば、あらくれ者にうち勝って、民衆は感化され、死刑を行わないようになる』と言うが、本当だよ、この言葉は」と。

別解 ①「善人 邦を爲むること百年ならば、」〔昔から『賢人が諸侯となり百年になれば、』〕【義疏】②孔先生は具体的には楚の昭王のことを言っているのだろう。【徂徠】③本章は次章のために門人がここに持ってきたのだろう。【仁斎】

314

子《し》曰《い》はく、如《も》し王者《おうじゃ》有《あ》りとも、必《かな》らず世《よ》にして後《あと》に仁《じん》ならん、と。

子曰、如有王者、必世而後仁。

孔先生がおっしゃるには、「もし天命を受けて王になった者でも、きっと三十年かかって漸く仁が心底に行き渡るだろう」と。

別解 ①「如し王者有りとも、」〔もし聖人で王となった者でも、〕【義疏】②「必らず世にして後に仁ならん、」（1）〔三十年で政治が大成するだろう。〕【義疏】（2）〔その治世で漸く仁が心底まで行き渡るだろう。〕【仁斎】（3）

「三十年で礼学が広く行き渡るだろう。」【徂徠】③本章は前章の意を承ける。孔先生が「必らず世にして」といったのは、(前章のように)子々孫々相継いでではない。「仁ならん」といったのは、前章の「殘に勝ち殺を去る」に止まらないからである。【仁斎】④善人と王者の分かれ目は先王の事跡を踏むか否かにある。【徂徠】

315

子曰《しい》はく、苟《いや》しくも其《そ》の身《み》を正《ただ》さば、政《せい》に従《したが》ふに於《おい》て、何《なに》か有《あ》らん。其《そ》の身《み》を正《ただ》す能《あた》はずんば、人《ひと》を正《ただ》すを如何《いかん》せん、と。

子曰、苟正其身矣、於従政乎、何有。不能正其身、如正人何。

孔先生がおっしゃるには、「仮にも人の上に立つ者が正しければ、政治を行うことなど、何でもないはずだ。その者が我が身を正せないならば、人を正すことなど、どうしてできようか」と。

【別解】①「苟《まこと》に其の身を正さば、」「確かに我が身が正しければ、」【義疏】②本章も人を治める常道である。『論語』を編纂した人は何度も出てくるのを厭わずに収録した。【仁斎】

316

冉子《ぜんし》朝《ちょう》より退《しりぞ》く。子曰《しい》はく、何《なん》ぞ晏《おそ》きや、と。對《こた》へて曰《い》は

冉子退朝。子曰、何晏也。對曰、有政。

く、政《まつりごと》有《あ》り、と。子曰《しい》はく、其《そ》れ事《こと》ならん。如《も》し政《まつりごと》有《あ》らば、吾《われ》を以《もち》ひずと雖《いえ》ども、吾《われ》其《そ》れ之《これ》を與《あずか》り聞《き》かん、と。

子曰、其事也。如有政、雖不吾以、吾其與聞之。

冉有が季氏の政庁から退出してきた。孔先生がおっしゃるには、「なんと遅いお帰りだね」と。冉有がお答えして言うには、「重要な政務がありまして」と。孔先生がおっしゃるには、「それは事務に過ぎないだろう。もし、家老に過ぎない季氏の家に政務があるなら、今は引退していても、もと大夫たる私にも諮問があるはずだからね」と。

【別解】①「冉子 朝より退く。」［冉有が（その主君の季氏に従い、）魯の君主の朝廷から退出してきた。］【集解・義疏】②「政有り。」［これまでのやり方を改めたり、正したりする重要な政務がありました。］【集解・義疏・徂徠】③「其れ事ならん。」［通常の事務だろう。］【集解・義疏・徂徠】

317

定公《ていこう》問《と》ふ、一言《いちげん》にして以《もっ》て邦《くに》を興《おこ》すべきこと、諸《こ》れ有《あ》るか、と。孔子《こうし》對《こた》へて曰《い》はく、言《げん》は以《もっ》て是《かく》の若《ごと》く其《そ》れ幾《き》すべからざるなり。人《ひと》の言《げん》に曰《い》はく、君《きみ》爲《た》ること難《かた》し、臣《しん》爲《た》ることも易《やす》からず、と。如《も》し君《きみ》爲《た》ることの難《かた》きを知《し》らば、一《いち》

定公問、一言而可以興邦、有諸。孔子對曰、言不可以若是其幾也。人之言曰、爲君難、爲臣不易。如知爲君之難也、不幾

言《げん》にして邦《くに》を興《おこ》すに幾《ちか》からずや、と。曰《い》はく、一言《いちげん》にして邦《くに》を喪《ほろ》ぼすこと、諸《こ》れ有《あ》るか、と。孔子《こうし》對《こた》へて曰《い》はく、言《げん》は以《もっ》て是《かく》の若《ごと》く其《そ》れ幾《き》すべからざるなり。人《ひと》の言《げん》に曰《い》はく、予《われ》君《きみ》爲《た》ることを樂《たの》しむこと無《な》し。唯《た》だ其《そ》の言《げん》にして予《われ》に違《たが》ふこと莫《な》し、と。如《も》し其《そ》れ善《ぜん》にして之《これ》に違《たが》ふこと莫《な》きや、亦《ま》た善《よ》からずや。如《も》し不善《ふぜん》にして之《これ》に違《たが》ふこと莫《な》きや、一言《いちげん》にして邦《くに》を喪《ほろ》ぼすに幾《ちか》からずや、と。

乎一言而興邦乎。曰、一言而喪邦、有諸。孔子對曰、言不可以若是其幾也。人之言曰、予無樂乎爲君。唯其言而莫予違也。如其善而莫之違也、不亦善乎。如不善而莫之違也、不幾乎一言而喪邦乎。

定公がおたずねになるには「ただ一言で国を興隆に向かわせるような善い言葉はあるかね」と。孔先生がお答えして言うには、「ただ一言でそうできるものはございませんが、それを思わせるものはございます。ある人の言葉に、『君主であることは難しく、臣下であることも生易しいものではない』とあります。もし君主が君主であることの難しさを理解しているなら、これこそただ一言で国を興隆に向かわせるような言葉に近いのではないでしょうか」と。定公がおっしゃるには、「ただ一言で国を衰滅に向かわせるような悪い言葉はあるかね」と。孔先生がお答えして言うには、「ただ一言でそうできるものはございませんが、まあ近いものはございます。ある人の言葉に、『私は君主となって、他に楽しみはないが、ただ私の言葉に、誰も逆らうものがいないことだけを楽しんでいる』とあります。もしも善いことでそれに逆らう者が

いないなら、なんと善いことでありましょう。（しかし）もし善くないことでもそれに逆らう者がいないなら、ただ一言で国を衰滅に向かわせるような悪い言葉に、まあ近いものでございましょう」と。

【別解】①「言は以て是の若く其れ幾《ちかく》すべからざるなり。」「一言でそうできるものはございませんが、近いものはございます。」【集解・義疏】②「君爲ること難し」は守成の君主への切実な戒めである。主君として難しいのは家臣の善言を聞き容れるか否かである。【仁斎】

318

葉公《しょうこう》政《せい》を問《と》ふ。子《し》曰《い》はく、近《ちか》き者《もの》説《よろこ》び、遠《とお》き者《もの》來《き》たる、と。

葉公問政。子曰、近者說、遠者來。

楚の葉公が政治とは何かをお尋ねになった。孔先生がおっしゃるには、「近隣に住む者は恩沢を被って心から喜び、遠くに住む者は、その人徳を慕ってやって来るようになさることです」と。

【別解】①「近き者説べば、遠き者來たる。」「近隣に住む者は恩沢を被って心から喜べば、遠隔地に住む者は、その人徳を慕ってやって来るようになる。」【義疏・徂徠】②楚の葉公は遠くに住む者を帰順させようとし、近隣に住む者を喜ばせようとはしなかった。そのため、孔先生はこのように言った。【徂徠】

319

子夏《しか》莒父《きょふ》の宰《さい》と爲《な》り、政《せい》を問《と》ふ。子《し》曰《い》はく、速《すみや》かならんことを欲《ほっ》する無《な》く、小利《しょうり》を見《み》ること無《な》かれ。速《すみや》かならんことを欲《ほっ》すれば、則《すなわ》ち達《たっ》せず。小利《しょうり》を見《み》れば、則《すなわ》ち大事《だいじ》成《な》らず、と。

子夏爲莒父宰、問政。子曰、無欲速、無見小利。欲速、則不達。見小利、則大事不成。

子夏が莒父の家老となった時、政治の心得を質問した。孔先生がおっしゃるには、「何事も速く行おうと思ってはならない。目先の利益に目を奪われてはならない。速くしたいと焦れば、何事も行き渡らない。目先の利益に目を奪われれば、大事は成し遂げられない」と。

別解 ①「小利を見」「速かならんことを欲す」は小人の心である。【徂徠】

320

葉公《しょうこう》孔子《こうし》に語《つ》げて曰《い》はく、吾《わ》が黨《とう》に躬《み》を直《なお》くする者《もの》有《あ》り。其《そ》の父《ちち》羊《ひつじ》を攘《ぬす》みて、而《しか》して子《こ》之《これ》を證《しょう》せり、と。孔子《こうし》曰《い》はく、吾《わ》が黨《とう》の直《なお》き者《もの》は、是《これ》に異《こと》なり。父《ちち》は子《こ》の爲《ため》に隱《かく》し、子《こ》は父《ちち》の爲《ため》に隱《かく》す。直《なお》きこと其《そ》の中《うち》に在《あ》り、と。

葉公語孔子曰、吾黨有直躬者。其父攘羊、而子證之。孔子曰、吾黨之直者、異於是。父爲子隱、子爲父隱。直在其中矣。

葉公が孔先生に自慢げにおっしゃるには、「我が郎党には、おのれに照らしてどこまでも正直な行いをする者がいます。自分の父が、羊が迷い込んで来たのをさいわいかすめ取っても、子がそれを知らせました」と。孔先生がおっしゃるには、「私の門下生の正直さとはずいぶん違いますね。もし羊を盗むようなことが起こっても、父親は子供のために何とか隠そうとし、子供は父のために隠そうとする。正直さとはその中に見出せるものではありませんか」と。

別解 ①隠すのは正直ではない。しかし、父子が互いに隠すのは人情の至りである。人情の至りとは「道」である。そのため孔先生は「直」と言ったのである。【仁斎】

321

樊遅《はんち》仁《じん》を問《と》ふ。子曰《しい》はく、居處《きょしょ》恭《うやうや》しく、事《こと》を執《と》りて敬《けい》し、人《ひと》と忠《ちゅう》なるは、夷狄《いてき》に之《ゆ》くと雖《いえ》ども、棄《す》つべからざるなり、と。

樊遲問仁。子曰、居處恭、執事敬、與人忠、雖之夷狄、不可棄也。

樊遅が仁について、質問した。孔先生がおっしゃるには、「家でも居住まい正しく、仕事をすれば慎ましく、人と付き合えば真心を尽くす。これらは、文化の異なる外国に出向いたからといって、忘れてはならないことだ」と。

【別解】①「仁を問ふ。」「仁政について質問した。」【徂徠】②「棄つべからざるなり。」「忘れることはできない。」

【徂徠】

322

子貢《しこう》問《と》ひて曰《い》はく、何如《いか》なるを斯《こ》れ之《これ》を士《し》と謂《い》ふべきか、と。子曰《しい》はく、己《おのれ》を行《おこな》ふに恥《はじ》有《あ》り。四方《しほう》に使《つかい》して、君命《くん》を辱《はずかし》めざるを、士《し》と謂《い》ふべし、と。曰《い》はく、敢《あえ》て其《そ》の次《つぎ》を問《と》ふ、と。曰《い》はく、宗族《そうぞく》孝《こう》を稱《しょう》し、郷黨《きょうとう》弟《てい》を稱《しょう》す、と。曰《い》はく、敢《あえ》て其《そ》の次《つぎ》を問《と》ふ、と。曰《い》はく、言《い》へば必《かな》らず信《しん》に、行《おこな》へば必《かな》らず果《か》。硜硜然《こうこうぜん》として小人《しょうじん》なるかな。抑ゝ《そもそも》亦《ま》た以《もっ》て次《つぎ》と爲《な》すべし、と。曰《い》はく、今《いま》の政《まつりごと》に從《したが》ふ者《もの》は何如《いかん》、と。子曰《しい》はく、噫《ああ》、斗筲《としょう》の人《ひと》、何《なん》ぞ算《かぞ》ふるに足《た》らんや、と。

子貢問曰、何如斯可謂之士矣。子曰、行己有恥。使於四方、不辱君命、可謂士矣。曰、敢問其次。曰、宗族稱孝焉、郷黨稱弟焉。曰、敢問其次。曰、言必信、行必果。硜硜然小人哉。抑亦可以爲次矣。曰、今之從政者何如。子曰、噫、斗筲之人、何足算也。

子貢が質問して言うには、「どのような人物が、これこそ士の中の士だと言えましょうか」と。孔先生がおっしゃるには、「自分の行動には常に恥を知っており、外国に使者に立っても、君主のご命令を損な

わずに誇り高く振るまえれば、士と言ってもいいだろう」と。子貢が言うには、「どうか、それに次ぐ者をお聞かせ下さい」と。孔先生がおっしゃるには、「親戚の方々が親孝行だと言い、郷里の人たちから年長者によく仕えると噂されるような人物だ」と。子貢が言うには、「どうか、それに次ぐ者をお聞かせ下さい」と。孔先生がおっしゃるには、「口に出せば必ず実行し、実行すれば必ず成し遂げる。それは小石のようにこちこちの頑固者だがなあ。しかしまあ、それに次ぐ者となるだろう」と。子貢が言うには、「今の政治家はいかがでしょうか」と。孔先生がおっしゃるには、「ああ、小さな枡のように心が狭く、士の中に数えることなどできようはずもない」と。

別解 ①「何如なるを斯れ之を士と謂ふべきか。」「どのような人物が卿大夫と言えましょうか。」【義疏】

323

子曰《しい》はく、中行《ちゅうこう》を得《え》て之《これ》に與《くみ》せずんば、必《かな》らずや狂狷《きょうけん》か。狂者《きょうしゃ》は進《すす》みて取《と》り、狷者《けんしゃ》は爲《な》さざる所《ところ》有《あ》り、と。

子曰、不得中行而與之、必也狂狷乎。狂者進取、狷者有所不爲也。

孔先生がおっしゃるには、「中庸の行いをする人を見出して道を教え伝えられないならば、せめて、狂者か狷者にそうしたいものだ。狂者は志高く、進取の気性があるし、狷者は節義をかたくなに守って、断じて悪いことはしないからだ」と。

【別解】①「中行を得て之に與せずんば、」(1)〔行動が適切である者を見出して、一緒に行動できないとすれば、〕【集解・徂徠】(2)〔行動が適切である者を見出して一緒に、この世にいられないとすれば、〕【義疏】

324

子曰《しい》はく、南人《なんじん》言《い》へること有《あ》り。曰《い》はく、人《ひと》にして恆《つね》無《な》くんば、以《もっ》て巫醫《ふい》を作《な》すべからず、と。善《よ》いかな。其《そ》の徳《とく》を恆《つね》にせずんば、或《あるい》は之《これ》に羞《はじ》を承《すす》む、と。子曰《しい》はく、占《うらな》はざるのみ、と。

子曰、南人有言。曰、人而無恆、不可以作巫醫。善夫。不恆其德、或承之羞。子曰、不占而已矣。

孔先生がおっしゃるには、「南方の人の言葉に『人として不変の心持ちがないなら、巫者として神と交感することも、医者として命を託すこともできない』という。良い言葉だなあ」と。『易経』の言葉にも「人として徳を不変にしなければ、辱しめを受けることになる」とある。（これについて）孔先生がおっしゃるには、「占うまでもなくわかりきったことだがね」と。

【別解】①「人にして恆無くんば、以て巫醫も作《なお》すべからず。」〔道徳のない人は、巫者や医者も治すことができない。〕【集解・義疏・徂徠】②「或に之《つね》に羞を承く。」〔いつも辱しめを受ける。〕【集解・義疏】③「之に羞を承くること或《あ》り。」〔辱しめを受けることがある。〕【徂徠】④「其の徳を恆にせずんば」以下は孔先生が『易経』を解釈した別の一章である。【徂徠】

325

子《し》曰《い》はく、君子《くんし》は和《わ》して同《どう》ぜず。小人《しょうじん》は同《どう》じて和《わ》せず、と。

子曰、君子和而不同。小人同而不和。

孔先生がおっしゃるには、「人格者は、親しみ合うが馴れ合わない。小人は、馴れ合うが親しみ合わない」と。

別解 ①「君子は和して同ぜず。」「君子は心は争わず、志を立てるが各々異なる。」【義疏】②君子のことは仁義だけである。親しみ合えば、物を失わず、馴れ合わなければ、己を失わない。このようにすれば、仁の徳は完成し、その中に義は自然と出現する。【仁斎】

326

子《し》貢《こう》問《と》ひて曰《い》はく、郷人皆之《きょうじんみなこれ》を好《よみ》せば、何如《いかん》、と。子《し》曰《い》はく、未《いま》だ可《か》ならざるなり、と。郷人皆之《きょうじんみなこれ》を悪《にく》まば、何如《いかん》、と。子《し》曰《い》はく、未《いま》だ可《か》ならざるなり。郷人《きょうじん》の善者《ぜんしゃ》は之《これ》を好《よみ》し、其《そ》の不善者《ふぜんしゃ》は之《これ》を悪《にく》むに如《し》かず、と。

子貢問曰、郷人皆好之、何如。子曰、未可也。郷人皆悪之、何如。子曰、未可也。不如郷人之善者好之、其不善者悪之。

子貢が質問して言うには、「その土地の人たちが、こぞって誉める人物なら、その人物をいかが思われますか」と。孔先生がおっしゃるには、「(それだけでは)不十分だな」と。(子貢が言うには)「では、そ

の土地の人たちが、こぞって憎む人物なら、その人物をいかが思われますか」と。孔先生がおっしゃるには、「(それだけでは)不十分だな。その土地の善良な人たちが誉め、悪人が憎むような人物には及ばないから」と。

別解 ①「郷人 皆之を好せば、何如。」「その土地の人、みなと親しくするを、いかが思いますか。」【義疏一通】

②「郷人 皆之を惡まば、何如。」「その土地の人、全てを憎むのを、いかが思いますか。」【義疏一通】

327

子《し》曰《い》はく、君子《くんし》は事《つか》へ易《やす》くして説《よろこ》ばしめ難《がた》し。之《これ》を説《よろこ》ばしむるに道《みち》を以《もっ》てせずんば、説《よろこ》ばざるなり。其《そ》の人《ひと》を使《つか》ふに及《およ》びては、之《これ》を器《き》にす。小人《しょうじん》は事《つか》へ難《がた》くして説《よろこ》ばし易《やす》し。之《これ》を説《よろこ》ばしむるに道《みち》を以《もっ》てせずと雖《いえ》ども、説《よろこ》ぶなり。其《そ》の人《ひと》を使《つか》ふに及《およ》びては、備《そな》はらんことを求《もと》む、と。

子曰、君子易事而難説也。説之不以道、不説也。及其使人也、器之。小人難事而易説也。説之雖不以道、説也。及其使人也、求備焉。

孔先生がおっしゃるには、「人格者に仕えるのはたやすいが、心から喜ばせるのは難しい。(それは)その方を喜ばせるのに、道徳にかなっていなければ、喜んでもらえないからだ。そうした方は、人を使う時

には、それぞれの長所を生かして働かせる（だから仕えやすい）。小人は仕えにくく、心から喜ばせるのはたやすい。（それは）その者を喜ばせるのに、道徳にかなっていなくても、喜ぶからだ。そんな者が人を使う時には、それぞれの長所を見ずに何でも便利に使おうとする（だから仕えにくい）。」と。

328

子曰《しい》はく、君子《くんし》は泰《たい》にして驕《おご》らず。小人《しょうじん》は驕《おご》りて泰《たい》ならず、と。

子曰、君子泰而不驕。小人驕而不泰。

孔先生がおっしゃるには、「人格者は、どっしりと落ち着いていて、威張らない。小人は、威張ってはいるが、落ち着かない」と。

329

子曰《しい》はく、剛毅木訥《ごうきぼくとつ》は仁《じん》に近《ちか》し、と。

子曰、剛毅木訥近仁。

孔先生がおっしゃるには、「意志が強く、果断で我慢強く、飾り気がなく、寡黙な人柄は、仁に近い人柄だ」と。

【別解】①「剛・毅・木・訥は仁に近し。」「無欲・果敢・質樸・鈍重の四者は、仁に近い。」【集解・義疏】②「剛毅

は木訥、仁に近し。」は古の成言で「剛毅な人は外見を飾らず、口数がすくないため、仁を成しやすい。」【徂徠】③「剛・毅・木・訥」の四事はともに仁に近い。【義疏】④仁を実行するのは誠を立てることにある。誠が立てば、人を欺くことはない。【仁斎】

330

子路《しろ》問《と》ひて曰《い》はく、何如《いか》なるを斯《これ》に之《これ》を士《し》と謂《い》ふべきか、と。子曰《しい》はく、切切《せつせつ》偲偲《しし》怡怡《いい》如《じょ》たるを、士《し》と謂《い》ふべし。朋友《ほうゆう》には切切《せつせつ》偲偲《しし》たり、兄弟《けいてい》には怡怡《いい》たり、と。

子路問曰、何如斯可謂之士矣。子曰、切切偲偲怡怡如也、可謂士矣。朋友切切偲偲、兄弟怡怡。

子路（由）が質問して言うには「いったいどのような人ならば、士と言えましょうか」と。孔先生がおっしゃるには、「心を込めて励まし、にこやかに和らいでいるならば、士と言っていいだろう。友達には心を込めて励まし、兄弟にはにこやかに和らぐようにするのだ」と。

【別解】①「朋友には切切偲偲たり、」（1）「友達は互いに励まし合い、」【集解】（2）「友達は互いに切磋し、」【義疏】②切切・偲偲・怡怡の三事は、みな忠愛の意がある。士の行いは一事で尽くすことはできないが忠愛を根本とする。もしも、これが足りないようであれば、遠大なことは達成できない。【仁斎】③子路は「喭」（粗野で不作法）であった（先進第十一・271）。そのため、本章のように述べた。【徂徠】

331

子曰《しい》はく、善人《ぜんにん》民《たみ》を教《おし》ふること七年《しちねん》ならば、亦《ま》た以《もっ》て戎《じゅう》に即《つ》かしむべし、と。

子曰、善人教民七年、亦可以即戎矣。

孔先生がおっしゃるには、「善良さ（だけ）が取り柄の人でも、民衆を七年も教育すれば、（信頼をかちえて）戦争にさえ赴かせられる」と。

別解 ①「善人」〔賢人でも〕【義疏】②「民を教ふること七年ならば、」〔民衆を長い間、教育すれば、〕【徂徠】③「亦た以て戎に即かしむべし」とは、「まだ善とはならない」の意である。【義疏繆協】

332

子曰《しい》はく、教《おし》へざる民《たみ》を以《もち》ひて戦《たたか》ふは、是《こ》れ之《これ》を棄《す》つと謂《い》ふ、と。

子曰、以不教民戦、是謂棄之。

孔先生がおっしゃるには、「教育していない民衆を率いて戦うのは、それこそ民をむざむざ見殺しにするようなものだ」と。

別解 ①「教へざる民を以ひて戦ふは、」〔(1)〔習熟していない民衆を率いて戦えば、〕【集解】(2)〔戦いを教育していない民衆を率いて戦えば、〕【義疏】(3)〔善人による教育もなく、また習熟していない民衆を率いて戦えば、〕【義疏江熙】(4)〔徳による教化が及んでいない民衆を率いて戦えば、〕【義疏珊琳公】②いにしえの民を教え

る法では、春・夏・秋には農業を、冬には戦闘を訓練させた。民衆の耳や目は軍旗に習熟し、民の手や足は武具に熟練したため、自然と戦闘に敗れるという禍はなかった。【仁斎】③前章に続き、武を教える必要性を述べている。君子が民の命を重んずることは、本章の通りである。【仁斎】

憲問第十四

胡氏曰、此篇疑原憲所記。凡四十七章。

胡氏曰はく、此の篇疑ふらくは原憲記す所ならん、と。凡べて四十七章。

胡氏（胡寅）が言うには、「この篇は原憲の記録ではないか」と。全四十七章。

333

憲《けん》 恥《はじ》を問《と》ふ。子《し》曰《い》はく、邦《くに》 道《みち》有《あ》れば穀《こく》す。邦《くに》 道《みち》無《な》くして穀《こく》するは恥《はじ》なり、と。

憲問恥。子曰、邦有道穀。邦無道穀恥也。

原憲（子思）が恥とは何かをお尋ねした。孔先生がおっしゃるには、「国家に道義ある政治が行われているのに、なすべき事もせずにただ俸給をもらっている。（そしてまた）国家に道義ある政治が行われていないのに、身を引かずにただ俸給をもらっている。そのどちらも恥ずべきことなのだ」と。

別解 ①「邦 道有れば」から「穀するは恥なり」まで「国家に道が行われていれば仕官して俸禄を貰ってもよいが、国家に道が行われていないのに仕官して俸禄を貰うのは、恥である。」【集解・義疏・徂徠】②次章と合わせて一章とする。【集解・義疏】③本章の冒頭に「憲」と諱があることからすると、『論語』後半の十篇は原憲の手によるものである。【徂徠】

334

克《こく》・伐《ばつ》・怨《えん》・欲《よく》 行《おこな》はずんば、以《もっ》て仁《じん》と爲《な》すべきか、と。子《し》曰《い》はく、以《もっ》て難《かた》しと爲《な》すべし。仁《じん》は則《すなわ》ち吾《われ》知《し》らざるなり、と。

克・伐・怨・欲不行焉、可以爲仁矣。子曰、可以爲難矣。仁則吾不知也。

原憲（子思）が質問して言うには「負けず嫌い・自慢・恨み・貪欲を抑えられれば、仁者と言えまし

ようね」と。孔先生がおっしゃるには、「(それらを自制するのは)難しいと思う。しかし、それが仁かとなると、わたしにはわからないね(仁者には元来それらはないので、自制しようもないから)」と。

別解 ①「克」「人をしのぐこと」【義疏】②「克・伐・怨・欲 行はずんば、」「国中に負けず嫌い・自慢・恨み・貪欲が行われなくなった。」【徂徠】③「克・伐・怨・欲 行はずんば」の前には脱文がある。当時の人が管仲のような者を褒めた言葉であろう。弟子の質問であれば「矣」ではなく「乎」である。【徂徠】④「仁は則ち吾知らざるなり。」「(その人に、民を安んずる)仁の徳があるかは、私には分からない。」【徂徠】⑤心は一体である。温・和・慈・良であれば仁となり、克・伐・怨・欲であれば不仁となる。心の重心がどこにあるかによるのである。【仁斎】

335

子《し》曰《い》はく、士《し》にして居《きょ》を懐《おも》ふは、以《もっ》て士《し》と爲《な》すに足《た》らず、と。

子曰、士而懷居、不足以爲士矣。

孔先生がおっしゃるには、「士人でありながら、安穏とした生活ばかり考えているようでは、士人とするには足りない」と。

別解 ①「居を懐《やすん》ずるは、」「安楽さを求めるようでは、」【集解・義疏】②「居を懐《おも》ふは、」「住居ばかりを考えるのは、」【仁斎】③士の重要な任務は他国への使いである。そのため、このようにいった。【徂徠】③士たるものは天下を運営する志を持ち、安逸を求めるべきではない。【仁斎】

336

子《し》曰《い》はく、邦《くに》道《みち》有《あ》れば、言《げん》を危《たか》くし行《おこな》ひを危《たか》くす。邦《くに》道《みち》無《な》くんば、行《おこな》ひを危《たか》くし言《げん》孫《したが》ふ、と。

子曰、邦有道、危言危行。邦無道、危行言孫。

孔先生がおっしゃるには、「国家に道義ある政治があれば、思い切って言葉を厳しくし、行動も厳しくする。国家に道義ある政治がなければ、行動は厳しくするが、言葉は（悪意の攻撃を避けるよう）控えめにすることだ」と。

別解 ①「言を危《はげ》しくし行ひを危《はげ》しくす。」「（砥石で研ぐように）言葉を厳しくし、行動も厳しくする。」【集解・義疏・仁斎】②本章は君子が自らの身を保つ方法を述べた。【仁斎】

337

子《し》曰《い》はく、徳《とく》有《あ》る者《もの》は必《かな》らず言《げん》有《あ》り。言《げん》有《あ》る者《もの》は必《かな》らずしも徳《とく》有《あ》らず。仁者《じんしゃ》は必《かな》らず勇《ゆう》有《あ》り。勇者《ゆうしゃ》は必《かな》らずしも仁《じん》有《あ》らず、と。

子曰、有徳者必有言。有言者不必有徳。仁者必有勇。勇者不必有仁。

孔先生がおっしゃるには、「人格者には必ずすばらしい言葉がある。しかし、すばらしい言葉を発する人が、人格者であるとは限らない。仁者には必ず勇気が備わっている。しかし、勇気ある人が仁者であるとは限らない」と。

【別解】①人が多言であるときは徳はない。【義疏】②本章は徳のある人は言葉があり、仁のある人は勇気があることを主としている。【仁斎】③言葉と勇気の大小・軽重をはっきりと理解する必要がある。【仁斎】

338

南宮适《なんきゅうかつ》孔子《こうし》に問《と》ひて曰《い》はく、羿《げい》射《しゃ》を善《よ》くし、奡《ごう》舟《ふね》を盪《うご》かす。倶《とも》に其《そ》の死《し》の然《しか》るを得《え》ず。禹《う》・稷《しょく》躬《みずか》ら稼《か》して天下《てんか》を有《たも》つ、と。夫子《ふうし》答《こた》へず。南宮适《なんきゅうかつ》出《い》づ。子《し》曰《い》はく、君子《くんし》なるかな若《かくのごと》き人《ひと》。徳《とく》を尚《たっと》ぶかな若《かくのごと》き人《ひと》、と。

南宮适問於孔子曰、羿善射、奡盪舟。倶不得其死然。禹・稷躬稼而有天下。夫子不答。南宮适出。子曰、君子哉若人。尚徳哉若人。

南宮适（子容）が、孔先生に質問して言うには「羿は太陽を射落とすほど弓が上手で、奡は陸上で船を動かすほどの力持ちでしたが、二人ともふつうの死に方ができませんでした。禹と稷は、自分で耕作しつつ結局天下をとりました（これは何を物語る事実でしょうか）」と。孔先生は（禹と稷を自ら喩えていると感じて）お答えにならなかった。南宮适が退出した。すると、孔先生がおっしゃるには、「君子だなあ、南宮适のような人は。仁徳を貴ぶのだなあ、このような人は」と。

【別解】①「徳を尚ぶかな若き人。」「徳の有る人を貴ぶのだなあ、このような人は。」【徂徠】②「南宮适」は、姓は南宮、名は适、字は敬叔。魯の大夫である。【集解・義疏】

339

子曰《しい》はく、君子《くんし》にして仁《じん》ならざる者《もの》は有《あ》らんか。未《いま》だ小《しょう》人《じん》にして仁《じん》なる者《もの》は有《あ》らざるなり、と。

子曰、君子而不仁者有矣夫。未有小人而仁者也。

孔先生がおっしゃるには、「君子であって、仁でなくなることはあるかも知れない。しかし小人であって、仁である者はあろうはずもない」と。

別解 ①「君子にして仁ならざる者は有り。」「君子であって、人をいと愛《お》しむ心があっても人をいと愛《お》しむ実質がないものはいるかもしれない。」【仁斎】②「君子にして備はらざる者は有らん。」「君子であっても備わっていないものはあるかも知れない。」仁を「備」の誤りとする。【筆解】③本章は賢人以下の不仁の君子について述べた。【義疏】④本章は小人で仁のあるふりをする者のための発言である。【仁斎】⑤君子は仁であるが、一つでも人倫を害し、政治を妨害すると、不仁となる。【仁斎】

340

子曰《しい》はく、之《これ》を愛《あい》しては、能《よ》く勞《ろう》すること勿《な》からんや。焉《これ》に忠《ちゅう》にして、能《よ》く誨《おし》ふること勿《な》からんや、と。

子曰、愛之、能勿勞乎。忠焉、能勿誨乎。

孔先生がおっしゃるには、「その人をいと愛《お》しむからこそ、苦労させずにはいられないのだ。その人に本心からその身を思えばこそ、過ちを正して教えずにいられないのだ」と。

【別解】①「之を愛《した》ひては、」「その人の学問の道を愛慕しているからこそ、」【義疏】②「能く勞《ねぎら》ふこと勿からんや。」「慰労せずにおられないのだ。」【集解・義疏】③「焉に忠にして、」「その人にまごころを尽くし、」【義疏】④ほんとうに愛するからこそ苦労させるのだ。ほんとうにその身を思えばこそ過ちを正して教えるのだ。愛しているのに苦労させせないのは慈しみがないことだ。その身を思うのに過ちを正すこと教えないのは、その身を思っていないことだ。【仁斎】

341

子曰《しい》はく、命《めい》を爲《つく》るに、裨諶《ひじん》之《これ》を草創《そうそう》し、世叔《せいしゅく》之《これ》を討論《とうろん》し、行人《こうじん》子羽《しう》之《これ》を脩飾《しゅうしょく》し、東里《とうり》の子産《しさん》之《これ》を潤色《じゅんしょく》す、と。

子曰、爲命、裨諶草創之、世叔討論之、行人子羽脩飾之、東里子產潤色之。

孔先生がおっしゃるには、「鄭国の優れた外交文書を作成するには、大夫の裨諶が草案を練り、大夫の世叔がそれを検討し、外交官の子羽がそれを添削し、東里に住む大夫の子産が、それを立派な文章に仕上げたものだ」と。

【別解】①「命を爲るに、」「鄭国の盟会の文章を作成するには、」【義疏】②「之を討論し、」「その文章の誤りを駁し、」【徂徠】③本章は孔先生が子産は鄭国の政治を行った時、多くの賢人を用いたことを賞賛し、その上で、賢人が国に利益のあることを言った。【仁斎】④いにしえの良い大臣と賞賛された人物は、自分の善を用いただけでは

なく、他人の善をよく用いた。自分の善は有限であるが、天下の善は無窮である。そのため、天下の善を用いて、その後、天下の善を完成させたのである。【仁斎】

342

或《ある》ひと子産《しさん》を問《と》ふ。子《し》曰《い》はく、恵人《けいじん》なり、と。子西《しせい》を問《と》ふ。曰《い》はく、彼《かれ》をや彼《かれ》をや、と。管仲《かんちゅう》を問《と》ふ。曰《い》はく、人《このひと》や、伯氏《はくし》の駢邑三百《へんゆうさんびゃく》を奪《うば》ふ。疏食《そし》を飯《くら》ひ、歯《よわい》を没《ぼつ》するまで、怨言無《えんげんな》かりき、と。

或問子産。子曰、恵人也。問子西。曰、彼哉彼哉。問管仲。曰、人也、奪伯氏駢邑三百。飯疏食、没歯、無怨言。

ある人が鄭国の子産について質問した。孔先生がおっしゃるには、「恵み深い人だ」と。鄭国の子西について質問した。孔先生がおっしゃるには、「ああ、あの人か、あの人か」と（言うだけで相手にしなかった）。斉国の管仲について質問した。孔先生がおっしゃるには、「この人は、伯氏が罪によって召し上げられた領地の駢邑三百戸を与えられたが、伯氏は困窮して粗末な飯を食らいつつも、死ぬまで（管仲のせいでこんな目にあったなどと）恨み言を言わなかった（管仲の人徳だ）」と。

【別解】①「佊なる哉、佊なる哉。」「邪である。邪である。」彼を「佊」の誤字とする。【徂徠】②「人や」（1）「仁である。」人を「仁」の誤字とする。【仁斎】（2）人の上に一文字脱している。ただし、仁ではない。【劉敞】③「管仲を問ふ」から「怨言無かり」までは管仲に関する質問。その答えは次章である。【徂徠】④「管仲を問ふ」から「怨言

無かり」までは管仲に関する質問であり、その答えは次章である。【徂徠】⑤管仲の才能による功績は王道から考えるならば小さく、覇術の譏りを免れない。しかし、管仲が世の中に利益を与え、民を潤し、天下・後世に功績があることからすると、子産の及ぶものではない。【仁斎】

343

子《し》曰《い》はく、貧《ひん》にして怨《うら》むこと無《な》きは難《かた》く、富《と》みて驕《おご》ること無《な》きは易《やす》し、と。

子曰、貧而無怨難、富而無驕易。

孔先生がおっしゃるには、「貧窮していて、恨みがましくならないのは難しい。裕福で威張らないのはたやすい」と。

【別解】①普通の人が貧富に対処する際について論じている。【仁斎】②本章は前章の管仲についての質問に対する孔先生の回答である。【徂徠】

344

子《し》曰《い》はく、孟公綽《もうこうしゃく》は、趙《ちょう》・魏《ぎ》の老《ろう》と為《な》らば則《すなわ》ち優《ゆう》なり。以《もっ》て滕《とう》・薛《せつ》の大夫《たいふ》と為《な》すべからず、と。

子曰、孟公綽、爲趙魏老則優。不可以爲滕・薛大夫。

孔先生がおっしゃるには、「(魯の大夫ではあるが) 孟公綽は、晋国の趙氏や魏氏のような大家の執事程度には十分だ。しかし、滕や薛のような小国でも大夫は勤まらないだろう」と。

別解 ①「趙・魏の老と爲らば則ち優《ゆたか》なり。」〔(大国の)晋国の趙氏や魏氏には(賢人が多く、仕事がないため)余裕をもってやれる。」【集解・義疏・仁斎】②「以て滕・薛の大夫と爲すべからず。」〔滕や薛といった小国の大夫では(仕事が多く)つとまらないだろう。」【集解・義疏】

345

子《し》路《ろ》成人《せいじん》を問《と》ふ。子《し》曰《い》はく、臧武仲《ぞうぶちゅう》の知《ち》、公綽《こうしゃく》の不欲《ふよく》、卞《べん》莊子《そうし》の勇《ゆう》、冉求《ぜんきゅう》の藝《げい》の若《ごと》くにして、之《これ》を文《かざ》るに禮樂《れいがく》を以《もっ》てせば、亦《ま》た以《もっ》て成人《せいじん》と爲《な》すべし、と。曰《い》はく、今《いま》の成人《せいじん》とは、何《なん》ぞ必《かな》らずしも然《しか》らん。利《り》を見《み》て義《ぎ》を思《おも》ひ、危《あやう》きを見《み》て命《めい》を授《さず》け、久要《きゅうよう》平生《へいせい》の言《げん》を忘《わす》れずんば、亦《ま》た以《もっ》て成人《せいじん》と爲《な》すべし、と。

子路問成人。子曰、若臧武仲之知、公綽之不欲、卞莊子之勇、冉求之藝、文之以禮樂、亦可以爲成人矣。曰、今之成人者、何必然。見利思義、見危授命、久要不忘平生之言、亦可以爲成人矣。

子路(由)が完全な人について質問した。孔先生がおっしゃるには、「臧武仲の知恵・公綽の無欲・卞

荘子の勇気・冉求の才芸を兼ね備え、礼と楽で心身を飾れば、完全な人と言えよう」と。さらにおっしやるには、「昨今（いわれる）の完全な人とは、必ずしもそうとは限らない。利益を前にして正義に照らして取捨し、危険を前にして一命を投げ出し、旧い約束でも普段の言葉でも忘れずに実行すれば、まあ完全な人と言えるだろう」と。

【別解】①「公綽の不欲、」［公綽の財産を追求しない心、］【義疏范寧】②「久要 平生の言を忘れずんば、」［旧い少年の時の約束を忘れなれば、］【集解・義疏】③成人という評判は難しい。仮に、知・廉・勇・芸が、その身にあるのが、本章の四人の長所のようであり、さらに礼楽で飾ることができたならば、成人となることができる。【仁斎】

346

子《し》公叔文子《こうしゅくぶんし》を公明賈《こうめいか》に問《と》ふ。曰《い》はく、信《しん》なるか、夫子《ふうし》の言《い》はず、笑《わら》はず、取《と》らざること、と。公明賈《こうめいか》對《こた》へて曰《い》はく、以《もっ》て告《つ》ぐる者《もの》過《あやま》てるなり。夫子《ふうし》は時《とき》ありて然《しか》る後《のち》に言《い》ふ。人《ひと》其《そ》の言《い》ふことを厭《いと》はず。樂《たの》しみて然《しか》る後《のち》に笑《わら》ふ。人《ひと》其《そ》の笑《わら》ふことを厭《いと》はず。義《ぎ》ありて然《しか》る後《のち》に取《と》る。人《ひと》其《そ》の取《と》ることを厭《いと》はず、と。子《し》曰《い》はく、其《そ》れ然《しか》り、豈《あ》に其《そ》れ

子問公叔文子於公明賈。曰、信乎、夫子不言、不笑、不取乎。公明賈對曰、以告者過也。夫子時然後言。人不厭其言。樂然後笑。人不厭其笑。義然後取。人不厭其取。子曰、其然、豈其然乎。

然《しか》らんや、と。

孔先生が、公叔文子のことを公明賈にお尋ねになって言うには「本当だろうか、あの方は何も言わず、笑わず、受け取らないとの評判は」と。公明賈がお答え申し上げるには「それはそう言った者の間違いでしょう。あの方は、言うべき時にふさわしく言うので、人はいやな感じももたず、言ったことさえ気づかないほどだからです。楽しむべき時にふさわしく笑うので、人はいやな感じももたず、笑ったことさえ気づかないほどだからです。正義にかなっている時にふさわしく受け取るので、人はいやな感じももたず、受け取ったことさえ気づかないほどだからです。」と。孔先生がおっしゃるには、「そうですか、本当にそうでしょうか」と。

別解 ①「夫子の言はず、笑はず、取らざること。」「あの方は、ふだんは何も言わず、笑わず、金銭を受け取らないということは。」【義疏】

347

子曰《しい》はく、臧武仲《ぞうぶちゅう》は防《ぼう》を以《もっ》て後《のち》と爲《な》さんことを魯《ろ》に求《もと》む。君《きみ》を要《よう》せずと曰《い》ふと雖《いえ》ども、吾《われ》は信《しん》ぜざるなり、と。

子曰、臧武仲以防求爲後於魯。雖曰不要君、吾不信也。

孔先生がおっしゃるには、「臧武仲は、（罪によって斉国へ逃げる途中で）自領の防に立てこもって、臧

氏の跡継ぎを認よと魯公に要求した。魯公に強要したのではないと言うが、私は信用しない」と。

別解 ①「防を以て後を魯に爲《た》てんことを求む。」［自領の防に立てこもって、臧氏の跡継ぎを立てることを魯公に要求した。」【徂徠】②国境を越えず、自分の領地に立てこもり、跡継ぎを認めることを要求するのは、国君への強要である。【義疏袁氏】③直道とは孔先生が心から賛成するものである。その事蹟が直に見え、その心の実際が直ではないものは、邪悪のなかでも甚だしいものである。そのため、孔先生は臧武仲を強く批判した。【仁斎】

348

子曰《しい》はく、晉《しん》の文公《ぶんこう》譎《いつわ》りて正《ただ》しからず。齊《せい》の桓公《かんこう》は正《ただ》しくして譎《いつわ》らず、と。

子曰、晉文公譎而不正。齊桓公正而不譎。

孔先生がおっしゃるには、「晋国の文公は謀略に頼って、正義に背いた。斉国の桓公は、正義に則り、謀略に頼らなかった」と。

別解 ①「譎りて正しからず。」（1）［いつわって正しくなかった。］【集解・義疏】（2）［計略を次々と運《めぐ》らして、正々堂々としていなかった。］【徂徠】②「正しくして譎らず。」（1）［正しく、いつわることもなかった。］【義疏】（2）［正々堂々とし、計略を次々と運《めぐ》らすこともなかった。］【徂徠】

349

子路《しろ》曰《い》はく、桓公《かんこう》公子糾《こうしきゅう》を殺《ころ》す。召忽《しょうこつ》は之《これ》に死《し》し、管仲《かんちゅう》は死《し》せず、と。曰《い》はく、未《いま》だ仁《じん》ならざるか、と。子《し》曰《い》はく、桓公《かんこう》諸侯《しょこう》を九合《きゅうごう》するに、兵車《へいしゃ》を以《もっ》てせざりしは、管仲《かんちゅう》の力《ちから》なり。其《そ》の仁《じん》に如《し》かんや、其《そ》の仁《じん》に如《し》かんや、と。

子路曰、桓公殺公子糾。召忽死之、管仲不死。曰、未仁乎。子曰、桓公九合諸侯、不以兵車、管仲之力也。如其仁、如其仁。

子路（由）が言うには、「斉国の桓公が、弟の公子糾を殺した時、召忽は殉死しましたが、管仲は殉死しませんでした」「ですから、まだ仁者とは言えませんね」と。孔先生がおっしゃるには、「桓公は、諸侯を集めてまとめ上げる際に、武力によらずに済んだのは、管仲の功績である。殉死しなかったからと言って、いったい誰がその仁に及ぼうか、誰がその仁に及ぼうか」と。

別解 ①「九たび諸侯を合するに、」「九回、諸侯と会合し、」【義疏】

350

子貢《しこう》曰《い》はく、管仲《かんちゅう》は仁者《じんしゃ》に非《あら》ざるか、桓公《かんこう》公子糾《こうしきゅう》を殺《ころ》すに、死《し》すること能《あた》はず。又之《またこれ》を相《たす》く、と。子《し》曰《い》はく、管《かん》仲《ちゅう》桓公《かんこう》を相《たす》けて、諸侯《しょこう》に覇《は》たらしめ、天下《てんか》を一匡《いっきょう》す。民《たみ》

子貢曰、管仲非仁者與、桓公殺公子糾、不能死。又相之。子曰、管仲相桓公、霸諸侯、一匡天下。民

今《いま》に到《いた》るまで其《そ》の賜《し》を受《う》く。管仲《かんちゅう》微《な》かりせば、吾《われ》其《そ》れ被髪左衽《ひはつさじん》せん。豈《あ》に匹夫匹婦《ひっぷひっぷ》の諒《まこと》を為《な》すや、自《みずか》ら溝瀆《こうとく》に経《くび》れて、之《これ》を知《し》ること莫《な》きが若《ごと》くならんや、と。

到于今受其賜。微管仲、吾其被髪左衽矣。豈若匹夫匹婦之爲諒也、自經於溝瀆、而莫之知也。

子貢が言うには、「管仲は仁者でないのではありませんか。斉国の桓公が、弟の公子糾を殺した時、管仲は殉死もできませんでした。その上、仇の桓公の補佐役となりました」と。孔先生がおっしゃるには、「管仲は桓公を補佐して、諸侯に覇者として君臨させ、天下を秩序立ててまとめ上げ、民衆は今日までもその恩恵を受けている。もし、管仲がいなかったら、(天下は異民族に支配され)私は髪も結ばず、衣を左前にするはめになっただろう。どうして、一介の男女がつまらない義理立てをしようか。ドブの中に自分で首をくくり、誰も知らないまま死ぬようなまねを、管仲がしようか」と。

【別解】①当時、民は極限まで塗炭の苦しみを受けていた。その時に、管仲を得て、中国の民でいることができた。管仲を得ることができなかったら、夷狄の民となっていた。【仁斎】②孔先生が管仲を評価したのは仁だからである。【徂徠】

351

公叔文子《こうしゅくぶんし》の臣《しん》の大夫《たいふ》僎《せん》 文子《ぶんし》と同《おな》じく諸公《しょこう》に升《のぼ》る。子之《しこれ》を聞《き》きて曰《い》はく、以《もっ》て文《ぶん》と爲《な》すべし、と。

公叔文子之臣大夫僎與文子同升諸公。子聞之曰、可以爲文矣。

衛国の公叔文子の家臣の僎は、文子と同じく、（彼を推薦して）朝廷の臣下に昇進させてもらった。孔先生がこれを聞いておっしゃるには「文という美名に値する人だ」と。

別解 ①「諸《これ》を公に升す。」［大夫に取り立てられた。］【義疏】②「以て文と爲すべし。」［「文」と諡《おくりな》するのにふさわしい。］【集解・義疏】③「文」の諡は舜や文王のような聖人こそふさわしい。家臣を推薦したという一事で立派な諡を得たのは、謙虚に賢人を推薦することが、いかに美徳であるか分かる。【仁斎】④「文」は道の別名である。諡で文よりも大きいものはない。【徂徠】

352

子《し》衛《えい》の靈公《れいこう》の無道《むどう》を言《い》ふ。康子《こうし》曰《い》はく、夫《そ》れ是《かく》の如《ごと》くんば、奚《なん》ぞ喪《ほろ》びざる、と。孔子《こうし》曰《い》はく、仲叔圉《ちゅうしゅくぎょ》は賓客《ひんかく》を治《おさ》め、祝鮀《しゅくだ》は宗廟《そうびょう》を治《おさ》め、王孫賈《おうそんか》は軍旅《ぐんりょ》を治《おさ》む。夫《そ》れ是《かく》の如《ごと》くんば、奚《なん》ぞ其《そ》れ喪《ほろ》びん、と。

子言衛靈公之無道也。康子曰、夫如是、奚而不喪。孔子曰、仲叔圉治賓客、祝鮀治宗廟、王孫賈治軍旅。夫如是、奚其喪。

孔先生が衛国の霊公の無道ぶりについてお話になった。季康子が言うには、「それほどに無道なのに、どうして失脚しないのでしょうか」と。孔先生がおっしゃるには、「衛国の家臣たちで、仲叔圉（孔文子）は外交を治め、祝鮀は宗廟の祭祀を治め、王孫賈は軍事を治めています。まあ、このように人材を登用しているので、どうして失脚しましょうか」と。

【別解】①本章は国を統治する者は、よく人の長所を用い、その用途に当てはめることを示した。【仁斎】②後世の人を用いることは一つの過失があれば長所を捨て去り、あるいは用いても能力を発揮させない。これこそが天下・国家が滅亡を免れない理由である。【仁斎】

353

子曰《しい》はく、其《そ》の之《これ》を言《い》ふこと怍《は》ぢずんば、則《すなわ》ち之《これ》を爲《な》すや難《かた》し、と。

子曰、其言之不怍、則爲之也難。

孔先生がおっしゃるには、「大言して恥ずかしく思わないようならば、（必ず成し遂げる意志も、正否の見通しも初めからないのだから）それを実行するのは難しい」と。

【別解】①「其の言《げん》の怍ぢざるは、則ち之を爲すこと難し。」「言葉を恥ずかしそうには言えるということは、（心の内にまことがあるからであるが、たいへん）実行するのは難しい。」【集解・義疏・仁斎】

陳成子《ちんせいし》簡公《かんこう》を弑《しい》す。孔子《こうし》沐浴《もくよく》して朝《ちょう》し、哀公《あいこう》に告《つ》げて曰《い》はく、陳恆《ちんこう》其《そ》の君《きみ》を弑《しい》せり。請《こ》ふ之《これ》を討《う》たん、と。公曰《こうい》はく、夫《か》の三子《さんし》に告《つ》げよ、と。孔子曰《こうしい》はく、吾《われ》大夫《たいふ》の後《しりえ》に従《したが》ふを以《もつ》て、敢《あえ》て告《つ》げずんばあらざるなり。君曰《きみい》はく、夫《か》の三子者《さんししゃ》に告《つ》げよ、と。三子《さんし》に之《ゆ》きて告《つ》ぐ。可《き》かず。孔子曰《こうしい》はく、吾《われ》大夫《たいふ》の後《しりえ》に従《したが》ふを以《もつ》て、敢《あえ》て告《つ》げずんばあらざるなり、と。

三〇〇

陳成子弑簡公。孔子沐浴而朝、告於哀公曰、陳恆弑其君。請討之。公曰、告夫三子。孔子曰、以吾從大夫之後、不敢不告也。君曰、告夫三子者。之三子告。不可。孔子曰、以吾從大夫之後、不敢不告也。

斉国の大夫の陳成子が、主君の簡公を非道にも殺した。（天も許さぬこの一大事に）孔先生は（引退してはいたが）、髪を洗い身を清めてから、魯国の朝廷に参内し、哀公に申し上げるには、「陳恒がその主君を殺害いたしました。どうか、討伐なさいませ」と。哀公がおっしゃるには「あの三人（孟孫・叔孫・季孫）に言ってみなさい」と。（御前を退出してから）孔先生がおっしゃるには、「私は大夫の末席をけがしていればこそ、止むにやまれず申し上げたのだ。しかし、我が君は（三人に命じるのではなく、私から）『あの三人に言ってみなさい』と仰せられた」と。そして三人のもとに出向いて話したが、言うことをきかなかった。孔先生がおっしゃるには、「私は大夫の末席をけがしていればこそ、（だめだとわかっていても）止むにやまれず告げたのだ」と。

355

子路《しろ》君《きみ》に事《つか》ふることを問《と》ふ。子曰《しい》はく、欺《あざむ》くこと勿《な》かれ。而《しか》して之《これ》を犯《おか》せ、と。

子路問事君。子曰、勿欺也。而犯之。

子路（由）が主君に仕える事に関してお尋ねした。孔先生がおっしゃるには、「欺いてはならない。そうしてから、うとまれようと面と向かって諫めなさい」と。

【別解】①「欺くこと勿かれ。」「（主君を）侮ってはいけない。」【徂徠】②「而して之を犯せ。」「主君が嫌な顔をしても、諫めなさい。」【集解・義疏】

356

子曰《しい》はく、君子《くんし》は上達《じょうたつ》す。小人《しょうじん》は下達《かたつ》す、と。

子曰、君子上達。小人下達。

孔先生がおっしゃるには、「君子は日に日に高潔になってゆくが、小人は日に日に下劣になってゆく」と。

【別解】①「君子は上達す。小人は下達す。」（1）「君子は根本に通じ、小人は末節に通じる。」【集解】（2）「君子は仁義に通じ、小人は財利に通じる。」【義疏】（3）「君子は道徳や仁義に通じ、小人は世間のつまらないならわしに通じる。」【仁斎】（4）「君子は礼によって君主に通じ、小人が礼がないために君主に私通する。」【徂徠】②本章は「君子は義に喩り、小人は利に喩る」（里仁第四・82）の意味と似ている。【仁斎】

357

子曰《しい》はく、古《いにしえ》の學者《がくしゃ》は己《おのれ》の爲《ため》にし、今《いま》の學者《がくしゃ》は人《ひと》の爲《ため》にす、と。

子曰、古之學者爲己、今之學者爲人。

孔先生がおっしゃるには、「昔の学生は自分の修養のために学んだが、今の学生は人に認められたいがために学ぶ」と。

別解 ①「古の學者」から「人の爲にす」まで「君子は徳を育むために詩書礼楽を学んだが、小人は人のために口で言うだけである。」【徂徠】②今の世の学問は自分に足りないものを補おうとはせず、人よりも勝ることを考えている。【義疏】

358

蘧伯玉《きょはくぎょく》 人《ひと》を孔子《こうし》に使《つか》はす。孔子《こうし》之《これ》と坐《ざ》を與《とも》にして問《と》ふ。曰《い》はく、夫子《ふうし》何《なに》をか爲《な》す、と。對《こた》へて曰《い》はく、夫子《ふうし》は其《そ》の過《あやま》ちを寡《すくな》くせんことを欲《ほっ》するも、未《いま》だ能《あた》はざるなり、と。使者《ししゃ》出《い》づ。子曰《しい》はく、使《つか》ひなるかな、使《つか》ひなるかな、と。

蘧伯玉使人於孔子。孔子與之坐而問焉。曰、夫子何爲。對曰、夫子欲寡其過、而未能也。使者出。子曰、使乎、使乎。

衛国の大夫の蘧伯玉が、孔先生のもとへ使いの者をよこした。孔先生は（伯玉への敬意をこめて）座をともにして、お尋ねになるには「あの方はどうしていらっしゃいますか」と。使者がお答え申し上げるには「あのお方はご自分の過ちを少なくしようと心から願っておられますが、まだ思いどおりにはなりません」と。使者が退出した。孔先生がおっしゃるには、「りっぱな使いだね、りっぱな使いだねえ」と。

【別解】①「之に坐を與《あた》へて問ふ、」「使者に敷物を与えて座らせて質問した、」【義疏・仁斎・徂徠】②道が無窮があることを理解することができて、その後、過ちがないことは不可能であることが分かる。【仁斎】

359

子曰《しい》はく、其《そ》の位《くらい》に在《あ》らずんば、其《そ》の政《まつりごと》を謀《はか》らず、と。

孔先生がおっしゃるには、「その地位にいなければ、その職務に口を挟まない」と。

【別解】①泰伯第八・198に重出。②次章と合わせて一章とする。【集解・義疏】

子曰、不在其位、不謀其政。

360

曾子《そうし》曰《い》はく、君子《くんし》は思《おも》ふこと其《そ》の位《くらい》を出《い》でず、と。

曽先生が言うには「君子は思慮が、尽すべき職分を越えない」と。

曾子曰、君子思不出其位。

別解 ①本来の地位と職責以外を求めないということである。【義疏袁氏】②前章は政治を計画するもののために言い、本章は君子が普段において心がけることを言った。【仁斎】

361

子曰《しい》はく、君子《くんし》は其《そ》の言《げん》の其《そ》の行《おこな》ひに過《す》ぐることを恥《は》づ、と。

子曰、君子恥其言而過其行。

孔先生がおっしゃるには、「君子は自分の言葉が、自分の行いより過大になることを恥と思う」と。

別解 ①「其の言ひて其の行ひに過ぐることを恥づ。」(1)「発言しても行動が発言通りにならないことを恥とする。」【集解・仁斎】(2)「自分の言葉に恥じて、そのために行動を言葉以上にする。」【徂徠】②経文を「其の言の其の行ひに過ぐるを恥づ。」(「発言が行動以上になることを恥じとする。」)に作る。【義疏】

362

子曰《しい》はく、君子《くんし》の道《みち》とする者三《ものさん》。我《わ》れ能《よ》くすること無《な》し。仁者《じんしゃ》は憂《うれ》へず、知者《ちしゃ》は惑《まど》はず、勇者《ゆうしゃ》は懼《おそ》れず、と。子貢曰《しこうい》はく、夫子自《ふうしみずか》ら道《い》ふなり、と。

子曰、君子道者三。我無能焉。仁者不憂、知者不惑、勇者不懼。子貢曰、夫子自道也。

孔先生がおっしゃるには、「君子の道とは三つある。私にはそのどれもが何としてもできていないが。仁なる人はくよくよしない。知ある人は迷わない。勇ある人は恐れない。」と。子貢が言うには、「先生はご自身のことを謙遜しておっしゃったのだ」と。

【別解】①「夫子自ら道ふなり。」「孔先生は、(この三事を)そのまま身につけていた。」【仁斎】②「夫子 自ら道《よ》る。」「孔先生は(この三事に)依拠していた。」【徂徠】③「仁者」からは「懼れず」は、子罕第九・233にやや順序をかえて重出。④本章は君子が徳を完成させるための要点を挙げ、学ぶ者を励ました。【仁斎】

363

子貢方人。子曰、賜也賢乎哉。夫我則不暇。

子貢《しこう》人《ひと》を方《くら》ぶ。子曰《しい》はく、賜《し》や賢《けん》なるかな。夫《そ》れ我《われ》は則《すなわ》ち暇《いとま》あらず、と。

子貢(賜)は人の優劣ばかり批評した。孔先生がおっしゃるには、「賜(子貢)はよほど賢いんだなあ。さて私は(自分を磨くことで精一杯で)、他人の事など気にかける暇も無いが」と。

【別解】①経文を「人を謗《そし》る。」(「人を批判した。」)に作る。【釈文鄭玄本】②経文を「賜や我より賢なるかな。」(「賜は私より賢いんだなあ。」)に作る。【義疏】③孔先生は子貢が自分のことを賢知と見なしていたため制止した。【徂徠】④好んで人物を批評すると自分の修養はおろそかになる。【仁斎】

364

子曰《しい》はく、人《ひと》の己《おのれ》を知《し》らざるを患《うれ》へず。其《そ》の能《よ》くせざることを患《うれ》ふるなり、と。

子曰、不患人之不己知。患其不能也。

孔先生がおっしゃるには、「他人が自分を理解してくれないことを気にかけない。自分が何としてもできないことを気にかけて修養する」と。

【別解】①経文を「己の能を無きを患ふるなり。」に作る。（1）「自分の才能がないことを心配するのだ。」【義疏】
（2）「自分に徳がないことを心配するのだ。」【義疏王弼】

365

子曰《しい》はく、詐《いつわ》りを逆《むか》へず、不信《ふしん》を億《はか》らず。抑《そもそ》も亦《ま》た先《ま》づ覺《さと》る者《もの》は、是《こ》れ賢《けん》か、と。

子曰、不逆詐、不億不信。抑亦先覺者、是賢乎。

孔先生がおっしゃるには、「あざむかれはしないかと、はなから疑ってかかったり、自分が疑われはしないかと、臆測をめぐらしたりしない。さてそうであっても、いち早く気づくというのは、これは賢いね」と。

【別解】①「詐りを逆へず、不信を億らず。」は古語である。いち早く気づく者を賢いとする者を戒めた。【徂徠】
②「是れ賢か。」「これは賢いだろうか。いや賢くない。」【集解・義疏・徂徠】

366

微生畝《びせいほ》 孔子《こうし》に謂《い》ひて曰《い》はく、丘《きゅう》 何《なん》ぞ是《こ》の栖栖《せいせい》たる者《もの》を爲《な》すか。乃《すなわ》ち佞《ねい》を爲《な》すこと無《な》からんや、と。孔子《こうし》曰《い》はく、敢《あえ》て佞《ねい》を爲《な》すに非《あら》ざるなり。固《こ》を疾《にく》めばなり、と。

微生畝謂孔子曰、丘何爲是栖栖者與。無乃爲佞乎。孔子曰、非敢爲佞也。疾固也。

隠者の微生畝が孔先生に言うには、「(孔)丘よ、どうしてそんなに(遊説して諸国の君主を)慕い悩むようなのか。口先で君主に取り入ろうとしていません。頑迷な考えを憎悪するからです」と。孔先生がおっしゃるには、「決して口先で君主に取り入ることになりはしないか」と。

別解 ①「固を疾めばなり。」(1)「世の中が固陋であるのを憎悪するからです。」【集解・義疏】(2)「(私自身が)一説に固執するのを懸念します。」【徂徠】②微生畝は何者か不明だが孔先生と同郷の老先生であろう。【徂徠】

367

子《し》曰《い》はく、驥《き》は其《そ》の力《ちから》を稱《しょう》せず、其《そ》の徳《とく》を稱《しょう》するなり、と。

子曰、驥不稱其力、稱其徳也。

孔先生がおっしゃるには、「名馬の驥は、その走力がたたえられたのではない。順良で人によくなつく性質がたたえられたのだ」と。

【別解】①当時は徳を軽んじ力を重んじていた。そのため孔先生はこのように述べた。【義疏】②本章は、『詩経』の六義では「比」（比喩）のようなものだ。【仁斎】

368

或《ある》ひと曰《い》はく、徳《とく》を以《もっ》て怨《うらみ》に報《むく》いば、何如《いかん》、と。子曰《しい》はく、何《なに》を以《もっ》て徳《とく》に報《むく》いん。直《ちょく》を以《もっ》て怨《うらみ》に報《むく》い、徳《とく》を以《もっ》て徳《とく》に報《むく》いん、と。

或曰、以徳報怨、何如。子曰、何以報徳。以直報怨、以徳報徳。

ある人が尋ねて申し上げるには、「恩恵を与えることで、（相手から受けた）恨むべき行いに対して応じたら、どうでしょうか」と。孔先生がおっしゃるには、「そんなことをしたら、相手から恩恵を受けたら、何で応えたらいいのですか。公平無私な態度で怨みには応じ、恩恵を受けた時こそ恩恵で応えるものです」と。

【別解】①「直を以て怨に報い、」（1）「（相手に対し、）無関心で、心を用いないことである。」【仁斎】（2）怨むべきときは怨み、怨むべきではないときは怨まないという意味である。【徂徠】②「徳を以て徳に報いん」とは、善であれば揚げ、不善であれば隠すようにすることである。【仁斎】③「徳を以て怨に報い」るならば義を害することになり、行ってはならない。「怨を以て徳に報い」るなら、仁を損なうことなり、これも行ってはならない。本章の孔先生のようにして、仁義を両方とも尽くすことができる。【仁斎】

369

子《し》曰《い》はく、我《われ》を知《し》る莫《な》きかな、と。子《し》貢《こう》曰《い》はく、何《なん》為《す》れぞ其《そ》れ子《し》を知《し》ること莫《な》からんや、と。子《し》曰《い》はく、天《てん》を怨《うら》みず、人《ひと》を尤《とが》めず。下《げ》學《がく》して上《じょう》達《たつ》す。我《われ》を知《し》る者《もの》は其《そ》れ天《てん》か、と。

子曰、莫我知也夫。子貢曰、何爲其莫知子也。子曰、不怨天、不尤人。下學而上達。知我者其天乎。

孔先生が（溜め息混じりに）おっしゃるには、「私を理解してくれる人はいないのだなあ」と。子貢（賜）が（不審に思って）言うには、「どうして先生ほどの方を理解する者がいないのでしょうか」と。孔先生がおっしゃるには、「私は、不運を天のせいにして怨まない、私を用いようとしない人をとがめない。平凡で身近なところから学び始めて、少しずつ高遠な境地に至ろうとしているのだ。（だから目立とうとして人の気を惹かないから）こうした私を理解してくれるのは、まあ、天だろうね」と。

別解 ①「我を知る莫きかな。」［私を登用してくれる君主はいないのだなあ。］【徂徠】②「人を尤《せ》めず。」［人を責めない。］【義疏】③「下學して上達す。」（１）［人間関係から学び始めて、天命に到達するのだ。］【義疏】（２）［身近な人間関係から学び始めて、道徳の奥に到達するのだ。］【仁斎】（３）［今現在のことから学び始めて、先王の詩書礼楽を学び、先王の心に到達するのだ。］【徂徠】④天には心がない。そのため、天は人々の心を、その心とする。人々が正直であれば天は心から悦び、人々が誠実であれば天は信頼する。【仁斎】

公伯寮《こうはくりょう》子路《しろ》を李孫《りそん》に愬《うった》ふ。子服景伯《しふくけいはく》以《もっ》て告《つ》げて曰《い》はく、夫子《ふうし》固《もと》より公伯寮《こうはくりょう》に惑志《わくし》有《あ》り。吾《わ》が力《ちから》猶《な》ほ能《よ》く諸《これ》を市朝《しちょう》に肆《さら》さん、と。子《し》曰《い》はく、道《みち》の將《まさ》に行《おこな》はれんとするや、命《めい》なり。道《みち》の將《まさ》に廢《すた》れんとするや、命《めい》なり。公伯寮《こうはくりょう》其《そ》れ命《めい》を如何《いかん》せん、と。

三一〇

公伯寮愬子路於李孫。子服景伯以告曰、夫子固有惑志於公伯寮。吾力猶能肆諸市朝。子曰、道之將行也與、命也。道之將廢也與、命也。公伯寮其如命何。

公伯寮が、子路（由）の有りもしないことを、主人の季孫に言って陥れた。大夫の子服景伯がその卑劣なやり口を孔先生に告げて言うには、「季孫は以前から公伯寮の告げ口で、子路（由）を疑っています。私の力でも、あいつを殺して広場にさらし者にしてやれます」と。孔先生がおっしゃるには、「道義がこの世に行われるのも、天命です。道義が世に廃れるのも、天命です。公伯寮では、その天命までをもどうにもできない（天命に任せればよい）のです」と。

別解　①「子路を李孫に愬《そし》る。」「子路のことを主人の季孫に中傷した。」【義疏・集解】②「夫子固に惑志有り。公伯寮に於いては、吾が力猶ほ能く諸を市朝に肆さん。」「季孫は以前から公伯寮の言葉に惑わされています。公伯寮だったら、私の力でも、あいつを殺して市場や朝廷に、その死体をさらし者にしてやります。」【集解・義疏】③孔先生はできごとに対し、天命を言うこともあるし、天命を言わないこともある。道の興廃や世の治乱については必ず天命を言った。それらを決めるのは天であり、人ではないからであろう。【仁斎】

371

子曰《しい》はく、賢者《けんじゃ》は世《よ》を辟《さ》く。其《そ》の次《つぎ》は地《ち》を辟《さ》く。其《そ》の次《つぎ》は色《いろ》を辟《さ》く。其《そ》の次《つぎ》は言《げん》を辟《さ》く、と。

子曰、賢者辟世。其次辟地。其次辟色。其次辟言。

孔先生がおっしゃるには、「賢者は乱れた世を避けて、出仕しない。それに次ぐ人は、乱れた土地を避けて、他国へ行く。それに次ぐ人は、主君が敬意を表さなければ、避けて出仕しない。それに次ぐ人は、（自分の意見が）主君の言葉と合わなければ避けて出仕しない。」と。

別解 ①次章と併せて一章とする。【集解・義疏】②君子が仕官するのは、学んだものを実行しようとするからである。しかし、（自分と）合致しないことがあれば、志を曲げて、禍を招きよせることはない。【仁斎】

372

子曰《しい》はく、作《た》つ者七人《ものしちにん》、と。

子曰、作者七人矣。

孔先生がおっしゃるには、「自分から思い立って隠遁した者は、七人いる」と。

別解 ①「作す者七人。」（1）［隠遁したものは十人いた。］七を十の誤りとする。【義疏鄭玄】（2）この下には、七人が書かれていたが失われた。【仁斎】②「作者七人《さくしゃ》。」［制作した人は堯・舜・禹・湯・文・武・周公の七人である。］【徂徠・劉敞】

373

子路《しろ》石門《せきもん》に宿《しゅく》す。晨門《しんもん》曰《い》はく、奚《いず》れ自《よ》りす、と。子路《しろ》曰《い》はく、孔氏《こうし》自《よ》りす、と。曰《い》はく、是《こ》れ其《そ》の不可《ふか》なるを知《し》りて、之《これ》を爲《な》す者《もの》か、と。

子路宿於石門。晨門曰、奚自。子路曰、自孔氏。曰、是知其不可、而爲之者與。

子路（由）が石門という地で泊まった。そこの門番が言うには、「どこから来たのか」と。子路（由）が言うには、「孔家のもとからだ」と。（門番が）言うには、「（世に道が行われることなど）出来っこないとわかっていながら、無駄な努力をしているお方だな」と。

別解 ①「是れ其の不可なるを知りて、之を爲す者か。」「難しいと知りつつ、努力し続けるお方だ。」【徂徠】

374

子《し》磬《けい》を衞《えい》に撃《う》つ。蕢《き》を荷《にな》ひて孔氏《こうし》の門《もん》を過《す》ぐる者《もの》有《あ》り。曰《い》はく、心《こころ》有《あ》るかな。磬《けい》を撃《う》つや、と。既《すで》にして曰《い》はく、鄙《ひ》なるかな、硜硜乎《こうこうこ》たり。己《おのれ》を知《し》ること莫《な》くんば斯《こ》れ已《や》まんのみ。深《ふか》ければ則《すなわ》ち厲《れい》し、淺《あさ》ければ則《すなわ》ち掲《けい》す、と。子《し》曰《い》はく、果《か》なるかな、之《こ》れ難《かた》きこと末《な》し、と。

子擊磬於衞。有荷蕢而過孔氏之門者。曰、有心哉。擊磬乎。既而曰、鄙哉、硜硜乎。莫己知也斯已而已矣。深則厲、淺則揭。子曰、果哉、末之難矣。

孔先生が衛国で、楽器の磬を打っていらした。もっこを担いで孔先生の家の門前を通り過ぎる者が言うには、「天下への志がこもっているなあ、磬を打つ音が」と。しばらくして言うには、「卑しい感じだなあ、こちこちで。自分を理解してくれる人がいなければ、やめるだけだ。（『詩経』邶風・匏有苦葉篇に）『川が深ければ衣を脱いで渉ればいいし、浅ければ裾をまくって渉ればいい』（と言うじゃないか）」と。孔先生がおっしゃるには、「思い切りがいいなあ。ただ、それはさほど難しい生き方ではない」と。

【別解】①「心有るかな。」「（心に）何か別のものがありそうだなあ。」【集解・義疏・徂徠】②経文を「己を知ること莫きなり、斯れ己《おのれ》のみ。」（「自分を理解してくれない気持ちがでている。自分を信じているだけだ。」）に作る。【集解・義疏】③「之れ難きこと末し。」「（私の志を理解せずに、批判するのは、）思い切りがいいなあ。（私の道を理解することは）難しいことではない。」【集解・義疏】

375

子《し》張《ちょう》曰《い》はく、書《しょ》に云《い》ふ、高宗諒陰《こうそうりょうあん》、三年《さんねん》言《ものい》はず、と。何《なん》の謂《い》ひぞや、と。子《し》曰《い》はく、何《なん》ぞ必《かなら》ずしも高宗《こうそう》のみならん。古《いにしえ》の人皆然《ひとみなしか》り。君薨《きみこう》ずれば、百官己《ひゃっかんおのれ》を總《す》べて、以《もっ》て冢宰《ちょうさい》に聴《き》くこと三年《さんねん》なり、と。

子張曰、書云、高宗諒陰、三年不言。何謂也。子曰、何必高宗。古之人皆然。君薨、百官總己、以聽於冢宰三年。

子張が言うには、『書（経）』に『殷の高宗が喪に服して、三年ものを言わなかった』とありますが、

どういう意味でしょうか」と。孔先生がおっしゃるには、「どうして高宗に限った行いだろうか。昔の人はみんなそうだったのだ。主君がお亡くなりになれば、すべての臣下は職務を取りまとめて、三年間は総理大臣の言葉に従って（お世継ぎはもの言わないまま喪に服して）いたのだ」と。

【別解】①「高宗諒《まこと》に陰《くちつぐ》みて、」〔殷の高宗が沈黙を守り、〕【集解・義疏】②「三年言はず。」〔政治に関しては三年もものを言わなかった。〕【仁斎】

376

子曰《しい》はく、上《かみ》禮《れい》を好《この》めば、則《すなわ》ち民《たみ》使《つか》ひ易《やす》し、と。

子曰、上好禮、則民易使也。

孔先生がおっしゃるには、「上に立つ者が礼を好むと（秩序が出来て）、民衆は使い易くなる」と。

【別解】①孔先生が人に教えたのは、徳・学・礼・義であり、必ず「好」の字を上につけた。【仁斎】

377

子路《しろ》君子《くんし》を問《と》ふ。子曰《しい》はく、己《おのれ》を脩《おさ》めて以《もっ》て敬《けい》す、と。曰《い》はく、斯《かく》の如《ごと》きのみか、と。曰《い》はく、己《おのれ》を脩《おさ》めて以《もっ》て人《ひと》を安《やす》んず、と。曰《い》はく、斯《かく》の如《ごと》きのみか、と。曰《い》はく、己《おのれ》を脩《おさ》

子路問君子。子曰、脩己以敬。曰、如斯而已乎。曰、脩己以安人。曰、如斯而已

めて以《もっ》て百姓《ひゃくせい》を安《やす》んず。己《おのれ》を脩《おさ》めて以《もっ》て百姓《ひゃくせい》を安《やす》んずるは、堯《ぎょう》・舜《しゅん》も其《そ》れ猶《な》ほ諸《これ》を病《や》めり、と。

乎。曰、脩己以安百姓。脩己以安百姓、堯・舜其猶病諸。

子路（由）が君子に関して質問した。孔先生がおっしゃるには、「自分を磨くことに専心することだ」と。（子路が）申し上げるには、「そうするだけですか」と。（孔先生が）おっしゃるには、「自分を磨いて他人をも安らかにすることだ」と。（子路が）申し上げるには、「そうするだけですか」と。（孔先生が）おっしゃるには、「自分を磨いてすべての人を安らかにすることだ。これは聖人の堯・舜でも苦悩されたことだ」と。

別解 ①「以て敬す。」（1）「民の生活を重んじる。」【仁斎】（2）「天を重んじる。」【徂徠】②「堯・舜も其れ猶ほ諸を病《かたし》とす。」「堯・舜でも困難に感じたことだ。」【集解・義疏】

378

原壌《げんじょう》夷《い》して俟《ま》つ。子《し》曰《い》はく、幼《よう》にして孫弟《そんてい》ならず、長《ちょう》じて述《ほ》めらるる無《な》く、老《お》いて死《し》せず。是《これ》を賊《ぞく》と為《な》す、と。杖《つえ》を以《もっ》て其《そ》の脛《けい》を叩《たた》く。

原壌夷俟。子曰、幼而不孫弟、長而無述焉、老而不死。是爲賊。以杖叩其脛。

原壌がうずくまって、孔先生を待っていた。孔先生がおっしゃるには、「こどもの時から生意気で、おと

なになってもこれといった評判も立たず、年かさになるばかりで死にもしない。お前こそ世の害悪だ」と。（そしてついておられた）杖で原壌の脛を小突かれ（行儀悪い姿勢を正され）た。

【別解】①原壌は方外（俗世間の外）の聖人であり、孔先生は方内（世間の内）の聖人である。【義疏】②孔先生は古くからの馴染みの人でも欠点を咎め、大目に見ることはなかった。【仁斎】③孔先生と原壌は古くからの馴染みであり、その脛を小突いたのは戯れである。【徂徠】

379

闕黨《けっとう》の童子《どうし》命《めい》を將《おこな》ふ。或《ある》ひと之《これ》を問《と》ひて曰《い》はく、益《えき》する者《もの》か、と。子《し》曰《い》はく、吾《われ》其《そ》の位《くらい》に居《お》るを見《み》る。其《そ》の先生《せんせい》と竝《なら》び行《ゆ》くを見《み》る。益《えき》を求《もと》むる者《もの》に非《あら》ざるなり。速《すみや》かに成《な》らんことを欲《ほっ》する者《もの》なり、と。

闕黨童子將命。或問之曰、益者與。子曰、吾見其居於位也。見其與先生竝行也。非求益者也。欲速成者也。

闕という村の少年が、孔先生の家で（難しいはずの）来客の取り次ぎをしていた。ある人が質問して言うには、「学問が進んだ少年なのですか」と。孔先生がおっしゃるには、「私はあの者が、大人が居るべき所にいたのが目に入った。あの者が、先輩と肩を並べて歩いているのも目に入った。学問の進展を望む者の取る態度ではありませんね。早く一人前になりたい（と背伸びする）者ですね（だから、礼儀の矢面にさらされる取り次ぎをわざとさせて、鍛えようとしているのです）」と。

【別解】①「益者《えきしや》か。」(友とするのに)有益な人ですか。」【徂徠】②童子が来客の取り次ぎをするのは『礼記』に見えるように、いにしえの道である。ある人が問題としたのは、取り次ぎ係りをしたことではなく、童子が大人が居るべき所にいたり、先輩と肩を並べて歩いたことである。このことを友として扱ったのか孔先生に質問したのである。【徂徠】③原壌には厳しく教え、童子には寛大に教えたのは、聖人の道には温情も厳格も並んで行われ、一つに拘束されることがなかったのであろう。378と379とを並べたのは、『論語』の編者の微意である。【仁斎】④孔先生の童子に対する態度は寛大過ぎるように見える。しかし、孔先生が人を教える場合は教え導くことを務めとし、束縛することを務めとしない。【仁斎】

衛靈公第十五

凡四十一章。

凡べて四十一章。

全四十一章。

三一〇

衛《えい》の靈公《れいこう》陳《じん》を孔子《こうし》に問《と》ふ。孔子《こうし》對《こた》へて曰《い》はく、俎豆《そとう》の事《こと》は、則《すなわ》ち嘗《かつ》て之《これ》を聞《き》けり。軍旅《ぐんりょ》の事《こと》は、未《いま》だ之《これ》を學《まな》ばざるなり、と。明日《めいじつ》遂《つい》に行《さ》る。陳《ちん》に在《あ》りて糧《りょう》を絶《た》つ。從者《じゅうしゃ》病《や》みて、能《よ》く興《た》つ莫《な》し。子路《しろ》慍《うら》みて見《まみ》えて曰《い》はく、君子《くんし》も亦《ま》た窮《きゅう》すること有《あ》るか、と。子《し》曰《い》はく、君子《くんし》固《もと》より窮《きゅう》す。小《しょう》人《じん》窮《きゅう》すれば斯《ここ》に濫《らん》す、と。

衛靈公問陳於孔子。孔子對曰、俎豆之事、則嘗聞之矣。軍旅之事、未之學也。明日遂行。在陳絶糧。從者病、莫能興。子路慍見曰、君子亦有窮乎。子曰、君子固窮。小人窮斯濫矣。

衛国の霊公が、軍隊の編成について孔先生にお尋ねになった。孔先生がお答え申し上げるには、「祭りのお供えの配列ならば、以前から聞き及んでおりますが、軍隊の編成は、まだ学んでおりません」と。そこで（こんな諮問をする君主には仕えられないと）その翌日に衛国を立ち去った。そして陳国に向かう途中で、陳の大夫のために包囲されて、食糧が無くなってしまった。付き従ってきた門人たちは、飢え疲れて立ち上がることもできなくなった。子路（由）は、孔先生のような方をこんな目に遭わせた怒りを含んで言うには、「先生のような人格者でも、苦しめられるはめになるのですか」と。孔先生がおっしゃるには、「人格者に苦難はつきものだ。ただ、小人は苦難に遭うと、何でもしでかすものだ」と。

【別解】①「俎豆の事は、」「礼儀による会合ならば、」【徂徠】②「子路慍《うん》す。見《あらわ》れて曰はく、」「子路は気がふさぎこんだ。（孔先生の前に）あらわれて言うことには、」【徂徠】③「君子固より窮す。」「君子だって当然、困窮する。」

381

子曰《しい》はく、賜《し》や、女《なんじ》予《よ》を以《もっ》て多《おお》く學《まな》びて之《これ》を識《し》る者《もの》と爲《な》すか、と。對《こた》へて曰《い》はく、然《しか》り。非《ひ》なるか、と。曰《い》はく、非《ひ》なり。予《よ》は一以《いつもっ》て之《これ》を貫《つらぬ》く、と。

子曰、賜也、女以予爲多學而識之者與。對曰、然。非與。曰、非也。予一以貫之。

孔先生がおっしゃるには、「賜（子貢）よ。おまえは、私が多く学んで、それを細々と記憶するだけと思うのか」と。子貢がお答え申し上げるには、「その通りです。違いますか」と。孔先生がおっしゃるには、「違うよ。わたしは（それらの断片的な知識を）一つの原理ですべてを貫いているのだ」と。

別解 ①「予は一以て之を貫《うが》つ。」「わたしは一つの原理で貫き通しているのだ。」【義疏】②「然り。非なるか。」「はい。そうでしょうか。」これは師に対する礼で、定まった答え方である。【徂徠】

382

子曰《しい》はく、由《ゆう》徳《とく》を知《し》る者《もの》は鮮《すくな》し、と。

子曰、由知德者鮮矣。

孔先生がおっしゃるには、「由（子路）よ。徳を本当に理解する者は、ほとんどいないね」と。

別解 ①「徳を知る者は鮮し。」「徳のある人を知る人は、ほとんどいないね。」【徂徠】②子路が「君子も亦た窮すること有るか。」（380参照）と述べたので、孔先生はこのように答えた。【集解】

383

子《し》曰《い》はく、無《む》爲《い》にして治《おさ》まる者《もの》は、其《そ》れ舜《しゅん》か。夫《そ》れ何《なに》をか爲《な》すや。己《おのれ》を恭《うやうや》しくし、正《ただ》しく南面《なんめん》するのみ、と。

子曰、無爲而治者、其舜也與。夫何爲哉。恭己、正南面而已矣。

孔先生がおっしゃるには、「自分では何もしないでも、その人徳に感化されて天下が治まったのは、さて、舜ではなかろうか。ではいったい何をなさっただろうか。ご自身を慎しまれ、南に向かって（天子の座について）おられただけだったのだ」と。

別解 ①「無爲にして治まる者は、」（1）「（堯から禅譲され、舜に禅譲し、その授受に人を得たため、）自分では何もせず、」【義疏】（2）「（多くの人材を得て、そのため）自分では何もせず、」【徂徠】②ここで舜を褒めているのは、事蹟は多いが、作為の跡は見えないからである。【仁斎】

384

子《し》張《ちょう》行《おこな》はれんことを問《と》ふ。子《し》曰《い》はく、言《げん》は忠信《ちゅうしん》、行《こう》は篤《とく》敬《けい》ならば、蠻貊《ばんぱく》の邦《くに》と雖《いえ》ども行《おこな》はれん。言《げん》忠信《ちゅうしん》ならず、

子張問行。子曰、言忠信、行篤敬、雖蠻貊之邦行矣。言不忠

行《おこな》ひ篤敬《とくけい》ならずんば、州里《しゅうり》と雖《いえ》ども行《おこな》はれんや。立《た》てば則《すなわ》ち其《そ》の前《まえ》に參《まじ》はるを見《み》るなり。輿《よ》に在《あ》れば則《すなわ》ち其《そ》の衡《こう》に倚《よ》るを見《み》るなり。夫《そ》れ然《しか》る後《のち》に行《おこな》はれん、と。子張《しちょう》諸《これ》を紳《しん》に書《しょ》す。

信、行不篤敬、雖州里行乎哉。立則見其參於前也。在輿則見其倚於衡也。夫然後行。子張書諸紳。

子張（師）が、（順調で思うままに）物事が励行される秘訣を質問した。孔先生がおっしゃるには、「言葉にまごころと嘘がなく、行動にきまじめさと慎しみがあれば（人の心を動かすから）、野蛮な外国でさえも、物事は行われる。言葉にまごころも真実もなく、行動にまじめさも慎しみもなければ、たとえ我が国の町や村でさえも、行われようか。立てばそれら（忠信篤敬）が目の前に立ち現れ、車に乗ればそれらが車の横木に寄りかかるように見えるようになる。そうなって初めて、物事が思うままに行われるようになるだろう」と。子張は、この言葉を（忘れまいとして）広帯（巾広の帯）の端に書き留めた。

【別解】①「其の前に參然《さんぜん》たるを見るなり。」「目の前に満ちあふれて広がり、」【義疏】②「立てば則ち其の前に參はるを見るなり。」「立てば、そえ馬（驂）が目の前に現れ、」徂徠は古語とする。【徂徠・筆解】③忠信は学問の根本であり、篤敬は学問の素地である。【仁斎】

385

子《し》曰《い》はく、直《ちょく》なるかな史《し》魚《ぎょ》、邦《くに》道《みち》有《あ》れば矢《や》の如《ごと》く、邦《くに》道《みち》無《な》きも矢《や》の如《ごと》し。君子《くんし》なるかな蘧伯玉《きょはくぎょく》、邦《くに》道《みち》有《あ》れば則《すなわ》ち仕《つか》へ、邦《くに》道《みち》無《な》くんば則《すなわ》ち巻《ま》きて之《これ》を懐《ふところ》にすべし、と。

子曰、直哉史魚、邦有道如矢、邦無道如矢。君子哉蘧伯玉、邦有道則仕、邦無道則可巻而懐之。

孔先生がおっしゃるには、「真っ直ぐな人だなあ、史魚（鰌）は。国家に道が行われている時は、直言するさまは矢のようで、国家に道が行われていない時でも、直言して屈しないさまは矢のようだ。人格者だなあ、蘧伯玉は。国家に道が行われている時は出仕し、国家に道が行われていない時には、（自身の才能を）巻いてふところに隠しておける」と。

別解 ①「直なるかな史魚、」「正直な人だなあ、史魚は。」【義疏】②「巻きて之を懐にすべし。」（1）「時の政治に関わらず、従順にし、人にさからうことはない。」【集解】（2）「（道を）巻いてふところに隠しておける。」【徂徠】
③蘧伯玉の出処進退は聖人の教えに合致していた。【仁斎】

386

子《し》曰《い》はく、與《とも》に言《い》ふべくして、之《これ》と言《い》はずんば、人《ひと》を失《うしな》ふ。與《とも》に言《い》ふべからずして之《これ》と言《い》へば、言《げん》を失《うしな》ふ。知者《ちしゃ》は

子曰、可與言、而不與之言、失人。不可與言而與之言、失言。

人《ひと》を失《うしな》はず、亦《ま》た言《げん》を失《うしな》はず、と。

孔先生がおっしゃるには、「共に語らうに足る人物でありながら、語り合わないと、人を取り逃がしてしまう。語るに足らない人物でありながら、語り合えば、言葉を無駄にする。知恵ある人は、人を取り逃がしもせず、また言葉を無駄に使いもしない」と。

知者不失人、亦不失言。

387

子《し》曰《い》はく、志《し》士《し》仁《じん》人《じん》は、生《せい》を求《もと》めて以《もっ》て仁《じん》を害《がい》すること無《な》く、身《み》を殺《ころ》して以《もっ》て仁《じん》を成《な》すこと有《あ》り、と。

子曰、志士仁人、無求生以害仁、有殺身以成仁。

孔先生がおっしゃるには、「仁に志す人と仁を成し得た人とは、（死すべき時に）生きのびようとして、人間性をそこなうようなことはしない。むしろ自分の命を犠牲にしてでも仁徳を成し遂げることがあるのだ」と。

【別解】①「志士仁人、」（1）「心に善志のある人とよく仁を実行する人とは、」【義疏】（2）龍逢（夏の桀王を諫めて殺された人物）や比干（殷の紂王を諫めて殺された人物）の徒である。【徂徠】

388

子《し》貢《こう》 仁《じん》を爲《な》さんことを問《と》ふ。子《し》曰《い》はく、工《こう》 其《そ》の事《こと》を善《よ》くせんと欲《ほっ》せば、必《かな》らず先《ま》づ其《そ》の器《き》を利《り》にす。是《こ》の邦《くに》に居《お》るや、其《そ》の大夫《たいふ》の賢者《けんじゃ》に事《つか》へ、其《そ》の士《し》の仁者《じんしゃ》を友《とも》とす、と。

子貢問爲仁。子曰、工欲善其事、必先利其器。居是邦也、事其大夫之賢者、友其士之仁者。

子貢が仁徳を及ぼす方法を質問した。孔先生がおっしゃるには、「職人が自分の仕事を上手に仕上げたいと思えば、必ず第一に道具を研ぎすますものだ。（それと同様に）ある国に居る時、その国の大夫の中で（鋭い道具のような）賢者に仕え、その国の士の中で（優れた道具のような）仁徳ある人を友とするのがよい」と。

【別解】①「仁を爲《たす》けんことを問ふ。」「仁を助ける方法を質問した。」【仁斎】②「仁を爲《おこな》はんことを問ふ。」「仁政を行う方法を質問した。」【徂徠】③「其の大夫の賢者に事へ、其の士の仁者を友とす。」は古語である。【徂徠】

389

顔淵《がんえん》 邦《くに》を爲《おさ》むることを問《と》ふ。子《し》曰《い》はく、夏《か》の時《とき》を行《おこな》ひ、殷《いん》の輅《ろ》に乘《の》り、周《しゅう》の冕《べん》を服《ふく》し、樂《がく》は則《すなわ》ち韶舞《しょうぶ》し、鄭聲《ていせい》を

顔淵問爲邦。子曰、行夏之時、乘殷之輅、服周之冕、樂則韶舞、

放《はな》ち、佞人《ねいじん》を遠《とお》ざけよ。鄭聲《ていせい》は淫《いん》にして、佞人《ねいじん》は殆《あやう》し、と。

放鄭聲、遠佞人。鄭聲淫、佞人殆。

顔淵が国を治める方法を質問した。孔先生がおっしゃるには、「夏王朝のこよみを使い、殷王朝の車に乗り、周王朝の冠をかぶる。音楽は韶の舞いだ。鄭国の奏楽を追放し、口先ばかりの者を遠ざけなさい。鄭国の音楽は淫らで（人の心を堕落させるし）、口先ばかりの人は国家を危くする者だからだ」と。

別解 ①「邦を爲むることを問ふ。」「国の制度や法律を創造する方法を質問した。」【仁斎】

390

子《し》曰《い》はく、人《ひと》遠《とお》き慮《おもんぱかり》無《な》くんば、必《かな》らず近《ちか》き憂《うれい》有《あ》り、と。

子曰、人無遠慮、必有近憂。

孔先生がおっしゃるには、「人に将来にわたる思慮がなければ、必ずすぐ傍らに災いがおこるものだ」と。

別解 ①この語は聖人の道を尽くしている。【徂徠】

391

子《し》曰《い》はく、已《やん》ぬるかな。吾《われ》未《いま》だ徳《とく》を好《この》むこと色《いろ》を好《この》むが如《ごと》くなる者《もの》を見《み》ざるなり、と。

子曰、已矣乎。吾未見好徳如好色者也。

孔先生がおっしゃるには、「もうあきらめようか、私は今までに人徳を慕う気持ちが、美人を好むほどの人を見たことがない」と。

別解　①子罕第九・222に殆ど同じく重出する。②「已ぬるかな。」（私を登用してくれる人はいない。）もうあきらめようか。」【徂徠】③重出であり、孔先生が再度教えたのだろうか。【義疏】

392

子曰《しい》はく、臧文仲《ぞうぶんちゅう》は其《そ》れ位《くらい》を竊《ぬす》む者《もの》か。柳下恵《りゅうかけい》の賢《けん》を知《し》りて、而《しか》も與《とも》に立《た》たざるなり、と。

子曰、臧文仲其竊位者與。知柳下恵之賢、而不與立也。

孔先生がおっしゃるには、「臧文仲はそれこそ地位をかすめ盗ったものだろうよ。柳下恵が賢者と知りながら、（君主に推挙して）一緒に国に仕えようとはしなかったからだ」と。

別解　①後世の官職につくものは本章を戒めとせよ。【仁斎】

393

子曰《しい》はく、躬自《みみずか》ら厚《あつ》くして、薄《うす》く人《ひと》を責《せ》むれば、則《すなわ》ち怨《うら》みに遠《とお》ざかる、と。

子曰、躬自厚、而薄責於人、則遠怨矣。

孔先生がおっしゃるには、「自分自身は深く厳しく責めて、他人は寛容に責めれば、他人をうらんだり、他人からうらまれることから遠く離れられる」と。

別解 ①自分を治めることに厚く、人を責めることに薄いのは、仁のある人の心がけである。【仁斎】

394

子曰《しい》はく、之《これ》を如何《いかん》せん、之《これ》を如何《いかん》せんと曰《い》はざる者《もの》は、吾之《われこれ》を如何《いかん》ともする末《な》きのみ、と。

子曰、不曰如之何、如之何者、吾末如之何也已矣。

孔先生がおっしゃるには、「(自分でも熟慮しつつ)『どうすればよいか、どうすればよいか』と言わない者は、私にはどうしようもないね」と。

別解 ①「之を如何せん、之を如何せんと曰はざる者は、」〔『どうでしょうか。どうでしょうか』と質問しない者は、〕【徂徠】

395

子曰《しい》はく、羣居終日《ぐんきょしゅうじつ》、言《げん》義《ぎ》に及《およ》ばず、好《この》んで小慧《しょうけい》を行《おこな》ふ。難《かた》いかな、と。

子曰、羣居終日、言不及義、好行小慧。難矣哉。

孔先生がおっしゃるには、「一日中群れ集っていても、話が道義に及ぶこともなく、小ざかしさに喜んでいるようなら、害がある」と。

【別解】①「羣居して、終日、言《い》へども義に及ばず。」〔群れ集まり、一日中、話していても道義に及ばない。〕【徂徠】②本章は当時の卿大夫に向けたものである。【徂徠】

396

子《し》曰《い》はく、君子《くんし》は義《ぎ》以《もっ》て質《しつ》と爲《な》し、禮《れい》以《もっ》て之《これ》を行《おこな》ひ、孫《そん》以《もっ》て之《これ》を出《い》だし、信《しん》以《もっ》て之《これ》を成《な》す。君子《くんし》なるかな、と。

子曰、君子義以爲質、禮以行之、孫以出之、信以成之。君子哉。

孔先生がおっしゃるには、「人格者は正義を根源とし、礼によって行い、謙虚な態度で主張し、嘘いつわりなく成し遂げる。（そんな人こそ）人格者だなあ」と。

【別解】①「君子は義以て質と爲し、」〔卿大夫は臣下としての道を胸の奥にしまい、〕【徂徠】②「孫以て之を出だし、」〔言葉遣いを謙虚にし、〕【集解・徂徠】

397

子《し》曰《い》はく、君子《くんし》は能《のう》無《な》きを病《うれ》ふ。人《ひと》の己《おのれ》を知《し》らざるを病《うれ》

子曰、君子病無能焉。不病人之不己知也。

へざるなり、と。

孔先生がおっしゃるには、「人格者は自分に才能がないのを心配する。他人が自分を理解してくれないことなど心配しない」と。

【別解】①本章は孔先生の家法であり、学問をするものは注意しなければならない。【仁斎】

398

子曰《しい》はく、君子《くんし》は世《よ》を没《ぼっ》するまで、名《な》の稱《しょう》せられざるを疾《にく》む、と。

子曰、君子疾沒世、而名不稱焉。

孔先生がおっしゃるには、「人格者は一生涯努力して、(その実質に副った)名が聞こえないことに悩み苦しむものだ」と。

【別解】①「君子は世を没《お》ふるまで、」(1)「君子は死んだ後に、」【義疏】(2)「君子は死ぬまでに、」【徂徠】②「名の稱せられざるを疾《や》む。」「名が聞こえないことを心配する。」【集解・集解】③本章はできる時を逃さず修養するように励ました言葉である。【仁斎】

399

子曰《しい》はく、君子《くんし》は諸《これ》を己《おのれ》に求《もと》め、小人《しょうじん》は諸《これ》を人《ひと》に求《もと》む、と。

子曰、君子求諸己、小人求諸人。

孔先生がおっしゃるには、「人格者は、どんなことも自分に責任を求めるが、小人は、どんなことでも他人のせいにする」と。

別解 ①「君子は諸を己に求《せ》め、小人は諸を人に求《せ》む。」「君子は徳行が足りないのではないかと自分を責めるが、小人は自分を責めずに他人を責める。」【義疏】

400

子曰《しい》はく、君子《くんし》は矜《きょう》にして争《あらそ》はず。羣《ぐん》して黨《とう》せず、と。

子曰、君子矜而不爭。羣而不黨。

孔先生がおっしゃるには、「人格者は謹み深く自らを堅持して、争いはしない。多くの人と一緒にいても利害の仲間には入らない」と。

別解 ①「羣して黨《たす》けず。」「多くの人と集まっても私的には助けない。」【集解】

401

子曰《しい》はく、君子《くんし》は言《げん》を以《もっ》て人《ひと》を擧《あ》げず。人《ひと》を以《もっ》て言《げん》を廢《はい》せず、と。

子曰、君子不以言擧人。不以人廢言。

孔先生がおっしゃるには、「人格者は、その人の言葉だけで（信認して）推挙しない。（また逆に）その人が言ったからというだけで、その言葉まで無視したりはしない」と。

別解 ①「人を以て言を廢《す》てず。」「人によって言葉を捨て去らない。」【仁斎】

402

子貢《しこう》問《と》ひて曰《い》はく、一言《いちげん》にして以《もっ》て終身之《しゅうしんこれ》を行《おこな》ふべき者《もの》有《あ》るか、と。子曰《しい》はく、其《そ》れ恕《じょ》か。己《おのれ》の欲《ほっ》せざる所《ところ》、人《ひと》に施《ほどこ》すこと勿《な》かれ、と。

子貢問曰、有一言而可以終身行之者乎。子曰、其恕乎。己所不欲、勿施於人。

子貢が質問して言うには、「たった一言で、一生涯行うべき指針はありましょうか」と。孔先生がおっしゃるには、「それこそ『思いやり』だね。（その『思いやり』とは）自分のしてほしくないことを、他人にしてはならない（ということだ）」と。

別解 ①「己の欲せざる所、人に施すこと勿かれ」は注釈が『論語』の本文に誤って混入したもの。【徂徠】

403

子曰《しい》はく、吾《われ》の人《ひと》に於《お》けるや、誰《たれ》をか毀《そし》り誰《たれ》をか譽《ほ》めん。如《も》し譽《ほ》むる所《ところ》の者《もの》有《あ》らば、其《そ》れ試《こころ》みし所《ところ》有《あ》るなり。斯《こ》の民《たみ》や、三代《さんだい》の直道《ちょくどう》にして行《おこな》ふ所以《ゆえん》なり、と。

子曰、吾之於人也、誰毀誰譽。如有所譽者、其有所試矣。斯民也、三代之所以直道而行也。

孔先生がおっしゃるには、「私は人に対して誰かを（むやみに）非難したり、誰かを（むやみに）誉めあげたりはしない。もし誉める相手がいるならば、それは試し上でのことだ。現代の人々でも、あの理想の三代（夏・殷・周）の王朝の、真っ直ぐな道による不正な行動がない（資質を持っている）からだ」と。

【別解】①「吾の人に於けるや、」［私は郷人に対して、］②「其れ試《もち》ひらるる所有るなり。」［それは用いたことがあったからだ。］【徂徠】③「三代の直道にして行ふ所以なり。」［三代の聖王たちが、真っ直ぐな方法で民を治めたからだ。］【義疏】

404

子曰《しい》はく、吾《われ》猶《な》ほ史《し》の闕文《けつぶん》に及《およ》べり。馬《うま》有《あ》る者《もの》は、人《ひと》に借《か》して之《これ》に乘《の》らしむ。今《いま》は亡《な》きかな、と。

子曰、吾猶及史之闕文也。有馬者、借人乘之。今亡矣夫。

孔先生がおっしゃるには、「私は、記録官が疑わしければ書かずおき、馬を持っている人が（疑うこと

なく）他人に馬を貸して（利を得ようともしない）いた時代を見知っている。今ではなくなってしまったよ」と。

別解 ①「闕文」は、この箇所に本当に闕文（文章の欠落）があり、後に『論語』の本文に誤って混入した。【徂徠】

405

子曰《しい》はく、巧言《こうげん》は徳《とく》を亂《みだ》る。小《しょう》忍《しの》びずんば、則《すなわ》ち大謀《たいぼう》を亂《みだ》る、と。

子曰、巧言亂德。小不忍、則亂大謀。

孔先生がおっしゃるには、「巧みな言葉は人格を惑わせる。小さいことを耐え忍ばなければ、大事を成し遂げることはできない」と。

別解 ①「巧言は徳を亂る。」〔巧みな言葉は徳のある言葉と似ており、惑わせる。〕【徂徠】

406

子曰《しい》はく、衆之《しゅうこれ》を惡《にく》むも必《かな》らず察《さっ》す。衆之《しゅうこれ》を好《よ》みするも必《かな》らず察《さっ》す、と。

子曰、衆惡之必察焉。衆好之必察焉。

孔先生がおっしゃるには、「多くの人々が憎む人でも（それは独行の人かもしれないから）必ずよく見定め、多くの人々が好む人でも（それは、ただ世に迎合している人かも知れないから）必ずよく見定める」と。

407

子《し》曰《い》はく、人《ひと》能《よ》く道《みち》を弘《ひろ》む。道《みち》人《ひと》を弘《ひろ》むるに非《あら》ず、と。

孔先生がおっしゃるには、「人は道を大きくし、ひろめられる。道が人を大きくし、ひろめるわけではない（人あってこその道である）」と。

別解 ①「人能く」から「弘むるに非ず」まで「人は先王の道を大きくし、ひろめられる。先王の道が人を大きくし、ひろめるわけではない。」【徂徠】

子曰、人能弘道。非道弘人。

408

子《し》曰《い》はく、過《あやま》ちて改《あらた》めざる、是《これ》を過《あやま》ちと謂《い》ふ、と。

孔先生がおっしゃるには、「過ちがあっても改めようとしない、それこそ過ちというのだ」と。

別解 ①聖人の教えは過ちのないことを重視せず、過ちを改めることを重視した。【仁斎】

子曰、過而不改、是謂過矣。

409

子《し》曰《い》はく、吾《われ》嘗《かつ》て終日《しゅうじつ》食《くら》はず、終夜《しゅうや》寝《い》ねず、以《もっ》て思《おも》ふ。益《えき》無《な》し。學《まな》ぶに如《し》かざるなり、と。

子曰、吾嘗終日不食、終夜不寝、以思。無益。不如學也。

孔先生がおっしゃるには、「私は以前、一日中食べる暇もなく、一晩中寝る暇もなく（道理とは何かを）考え続けたことがあった。（しかし）無駄だった。学ぶことには及ばないのだ」と。

別解 ①本章は人に学問を勧めた。【義疏】②本章は孔先生が学問の有益さを言い、人に示した。【仁斎】

410

子曰《しい》はく、君子《くんし》は道《みち》を謀《はか》りて食《しょく》を謀《はか》らず。耕《たがや》すや、餒《うえ》其《そ》の中《うち》に在《あ》り。學《まな》ぶや、祿《ろく》其《そ》の中《うち》に在《あ》り。君子《くんし》は道《みち》を憂《うれ》へて貧《ひん》を憂《うれ》へず、と。

子曰、君子謀道不謀食。耕也、餒在其中矣。學也、祿在其中矣。君子憂道不憂貧。

孔先生がおっしゃるには、「人格者は道を身に得ようと思い巡らせ、食を得ようと思いを巡らせはしない。（食を得ようと）いくら耕作しても、（凶作などで）飢饉はあるものだ。（道を身に得ようと）学んでいれば、俸禄はその中で自然と得られるものだ。人格者は道が身に得られないことには悩むが、貧窮を悩ましくは思わない」と。

別解 ①「道を謀りて食を謀らず。」「道を探し求めて、食（禄）を探し求めない。」【徂徠】

411

子曰《しい》はく、知之《ちこれ》に及《およ》ぶとも、仁能《じんよ》く之《これ》を守《まも》らずんば、之《これ》を得《う》と雖《いえ》ども、必《かな》らず之《これ》を失《うしな》ふ。知之《ちこれ》に及《およ》び、仁能《じんよ》く之《これ》を守《まも》るとも、荘以《そうもっ》て之《これ》に涖《のぞ》まずんば、則《すなわ》ち民敬《たみけい》せず。知之《ちこれ》に及《およ》び、仁能《じんよ》く之《これ》を守《まも》り、荘以《そうもっ》て之《これ》に涖《のぞ》むとも、之《これ》を動《うご》かすに禮《れい》を以《もっ》てせずんば、未《いま》だ善《よ》からざるなり、と。

子曰、知及之、仁不能守之、雖得之、必失之。知及之、仁能守之、不荘以涖之、則民不敬。知及之、仁能守之、荘以涖之、動之不以禮、未善也。

孔先生がおっしゃるには、「智は（統治には）十分であっても、仁徳で守り固められなければ、たとえ一旦智が身についても、きっと失ってしまうものだ。智は十分で、仁徳で守り固められても、荘重な態度で民に臨まなければ、民衆は敬意を持たない。智は十分で仁徳で守り固められ、荘重な態度で民衆に臨んでも、民衆を感動させるのに礼を用いなければ、まだ最善ではない」と。

【別解】①「知之に及ぶとも、」［知は（官位には）十分であっても、］【集解・義疏】②「必らず之を失ふ。」［きっと官位を失ってしまう。］【集解・義疏】③「仁能く之を守らずんば、」［仁政で守り固めることができなければ、］後出の仁も「仁政」の意。【徂徠】④「知之に及び、」［人の上に立つ知を持っており、］【徂徠】⑤「之を動かすに禮を以てせずんば、」［（民に臨むのに）礼を用いなければ、］【集解・義疏】⑥本章は、ひとえに君主たる道を述べている。【仁斎】

412

子曰《しい》はく、君子《くんし》は小知《しょうち》せしむべからずして、大受《たいじゅ》せしむべきなり。小人《しょうじん》は大受《たいじゅ》せしむべからずして、小知《しょうち》せしむべきなり、と。

子曰、君子不可小知、而可大受也。小人不可大受、而可小知也。

孔先生がおっしゃるには、「人格者は、つまらない仕事ではその器はわからないが、大事を任せられる。小人は大事を任せられないが、つまらない仕事（はできてしまうこともあるので）では器はわからない」と。

【別解】①「小知すべからずして、」（1）「（深遠であるため、）凡人には分からない、」【集解・義疏】（2）「小さく用いるべきではない、」【徂徠】②本章は君子のできることは小人とは異なることを述べた。【仁斎】③本章は人材を用いる方法を述べた。【徂徠】

413

子曰《しい》はく、民《たみ》の仁《じん》に於《お》けるや、水火《すいか》よりも甚《はなは》だし。水火《すいか》は吾《われ》蹈《ふ》みて死《し》する者《もの》を見《み》る。未《いま》だ仁《じん》を蹈《ふ》みて死《し》する者《もの》を見《み》ざるなり、と。

子曰、民之於仁也、甚於水火。水火吾見蹈而死者矣。未見蹈仁而死者也。

孔先生がおっしゃるには、「民衆にとって仁徳が不可欠なのは、水や火以上である。私は、水や火を踏んで、

溺れたり焼けたりして死ぬ者を見た。（しかし）まだ仁徳を実践したために、死んだ者を見たことはない」と。

【別解】①「水火よりも甚だし。」［（仁を恐れるのは、）水や火以上である。］【義疏王弼・仁斎】②「水火に甚《まさ》る。」［水や火を越えている。］【義疏】③「未だ仁を蹈みて死する者を見ざるなり。」［まだ仁政に踏み込んだために、死んでしまった者を見たことはない。］【徂徠】④本章は、孔先生が人は常に難しいことを行いながら、仁に対しては、おそれ、おびえ、思い切って行おうとしないのを嘆いたものである。【仁斎】

414

子曰《しい》はく、仁《じん》に當《あ》たりては師《し》にも譲《ゆず》らず、と。

子曰、當仁不讓於師。

孔先生がおっしゃるには、「仁を実践することを使命としたなら、恩師にも遠慮はしない」と。

【別解】①「仁に當たりては師にも讓らず。」［仁は急ぎ行うものである。そのため恩師にも遠慮しない。］【集解・義疏・徂徠】②本章は仁を力行する必要性を述べた。【仁斎】③仁のような民を救い、民を安んずることは、ゆっくりとはできない。【徂徠】

415

子曰《しい》はく、君子《くんし》は貞《てい》にして諒《りょう》ならず、と。

子曰、君子貞而不諒。

孔先生がおっしゃるには、「人格者は節義を固く守るが、頑固に善悪なくこだわり通すことはない」と。

別解 ①「貞にして諒ならず。」(1)「正しくあろうとするが、(必ずしも)義理立てはしない。」【集解・仁斎】(2)「君子の道は正しくないことはない、(しかし、)他人に、その道を信じさせることはできない。」【義疏一通】(3)「内面を変化させず、人に信じられることを求める。」【徂徠】

416

子曰《しい》はく、君《きみ》に事《つか》へては其《そ》の事《こと》を敬《けい》し、其《そ》の食《しょく》を後《のち》にす、と。

子曰、事君敬其事、而後其食。

孔先生がおっしゃるには、「君主にお仕えするには、職務に厳しく打ち込んで、俸禄はあと回しにする」と。

別解 ①「君に事へては其の事を敬し、」「君主にお仕えするには、先に力を尽くし、」【集解】②「其の食を後にす」とは古の礼である。【徂徠】

417

子曰《しい》はく、教《おし》へ有《あ》りて類《るい》無《な》し、と。

子曰、有教無類。

孔先生がおっしゃるには、「人に教えることはあっても、(生まれつきの)類別は問題にしない」と。

別解 ①「類無し。」(1)「貴賤などの種類は問題にしない。」【集解・義疏・徂徠】(2)「家柄の善し悪しは問題にしない。」【仁斎】

418

子《し》曰《い》はく、道《みち》同《おな》じからずんば、相《あい》為《ため》に謀《はか》らず、と。

孔先生がおっしゃるには、「志す道が異なれば、お互いに相談して助け合うことはできない」と。

子曰、道不同、不相為謀。

別解 ①「道同じからずんば、」(1)「志す学術や文芸が異なれば、」【仁斎】(2)「志す学問や道徳が異なれば、」【徂徠】②自分の学術や文芸でないのに、互いに相談し助け合うのは、他人の職分を犯すだけではなく、必ずその仕事を損なうものである。そのため、孔先生は戒めたのである。【仁斎】

419

子《し》曰《い》はく、辭《じ》は達《たっ》せんのみ、と。

孔先生がおっしゃるには、「言葉は意志を伝えられれば、それでよい」と。

子曰、辭達而已矣。

別解 ①「辭は達せんのみ。」「外交辞令は意志を伝えられれば、それでよい。」【徂徠】②言葉は意味が明瞭で道理が尽くされているのを根本とする。これが本章にいう「達」である。もし技巧を言葉に用いれば、意味も道理

も損なわれる。【仁斎】

420

師《し》冕見《べんまみ》ゆ。階《かい》に及《およ》ぶ。子《し》曰《い》はく、階《かい》なり、と。席《せき》に及《およ》ぶ。子《し》曰《い》はく、席《せき》なり、と。皆坐《みなざ》す。子《し》之《これ》に告《つ》げて曰《い》はく、某《それがし》は斯《ここ》に在《あ》り、某《それがし》は斯《ここ》に在《あ》り、と。師冕出《しべんい》づ。子張《しちょう》問《と》ひて曰《い》はく、師《し》と言《い》ふの道《みち》か、と。子《し》曰《い》はく、然《しか》り、固《もと》より師《し》を相《たす》くるの道《みち》なり、と。

師冕見。及階。子曰、階也。及席。子曰、席也。皆坐。子告之曰、某在斯、某在斯。師冕出。子張問曰、與師言之道與。子曰、然、固相師之道也。

（目の不自由な）楽師の冕が、先生にお目にかかるために来た。孔先生は、「階段です」とおっしゃった。席のところまで来ると、孔先生は、「席です」とおっしゃった。門人みなが同席した。孔先生は冕に告げて「誰だれはここにいます、誰それはそこにいます」とおっしゃった。楽師の冕が退出した。子張が質問して言うには、「楽師とは、あのように丁重に話すのが作法ですか」と。孔先生がおっしゃるには、「その通りだ。これこそ楽師を介添えする作法なのだ」と。

【別解】①「階に及《いた》る。」「階段に到着すると、」【義疏】②「皆に坐《とも》す。」「一緒に座った。」【義疏】③「固より師を相《みちび》くの道なり。」「もともと（このようにするのが、）楽師を導く時の作法なのだ。」【仁斎・義疏・集解】④「固より師を相《しょう》する道なり。」「これこそが礼である。」【徂徠】⑤孔先生の心は、天地の心であり、誠実で偽りがなく、どの

ような行動も全て仁からでないものはない。【仁斎】⑥目の不自由な人は騙されやすい。そのような人に、誠実さを尽くすことは、全ての行動が誠実からでないものはないのである。孔先生の心は現在でも見えるようだ。なんと偉大なことであろうか。【仁斎】

季氏第十六

洪氏曰、此篇或以爲齊論。凡十四章。

洪氏曰はく、此の篇或は以て齊論と爲す、と。凡べて十四章。

洪氏（洪興祖）が言うには、「この篇は、ある人は（過去に存在した）『斉論』と考えた」と。全十四章。

421

季《き》氏《し》將《まさ》に顓《せん》臾《ゆ》を伐《う》たんとす。冉有《ぜんゆう》・季路《きろ》孔子《こうし》に見《まみ》えて曰《い》はく、季《き》氏《し》將《まさ》に顓《せん》臾《ゆ》に事《こと》有《あ》らんとす、と。孔子《こうし》曰《い》はく、求《きゅう》乃《すなわ》ち爾《なんじ》是《こ》れ過《あやま》てる無《な》からんか。夫《そ》れ顓《せん》臾《ゆ》は昔者《むかし》先王《せんのう》以《もっ》て東蒙《とうもう》の主《しゅ》と爲《な》せり。且《か》つ邦域《ほういき》の中《うち》に在《あ》り。是《こ》れ社稷《しゃしょく》の臣《しん》なり。何《なん》ぞ伐《う》つことを以《もっ》て爲《な》さんと、と。冉有《ぜんゆう》曰《い》はく、夫子《ふうし》之《これ》を欲《ほっ》す、吾《わ》が二臣《にしん》の者《もの》は、皆《みな》欲《ほっ》せざるなり、と。孔《こう》子《し》曰《い》はく、求《きゅう》周任《しゅうじん》言《い》へる有《あ》り、曰《い》はく、力《ちから》を陳《の》べて列《れつ》に就《つ》き、能《あた》はずんば止《や》む、と。危《あやう》くして持《じ》せず、顚《ころ》して扶《たす》けずんば、則《すなわ》ち將《は》た焉《いず》くんぞ彼《か》の相《しょう》を用《もち》ひん。且《か》つ爾《なんじ》の言《げん》過《あやま》てり。虎兕《こじ》柙《こう》より出《い》で、龜玉《きぎょく》櫝中《とくちゅう》に毀《やぶ》るれば、是《こ》れ誰《たれ》の過《あやま》ちか、と。

季氏將伐顓臾。冉有季路見於孔子曰、季氏將有事於顓臾。孔子曰、求無乃爾是過與。夫顓臾昔者先王以爲東蒙主。且在邦域之中矣。是社稷之臣也。何以伐爲。冉有曰、夫子欲之、吾二臣者、皆不欲也。孔子曰、求周任有言、曰、陳力就列、不能者止。危而不持、顚而不扶、則將焉用彼相矣。且爾言過矣。虎兕出於柙、龜玉毀於櫝中、是誰之過與。

季（孫）氏が今にも顓臾を討伐する形勢になった。冉有（求）と季路（子路・由）は（当時、季氏に仕えていたが）、孔先生にお目にかかって言うには、「季氏は今にも顓臾に攻めかかろうとしております」と。

孔先生がおっしゃるには、「求（冉有）よ、むしろ（季氏の財政を豊ませるために、重税を民衆に課している）お前こそが、誤ってはいないか。そもそも顓臾は、その昔、天子様が東蒙山の麓に領地を与え、その山の祭主とした（由緒正しい）国である。その上、魯国の領内の国なのだ。これこそ魯公譜代の臣下である。どんな理由があって攻められようか（むしろ、お前が勧めたのではないか）」と。冉有が申し上げるには、「季氏が攻めたがっておりまして、我々二人は全く侵攻したくはありません」と。孔先生がおっしゃるには、「求よ、（昔の立派な歴史官の）周任という人の言葉に『力を尽くして君主を正して役職に就き、それができないなら辞職する』というのがある（二人とも侵攻を望まないなら、全力で諫めよ。それが聞き入れられないなら辞職せよ）。（目の不自由な人が）ころびそうなのに支えようともせず、転倒しても助け起こそうともしないのでは、さて、どうして介添え役など必要か。それにお前の言葉は誤っている。虎や野牛が檻から出たり、亀甲や宝玉が箱の中で壊れたりしたら、これは誰の過ちか（側で守る役人の責任ではないのか）」と。

【別解】①「虎兕　柙より出で、」（１）陽虎の叛乱のこと。【義疏繆肇】（２）兵権を思うままに用いること。【義疏張憑】②「龜玉　櫝中に毀るれば、」（１）顓臾の討伐のこと。【義疏繆肇】（２）仁義が廃れたこと。【義疏張憑】

冉有《ぜんゆう》曰《い》はく、今夫《いまか》の顓臾《せんゆ》は固《かた》くして費《ひ》に近《ちか》し。今取《いまと》らずんば、後世《こうせい》必《かな》らず子孫《しそん》の憂《うれ》ひと爲《な》らん、と。孔子《こうし》曰《い》はく、求《きゅう》君子《くんし》は夫《か》の之《これ》を欲《ほっ》すと曰《い》ふを舍《お》きて、必《かな》らず之《これ》が辭《じ》を爲《な》すを疾《にく》む。丘《きゅう》や聞《き》く、國《くに》を有《たも》ち家《いえ》を有《たも》つ者《もの》は、寡《か》を患《うれ》へずして均《ひと》しからざるを患《うれ》ふ。貧《ひん》を患《うれ》へずして、安《やす》からざるを患《うれ》ふ、と。蓋《けだ》し均《ひと》しければ貧《ひん》無《な》く、和《わ》すれば寡《か》無《な》く、安《やす》ければ傾《かたむ》くこと無《な》し。夫《そ》れ是《かく》の如《ごと》し。故《ゆえ》に遠人《えんじん》服《ふく》せずんば、則《すなわ》ち文德《ぶんとく》を修《おさ》めて以《もっ》て之《これ》を來《きた》す。既《すで》に之《これ》を來《きた》せば、則《すなわ》ち之《これ》を安《やす》んず。今由《いまゆう》と求《きゅう》とや、夫子《ふうし》を相《たす》け、遠人《えんじん》服《ふく》せずして、來《きた》すこと能《あた》はず。邦《くに》分崩離析《ぶんほうりせき》して、守《まも》ること能《あた》はず。而《しか》して干戈《かんか》を邦内《ほうない》に動《うご》かさんことを謀《はか》る。吾《われ》季《き》孫《そん》の憂《うれ》ひは、顓臾《せんゆ》に在《あ》らずして、蕭牆《しょうしょう》の內《うち》に在《あ》らんことを恐《おそ》るるなり、と。

冉有曰、今夫顓臾固而近於費。今不取、後世必爲子孫憂。孔子曰、求君子疾夫舍曰欲之、而必爲之辭。丘也聞、有國有家者、不患寡而患不均。不患貧、而患不安。蓋均無貧、和無寡、安無傾。夫如是。故遠人不服、則修文德以來之。既來之、則安之。今由與求也、相夫子、遠人不服、而不能來也。邦分崩離析、而不能守也。而謀動干戈於邦內。吾恐季孫之憂、不在顓臾、而在蕭牆之內也。

冉有は（言葉巧みにつくろって）「現在、あの顓臾は、城郭が堅固で、季氏領の費に近接しております。今のうちに占領しないと、後世、きっと子孫の心配の種となるでしょう」と。孔先生がおっしゃるには、「求よ、人格者は利を貪る心をごまかして、何かと言葉を飾ってつくろうことを、深く憎悪するのだ。私はこのように聞いている、『国を統治する諸侯、家を治める卿大夫は、人口の寡少を心配しないで、不公平を心配し、財産の欠乏を心配しないで、人心の不安を心配する』と。思うに、公平ならば財産の欠乏はないはずで、君臣ともに和親する。君臣和親すれば、人口の寡少はなくなるはずで、人心も安定する。人心が安定すれば国が傾くことはない。さあ、このような次第だ。だから、遠方の人が従わない場合には（武力の増強ではなく）文化的な徳治に磨きをかけて、（遠方の人が）なついてやって来るようしむけるのだ。そして、来るようになってからは、その人心が安定するようにする。今、由（子路）と求（冉有）は、あの君（季氏）を補佐しているのに、（顓臾のような）遠方の人は従わず、なついて来るようにしむけられない。国内は、分裂の危機に直面し、守れてもいない。それなのに国内で（私欲の）戦争を企てている。私は、季孫氏の心配ごとは、顓臾にはなく、もっと身近な屏の内から起こるだろうと恐れている」と。

【別解】①「君子は夫《かれ》を疾《にく》む。欲すと曰ふを舎《のぞ》きて、」「君子は前のお言葉を憎む。「したい」とは言わずに、」【義疏】②経文を「貧しきことを患へずして均しからざるを患ふ。寡なきを患へずして、和らがざるを患ふ。傾くことを患へずして安からざるを患ふ。」（「貧困を心配しないで、各々が分を得ないことを心配する。人口の寡少を心配せず、民衆の不和を心配する。財産の窮乏を心配せず、堅固で平安でないことを心配する。」）に作る。【仁斎】③「則ち文徳を修めて以て之を來す。」「礼楽を修めて、（遠方の民が）やって来るようにする。」【徂徠】④「邦 分崩離析し

て、」「民が異心を抱き、亡命を望み、ばらばらに分裂し、」【集解】⑤人はみな目前の小利をみて、後に来る大害を知らない。これは天下に共通する欠点である。【仁斎】

422

孔子《こうし》曰《い》はく、天下《てんか》　道《みち》有《あ》れば、則《すなわ》ち禮樂征伐《れいがくせいばつ》　天子《てんし》自《よ》り出《い》づ。天下《てんか》　道《みち》無《な》くんば、則《すなわ》ち禮樂征伐《れいがくせいばつ》　諸侯《しょこう》自《よ》り出《い》づ。諸侯《しょこう》自《よ》り出《い》づれば、蓋《けだ》し十世《じっせい》失《うしな》はざること希《まれ》なり。大夫《たいふ》自《よ》り出《い》づれば、五世《ごせい》失《うしな》はざること希《まれ》なり。陪臣《ばいしん》　國命《こくめい》を執《と》れば、三世《さんせい》失《うしな》はざること希《まれ》なり。天下《てんか》　道《みち》有《あ》れば、則《すなわ》ち　政《まつりごと》大夫《たいふ》に在《あ》らず、天下《てんか》　道《みち》有《あ》れば、則《すなわ》ち庶人《しょじん》議《ぎ》せず、と。

孔子曰、天下有道、則禮樂征伐自天子出。天下無道、則禮樂征伐自諸侯出。自諸侯出、蓋十世希不失矣。自大夫出、五世希不失矣。陪臣執國命、三世希不失矣。天下有道、則政不在大夫、天下有道、則庶人不議。

孔先生がおっしゃるには、「天下に道があれば、礼楽（制度）や征伐（戦争）は天子の御意から出る。天下に道がなければ、礼楽や征伐は、諸侯から出てくる。諸侯から出るようになると、（その国の）十代目までに（重大な）失敗しないものは、ほとんどない。大夫から出るようになると、（その国の）五代目までに失敗しないものは、ほとんどない。（大夫の家臣にすぎない）陪臣が一国の政令を取り仕切る時は、

三代目までに失敗しないものは、ほとんどない。天下に道があれば、政権が大夫に左右されることなどなく、天下に道があれば、庶民が政治を批判しなくなる」と。

【別解】①「蓋し十世失はざること希《すく》なし。」「十代目までに（重大な）失敗しないものは少ない。」【義疏・集解】②「三世失はざること希《すく》なし。」「三代目までに失敗しないものは少ない。」【義疏・集解】③本章は孔先生の『春秋』を著した理由を示している。【仁斎】

423

孔子《こうし》曰《い》はく、祿《ろく》の公室《こうしつ》を去《さ》る、五世《ごせい》なり。政《まつりごと》の大夫《たいふ》に逮《およ》べる、四世《しせい》なり。故《ゆえ》に夫《か》の三桓《さんかん》の子孫《しそん》は、微《び》なり、と。

孔子曰、祿之去公室、五世矣。政逮於大夫、四世矣。故夫三桓之子孫、微矣。

孔先生がおっしゃるには、「魯の国で、税収が公室に入らなくなってから、もう五代になる。国の政治が大夫の手に握られてから、四代になる。だから、あの三桓の子孫も衰えたのだ」と。

【別解】①前章（422）と同じく本章も孔先生の『春秋』を著した理由を示している。【仁斎】

424

孔子《こうし》曰《い》はく、益者三友《えきしゃさんゆう》、損者三友《そんしゃさんゆう》あり。直《ちょく》を友《とも》とし、諒《りょう》を友《とも》とし、多聞《たぶん》を友《とも》とするは益《えき》なり。便辟《べんべき》を友《とも》とし、善柔《ぜんじゅう》を友《とも》とし、便佞《べんねい》を友《とも》とするは損《そん》なり、と。

孔子曰、益者三友、損者三友。友直、友諒、友多聞益矣。友便辟、友善柔、友便佞損矣。

孔先生がおっしゃるには、「有益な友人には三種、有害な友人には三種ある。直言する人、誠実な人、博識な人を友とするのは、有益である。上辺を飾る人、相手の機嫌取りをする人、口先だけの人を友とするのは、有害だ」と。

別解 ①「直を友とし、」〔正直な人を友とし、〕【義疏】②「便辟を友とし、」〔媚び諂う人を友とし、〕【集解・義疏・仁斎】③「善柔を友とし、」（1）〔見た目が柔らかい人を友とし、〕【集解】（2）〔面従腹背な人を友とし、〕【義疏】

425

孔子《こうし》曰《い》はく、益者三樂《えきしゃさんごう》、損者三樂《そんしゃさんごう》あり。禮樂《れいがく》を節《せつ》することを樂《この》み、人《ひと》の善《ぜん》を道《い》ふことを樂《この》み、賢友《けんゆう》多《おお》からんことを樂《この》むは益《えき》なり。驕樂《きょうらく》を樂《この》み、佚遊《いつゆう》を樂《この》み、宴樂《えんらく》を樂《この》むは損《そん》なり、と。

孔子曰、益者三樂、損者三樂。樂節禮樂、樂道人之善、樂多賢友益矣。樂驕樂、樂佚遊、樂宴樂損矣。

孔先生がおっしゃるには、「有益な好みには三種、有害な好みには三種ある。礼楽を正しく行うのが好きなこと、人の長所を言うのが好きなこと、優れた友が多いのが好きなこと、これは有益である。驕り楽しむのが好きなこと、怠けて遊ぶのが好きなこと、酒や宴会ばかり好きなこと、これは有害だ」と。

【別解】①「益者三樂《さんらく》、損者三樂《さんらく》あり。」〔有益な楽しみには三種類、有害な楽しみには三種類ある。〕【徂徠】②「禮樂を節することを樂しみ、」（1）〔動作が礼楽の節を得ていることを楽しみ、〕【義疏】（2）〔立ち居振る舞いが礼のきまりにかなうようにし、〕【仁斎】（3）〔礼楽に節があり、それによって我が身を節することを楽しみ、〕【徂徠】③人は好み楽しむことなしにはできない。ただ、善を好めば日々善になり、不善を好めば日々不善となる。【仁斎】

426

孔子《こうし》曰《い》はく、君子《くんし》に侍《じ》するに三愆《さんけん》有《あ》り。言《げん》未《いま》だ之《これ》に及《およ》ばずして言《い》ふ、之《これ》を躁《そう》と謂《い》ふ。言之《げんこれ》に及《およ》びて言《い》はざる、之《これ》を隱《いん》と謂《い》ふ。未《いま》だ顔色《がんしょく》を見《み》ずして言《い》ふ、之《これ》を瞽《こ》と謂《い》ふ、と。

孔子曰、侍於君子有三愆。言未及之而言。謂之躁。言及之而不言、謂之隱。未見顔色而言、謂之瞽。

孔先生がおっしゃるには、「君子の側近としてお仕えする時、三種の犯しがちな過ちがある。言うべきでないのに言う、これを躁（さわがしい）と言う。言うべき時に言わない、これを隠（隠しだて）と言う。君子のご様子も思わないで言う、これを瞽（目が見えない）と言う」と。

【別解】①「之を躁と謂ふ。」「安静にしないことを躁と言う。」【集解・仁斎】②「之を隠と謂ふ。」「情実を尽くさないことを隠と言う。」【集解・義疏】③「之を瞽と謂ふ。」「顔色も見ないで話すのを瞽と言う。」【集解・義疏・仁斎】④本章は身分の低い者や年下の者が、身分の高い者や年上の者に仕える際の節度を述べた。【仁斎】⑤本章は弟子の礼である。君主の礼ではない。【徂徠】

427

孔子《こうし》曰《い》はく、君子《くんし》に三戒《さんかい》有《あ》り。少《わか》き時《とき》は、血氣《けっき》未《いま》だ定《さだ》まらず。之《これ》を戒《いまし》むるは色《いろ》に在《あ》り。其《そ》の壯《そう》なるに及《およ》びてや、血氣《けっき》方《まさ》に剛《ごう》なり、之《これ》を戒《いまし》むるは鬭《とう》に在《あ》り。其《そ》の老《お》ゆるに及《およ》びてや、血氣《けっき》既《すで》に衰《おとろ》ふ、之《これ》を戒《いまし》むるは得《う》るに在《あ》り、と。

孔子曰、君子有三戒。少之時、血氣未定。戒之在色。及其壯也、血氣方剛、戒之在鬭。及其老也、血氣既衰、戒之在得。

孔先生がおっしゃるには、「人格者には三種の戒めがある。二十代の時は血気が落ちつかないから、女色に溺れることを戒める。三十代の頃は、血気がまさに盛んな時だから、争いを戒める。晩年になると、血気はもう衰えているから、強欲を戒める」と。

【別解】①「其の老ゆるに及びてや、」「五十歳以上では、」【義疏】②本章は学ぶ者によって、生涯に通ずる大きな戒めである。【仁斎】③本章は聖人も同じである。君子とするのは、上から下まで通じているからである。【徂徠】

428

孔子《こうし》曰《い》はく、君子《くんし》に三畏《さんいあ》有り。天命《てんめい》を畏《おそ》れ、大人《たいじん》を畏《おそ》れ、聖人《せいじん》の言《げん》を畏《おそ》る。小人《しょうじん》は天命《てんめい》を知《し》らずして畏《おそ》れざるなり。大人《たいじん》に狎《な》れ、聖人《せいじん》の言《げん》を侮《あなど》る、と。

孔子曰、君子有三畏。畏天命、畏大人、畏聖人之言。小人不知天命而不畏也。狎大人、侮聖人之言。

孔先生がおっしゃるには、「人格者には三種のつつしみ敬うことがある。天が人に与えた正しい道理、人格の完成された人、聖人の言葉をつつしみ敬う。小人は、天が与えた道理もわきまえず敬おうともせず、人格の完成された人には馴々しく、聖人の言葉をばかにする」と。

別解 ①「君子に三畏有り。」「君子には三種の畏怖するものがある。」後出の畏も「畏怖」の意。【徂徠】②「大人を畏れ、」（1）「聖人を畏れ、」【集解】（2）「位に居る君主を畏れ、」【義疏】③「聖人の言を畏る。」「五経や聖人の遺文を畏れる。」【義疏】

429

孔子《こうし》曰《い》はく、生《う》まれながらにして之《これ》を知《し》る者《もの》は、上《じょう》なり。學《まな》んで之《これ》を知《し》る者《もの》は、次《つぎ》なり。困《くる》しんで之《これ》を學《まな》ぶは、又《また》其《そ》の次《つぎ》なり。困《くる》しんで學《まな》ばざるは、民《たみ》斯《こ》れを下《げ》と爲《な》す、と。

孔子曰、生而知之者、上也。學而知之者、次也。困而學之、又其次也。困而不學、民斯爲下矣。

孔先生がおっしゃるには、「生まれつき自然に天の道理を理解する者は最上の人である。学んでそれを理解した者は、その次善である。困難に出会って、学びとった者は、またその次である。困難に出会っても、何ら学びとろうとしない、民衆はこれを最下等とする」と。

【別解】①「生まれながらにして之を知る者は、」「(聖人のように)生まれつき自然に天の道理を理解しているものは、」以下、それぞれ「上智」「中賢以下」「下愚」とする。【義疏】②「上なり。」「上智である。」【徂徠】③「困しんで之を學ぶは、」「通じなくなってから学ぶのは、」後出も同じ。【集解】④「民斯れを下と爲す。」「民衆は下愚とする。」⑤本章は孔先生が深く学問の効果を称えて、人を励ましたものである。【仁斎】

430

孔子《こうし》曰《い》はく、君子《くんし》に九思《きゅうし》有《あ》り。視《み》るには明《めい》を思《おも》ひ、聴《き》くには聰《そう》を思《おも》ひ、色《いろ》は溫《おん》を思《おも》ひ、貌《かたち》は恭《きょう》を思《おも》ひ、言《げん》は忠《ちゅう》を思《おも》ひ、事《こと》は敬《けい》を思《おも》ひ、疑《うたがい》には問《とい》を思《おも》ひ、忿《いかり》には難《なん》を思《おも》ひ、得《う》るを見《み》ては義《ぎ》を思《おも》ふ、と。

孔子曰、君子有九思。視思明、聽思聰、色思溫、貌思恭、言思忠、事思敬、疑思問、忿思難、見得思義。

孔先生がおっしゃるには、「人格者には九種の思慮がある。注視すべきことには見のがすこと、傾聴すべきことには聞きのがすこと、顔色は温和、容貌はうやうやしく、言葉にはまごころ、事を行うには一心に、疑わしいことには問いを、怒りにはあとに起きる困難を、利得を見ては正しいものか推しはかる」と。

【別解】①「君子に九思有り。」「君子は以下の九種の実現を考える。」【徂徠】②「得るを見ては義を思ふ。」「先ず義があり、その後に利益を取る。」【義疏江熙】③本章は、君子は九思を除き、その他には思い煩うことがないことを明らかにした。【仁斎】④「事は敬を思ひ」とあるのだから、（朱子学の修養法である）敬は九思の一つに過ぎない。（朱熹たちは、）九思はみな敬を中心とすると言うが、何故だろうか。【仁斎】

431

孔子《こうし》曰《い》はく、善《ぜん》を見《み》ては及《およ》ばざるが如《ごと》くし、不善《ふぜん》を見《み》ては湯《ゆ》を探《さぐ》るが如《ごと》くす。吾《われ》其《そ》の人《ひと》を見《み》る。吾《われ》其《そ》の語《ご》を聞《き》けり。隠居《いんきょ》して以《もっ》て其《そ》の志《こころざし》を求《もと》め、義《ぎ》を行《おこな》ひて以《もっ》て其《そ》の道《みち》を達《たっ》す。吾《われ》其《そ》の語《ご》を聞《き》く。未《いま》だ其《そ》の人《ひと》を見《み》ざるなり、と。

孔子曰、見善如不及、見不善如探湯。吾見其人矣。吾聞其語矣。隠居以求其志、行義以達其道。吾聞其語矣。未見其人也。

孔先生がおっしゃるには、『善を見れば、何とか追いつこうと努力し、不善を見れば、熱湯に手を入れた時のように急いでひっこめる』。私はそんな人を見た。その言葉も聞いた。『隠居してその志を貫こうとし、正義を行って道を天下に行う』。私はこの言葉を聞いた。しかしまだそれを行った人を見たことがない」と。

【別解】①「隠居して以て其の志《し》に求め、」「隠居して先王の道を書物に求め、」【徂徠】②「義を行ひて」「仕官して」【徂徠】

432

齊《せい》の景公《けいこう》馬千駟《うませんし》有《あ》り。死《し》するの日《ひ》、民《たみ》徳《とく》として稱《しょう》する無《な》し。伯夷《はくい》・叔齊《しゅくせい》は、首陽《しゅよう》の下《もと》に餓《が》す。民今《たみいま》に到《いた》るまで之《これ》を稱《しょう》す。其《そ》れ斯《これ》の謂《い》ひか。

齊景公有馬千駟。死之日、民無德而稱焉。伯夷・叔齊、餓于首陽之下。民到于今稱之。其斯之謂與。

斉の景公は馬を四千頭も持っていた。しかし、亡くなった日、民衆がその人徳を言うことはなかった。伯夷・叔斉は首陽山の下で餓死した。民衆は今に至るまで、ほめたたえている。（賞賛とは、財産の多寡ではなく、人徳が卓抜なことによるのだという『詩経』の言葉は）このことを言うのだなあ」と。

別解　①経文を「民得《え》て稱する無し。」（「民衆は賞賛することはなかった。」）に作る。【義疏】②「民徳として稱する無し。」（「民衆は賞賛することはなかった。」）徳を「得」の誤字とする。【徂徠】③伯夷・叔斉は首陽山に隠棲した。その際、張石虎に出会い、「周の粟を食らわないとするならば、どうして周の草木を口にするのか」と言われ、七日後に餓死した。【義疏】

433

陳亢《ちんこう》伯魚《はくぎょ》に問《と》ひて曰《い》はく、子《し》も亦《ま》た異聞《いぶん》有《あ》るか、と。對《こた》へて曰《い》はく、未《いま》だしなり。嘗《かつ》て獨《ひと》り立《た》てり。鯉《り》趨《はし》りて庭《にわ》を

陳亢問於伯魚曰、子亦有異聞乎。對曰、未也。嘗獨立。鯉趨

過《す》ぐ。曰《い》はく、詩《し》を學《まな》びたるか、と。對《こた》へて曰《い》はく、未《いま》だし、と。詩《し》を學《まな》ばずんば、以《もっ》て言《い》ふこと無《な》し、と。鯉《り》退《しりぞ》きて詩《し》を學《まな》べり。他日又獨《たじつまたひと》り立《た》てり。鯉《り》趨《はし》りて庭《にわ》を過《す》ぐ。曰《い》はく、禮《れい》を學《まな》びたるか、と。對《こた》へて曰《い》はく、未《いま》だし、と。禮《れい》を學《まな》ばずんば、以《もっ》て立《た》つ無《な》し、と。鯉《り》退《しりぞ》きて禮《れい》を學《まな》べり。斯《こ》の二者《にしゃ》を聞《き》けり、と。陳亢退《ちんこうしりぞ》きて喜《よろこ》びて曰《い》はく、一《いち》を問《と》ひて三《さん》を得《え》たり。詩《し》を聞《き》き、禮《れい》を聞《き》き、又君子《またくんし》の其《そ》の子《こ》を遠《とお》ざくるを聞《き》けり、と。

而過庭。曰、學詩乎。對曰、未也。不學詩、無以言。鯉退而學詩。他日又獨立。鯉趨而過庭。曰、學禮乎。對曰、未也。不學禮、無以立。鯉退而學禮。聞斯二者。陳亢退而喜曰、問一得三。聞詩、聞禮、又聞君子之遠其子也。

陳亢が（孔先生の息子の）伯魚に質問して言うには、「あなたは何か変わったことを聞きましたか」と。伯魚がお答えして言うには、「まだありません、ただ、以前に父（孔先生）が一人で立っていた時に、私が庭を走り過ぎました。するとおっしゃいました。『お前は『詩（経）』を学んだのか』と。お答えいたしました、『まだです』と。父はおっしゃいました、『詩を学ばなければ、まともな言葉は言えない』と。私は退出して『詩（経）』を学びました。他の日にまた父はお一人で立っておられました。父はおっしゃいました、『礼を学んだか』と。お答えしました、『まだです』と。『礼を学ばなければ、人として立つことはできない』

と。私は退出して礼を学びました。この二つのことを開きました」と。陳亢は退いて喜んで言うには、「一つのことを質問して、三つの答えを得た。詩を学ぶ意義、礼を学ぶ意義、そしてその上、君子は自分の子を遠ざける意味を知った」と。

【別解】①「未だしなり。」「ありません。（と謙譲した。）」後出同じ。【徂徠】②『詩経』の教えには天道が備わっており、人事にも広く行き渡っている。善悪・得失の迹が記されており、『詩経』を学べば話すことができる。【仁斎】③孔先生の教えは詩と礼を第一とした。【仁斎】

434

邦君《ほうくん》の妻《つま》 君之《きみこれ》を稱《しょう》して、夫人《ふじん》と曰《い》ふ。夫人《ふじん》自《みずか》ら稱《しょう》して、小童《しょうどう》と曰《い》ふ。邦人之《ほうじんこれ》を稱《しょう》して、君夫人《くんぷじん》と曰《い》ふ。諸《これ》を異邦《いほう》に稱《しょう》して、寡小君《かしょうくん》と曰《い》ふ。異邦《いほう》の人之《ひとこれ》を稱《しょう》して、亦《ま》た君《くん》夫人《ぷじん》と曰《い》ふ。

邦君之妻君稱之、曰夫人。夫人自稱、曰小童。邦人稱之、曰君夫人。稱諸異邦、曰寡小君。異邦人稱之、亦曰君夫人。

諸侯の妻は、諸侯がその人を呼ぶ際には「夫人」と言う。夫人が自称する際には「小童」といい、その国の人が呼ぶ際には「君夫人」と言う。その人を外国に対して言う際には「寡小君」といい、外国の人がその人を呼ぶ際には、同じく「君夫人」と言う。

【別解】①当時は諸侯の正妻と妾の区別は正しくなく、呼び方もはっきりしなかった。そのため、孔先生が正しく礼を示したのである。【集解】②孔先生の道は先王の道である。孔先生は「吾は行ふとして二三子者に與にせざる者無し」(述而第七・170)であり、その道を隠すことはなかった。そのため、当時の門人は、先王の礼と孔先生の言行とを区別することはなかった。後世の誰々の語録というようなものとは異なる。【徂徠】

陽貨第十七

凡二十六章。

凡べて二十六章。

全二十六章。

435

陽貨《ようか》孔子《こうし》を見《み》んと欲《ほっ》す。孔子《こうし》見《まみ》えず。孔子《こうし》に豚《ぶた》を歸《おく》る。孔子《こうし》其《そ》の亡《な》きを時《とき》として、往《ゆ》きて之《これ》を拜《はい》す。諸《これ》に塗《みち》に遇《あ》ふ。孔子《こうし》に謂《い》ひて曰《い》はく、來《き》たれ、予《われ》爾《なんじ》と言《い》はん。曰《い》はく、其《そ》の寶《たから》を懷《いだ》きて其《そ》の邦《くに》を迷《まよ》はすは、仁《じん》と謂《い》ふべきか、と。曰《い》はく、不可《ふか》なり、と。事《こと》に從《したが》ふを好《この》みて亟〻《しばしば》時《とき》を失《うしな》ふは、知《ち》と謂《い》ふべきか、と。曰《い》はく、不可《ふか》なり、と。日月《じつげつ》逝《ゆ》く。歳《とし》我《われ》と與《とも》にせず、と。孔子《こうし》曰《い》はく、諾《だく》、吾《われ》將《まさ》に仕《つか》へんとす、と。

陽貨欲見孔子。孔子不見。歸孔子豚。孔子時其亡也、而往拜之。遇諸塗。謂孔子曰、來、予與爾言。曰、懷其寶而迷其邦、可謂仁乎。曰、不可。好從事而亟失時、可謂知乎。曰、不可。日月逝矣。歳不我與。孔子曰、諾、吾將仕矣。

（季氏の家臣の）陽貨（虎）が孔先生に（家に来させて）面会しようとした。孔先生は面会しなかった。陽貨は（こうすれば来ざるを得ないとたくらんで留守に）孔先生に豚肉を贈りつけた。孔先生は（会わずにすむようにと）陽貨の留守をさいわいとして、出向いて御礼を言うこととした。（しかし折悪しく）陽貨と道端で出くわした。（陽貨が）孔先生に言うには、「こちらに来たまえ、私はあなたと話がある」と。（つづけて）言うには、「治世の徳を身に秘めながら、国の混迷を救わないのは、仁と言えますか」と。（孔先生）「仁とは言えないでしょう」と。（陽貨）「救世の事業に従いたいと思いながら、何度もその機会を失うのは、知と言えますか」と。（孔先生が）おっしゃるには、「知とは言えませんね」と。（陽貨が）言うには、「日

月は行きて返らず、歳月は我々を待ってはくれません」と。孔先生がおっしゃるには、「わかりました。私もそのうちには出仕するかも知れません」と。

別解 ①「其の寶を懐きて其の邦を迷はすは、」「世を救う道を身に秘めながら、国の混迷を救わないのは、」【義疏】②「日月逝《はや》し。」「日月は止まることはありません。」【義疏】

436

子《し》曰《い》はく、性《せい》相近《あいちか》きなり。習《ならい》相遠《あいとお》きなり、と。

子曰、性相近也。習相遠也。

孔先生がおっしゃるには、「生まれつきは似たりよったりだが、習慣で大きく差がつくものだ」と。

別解 ①次章と併せて一章とする。【仁斎・徂徠】

437

子《し》曰《い》はく、唯《た》だ上知《じょうち》と下愚《かぐ》とは移《うつ》らず、と。

子曰、唯上知與下愚不移。

孔先生がおっしゃるには、「生まれながらにすべてを知る者と、苦しみつつも何の努力もしない者とは、そのままで何も変わらない」と。

【別解】①「唯だ上知と下愚とは移らず。」「聖人と愚人はそのままで変わらない。」【義疏】②下愚は、民のこと。愚かでどうしても学ぶことのできない者は士にはなれない。【徂徠】③冒頭の「子曰」は衍文（不要な文）である。【仁斎】④本章は、孔先生が人を教える時、先天的な性質を責めずに、後天的な習慣を責めることを明らかにしている。【仁斎】

438

子《し》武城《ぶじょう》に之《ゆ》きて、弦歌《げんか》の聲《こえ》を聞《き》く。夫子《ふうし》莞爾《かんじ》として笑《わら》ひて曰《い》はく、鷄《にわとり》を割《さ》くに焉《いず》くんぞ牛刀《ぎゅうとう》を用《もち》ひん、と。子游《しゆう》對《こた》へて曰《い》はく、昔者《むかし》偃《えん》や、諸《これ》を夫子《ふうし》に聞《き》けり。曰《い》はく、君子《くんし》道《みち》を學《まな》べば、則《すなわ》ち人《ひと》を愛《あい》し、小人《しょうじん》道《みち》を學《まな》べば、則《すなわ》ち使《つか》ひ易《やす》きなり、と。子《し》曰《い》はく、二三子《にさんし》偃《えん》の言《げん》は是《ぜ》なり。前言《ぜんげん》は之《これ》に戲《たわむ》るるのみ、と。

子之武城、聞弦歌之聲。夫子莞爾而笑曰、割鷄焉用牛刀。子游對曰、昔者偃也、聞諸夫子。曰、君子學道、則愛人、小人學道、則易使也。子曰、二三子偃之言是也。前言戲之耳。

孔先生が魯国の武城という村にお出かけになると琴を調べ詩を歌う（王宮の礼楽のような）声が聞こえてきた。孔先生はにこっと笑っておっしゃるには、「鶏を割くのにどうして牛を割く刀を用いるのか（少し大げさではないか）」と。子游（偃）はお答え申し上げるには、「むかし、私（偃）は先生から『人格者が道（礼楽）を学ぶと（温厚になって）人を愛するようになり、つまらない者が道を学ぶと使いやすくなる』

と聞きました」と。孔先生がおっしゃるには、「諸君、偃の言葉は正しい。私の前言は冗談だぞ」と。

別解 ①「弦歌の聲を聞く。」「子游が自ら琴を調べ、詩《うた》を歌う声が聞こえてきた。」【義疏一云】②「鶏を割くに焉くんぞ牛刀を用ひん。」（1）「鶏（武城という村）を割くのにどうして牛を割く刀（子游のような俊才）を用いるのか。（不釣り合いではないか。）」【義疏繆播】③「道を學べば、」「礼学を学べば、」【集解】

439

公山弗擾《こうざんふつじょう》 費《ひ》を以《もっ》て畔《そむ》く。召《め》す。子《し》往《ゆ》かんと欲《ほっ》す。子路《しろ》說《よろこ》ばずして曰《い》はく、之《ゆ》くこと末《な》きのみ。何《なん》ぞ必《かな》らずしも公山氏《こうざんし》に之《こ》れ之《ゆ》かん、と。子《し》曰《い》はく、夫《そ》れ我《われ》を召《め》す者《もの》は、豈《あ》に徒《いたず》らならんや。如《も》し我《われ》を用《もち》ふる者《もの》有《あ》らば、吾《われ》は其《そ》れ東周《とうしゅう》を爲《な》さんか、と。

公山弗擾以費畔。召。子欲往。子路不說曰、末之也已。何必公山氏之之也。子曰、夫召我者、而豈徒哉。如有用我者、吾其爲東周乎。

公山弗擾が（季氏の代官でありながら）費の地で反乱を起こした。そして孔子を招いた。孔子はそれに応じて出向こうとした。子路は不機嫌になって申し上げた、「出向かないにこしたことはありません。どうしても公山氏のもとに行かねばならないわけはないでしょう」と。孔先生がおっしゃるには、「そもそも私を招く以上は単なる思いつきではあるまい。もし、私を用いる人さえいたら、私は東方に文・武・周公の理想国を再興してみせよう」と。

【別解】①「豈に徒《むな》しくせんや。」「私を招く以上、何もしないわけではあるまい。」【義疏】②「吾は其れ東周を爲さんか。」「私は場所を選ばずに周王朝の道を実現させよう。」【義疏王弼】

440

子《し》張《ちょう》仁《じん》を孔子《こうし》に問《と》ふ。孔子《こうし》曰《い》はく、能《よ》く五《いつ》つの者《もの》を天《てん》下《か》に行《おこな》ふを仁《じん》と爲《な》す、と。之《これ》を請《こ》ひ問《と》ふ。曰《い》はく、恭《きょう》・寛《かん》・信《しん》・敏《びん》・惠《けい》なり。恭《きょう》なれば則《すなわ》ち侮《あなど》られず、寛《かん》なれば則《すなわ》ち衆《しゅう》を得《え》、信《しん》なれば則《すなわ》ち人《ひと》任《にん》じ、敏《びん》なれば則《すなわ》ち功有《こうあ》り、惠《けい》なれば則《すなわ》ち以《もっ》て人《ひと》を使《つか》ふに足《た》れり、と。

子張問仁於孔子。孔子曰、能行五者於天下爲仁矣。請問之。曰、恭・寛・信・敏・惠。恭則不侮、寛則得衆、信則人任焉、敏則有功、惠則足以使人。

子張が仁に関して孔先生に質問した。孔先生がおっしゃるには、「五つの徳を天下に行なうことができることが仁である」と。子張がそれをお教え下さいと言った。孔先生がおっしゃるには、「慎み・包容力・誠実さ・勤勉・思いやりである。自己に厳しい慎みがあれば、人から侮辱されない。他人に優しい包容力があれば、多方から支持される。言行が一致する誠実さがあれば、人から頼りにされる。怠ることを知らない勤勉さがあれば、功績があがる。恵み深い思いやりがあれば、十分に人を働かせよう」と。

【別解】①「仁を孔子に問ふ。」「仁政を孔先生に質問した。」後出の仁も「仁政」の意。【徂徠】②「敏《はや》ければ則ち

功有り、」［迅速であれば功績があがる。」【集解・義疏】③本章は徳を修める工夫を告げた。【仁斎】④孔先生が天下の事を告げたのは顔回と子張のみである。子張の才能は大きかったのである。先王の道を後世に伝えたことは子張は子夏に及ばない。子思や孟子は議論によって天下の人々と争い、天下、天下といった。後世の人は、この例を見て、孔先生も同じとするが、孔先生が天下の事を言ったのには意図があった。【徂徠】

441

佛肸《ひつきつ》召《め》す。子《し》往《ゆ》かんと欲《ほっ》す。子路《しろ》曰《い》はく、昔者《むかし》由《ゆう》や諸《これ》を夫子《ふうし》に聞《き》けり。曰《い》はく、親《みずか》ら其《そ》の身《み》に於《おい》て不善《ふぜん》を爲《な》す者《もの》には、君子《くんし》は入《い》らず、と。佛肸《ひつきつ》中牟《ちゅうぼう》を以《もっ》て畔《そむ》けり。子《し》の往《ゆ》くや之《これ》を如何《いかん》、と。子《し》曰《い》はく、然《しか》り、是《こ》の言《げん》有《あ》るなり。堅《かた》きを曰《い》はずや、磨《ま》すれども磷《うす》ろがず。白《しろ》きを曰《い》はずや、涅《でっ》すれども緇《し》せず、と。吾《われ》豈《あ》に匏瓜《ほうか》ならんや。焉《いず》くんぞ能《よ》く繫《かか》りて食《くら》はれざらん、と。

佛肸召。子欲往。子路曰、昔者由也聞諸夫子。曰、親於其身爲不善者、君子不入也。佛肸以中牟畔。子之往也如之何。子曰、然、有是言也。不曰堅乎、磨而不磷。不曰白乎、涅而不緇。吾豈匏瓜也哉。焉能繫而不食。

仏肸が孔先生を招聘した。先生は出向こうとなさった。子路が言うには、「以前、私（由）はこのように先生から伺いました。『自分から進んで悪事をなす者がいれば、君子はその仲間には入らない』という

ものです。今、仏肸は中牟で反乱を起こしました。先生が出向かれるのは、（これにてらして）いかがなものでしょう」と。孔先生がおっしゃるには、「そうだ。以前そのように言ったことがある。しかし、堅い物をこう言うではないか、『研いでも薄くならない』と。白い物をこう言うではないか、『黒く染めても染まらない』と（仏肸ごときに研ぎ削られたり、染められたりしない）。私はどうしてひょうたんだろうか、どうしていつも同じ所につながれたまま飲食もできない無用の物となろうか」と。

【別解】①「然《かくのごと》し。是の言有るなり。」「その通りだ。以前そのように言ったことがある。」【義疏】②「吾豈に匏瓜ならんや。」「私は匏瓜という星ではあるまい。」【義疏一通・徂徠】③孔先生が子路に言ったのは君子が自分自身を守る不変の方法である。【仁斎】

442

子《し》曰《い》はく、由《ゆう》や女《なんじ》六言六蔽《りくげんりくへい》を聞《き》けるか、と。對《こた》へて曰《い》はく、未《いま》だし、と。居《お》れ、吾《われ》女《なんじ》に語《かた》らん。仁《じん》を好《この》めども學《がく》を好《この》まずんば、其《そ》の蔽《へい》や愚《ぐ》なり。知《ち》を好《この》めども學《がく》を好《この》まずんば、其《そ》の蔽《へい》や蕩《とう》なり。信《しん》を好《この》めども學《がく》を好《この》まずんば、其《そ》の蔽《へい》や賊《ぞく》なり。直《ちょく》を好《この》めども學《がく》を好《この》まずんば、其《そ》の蔽《へい》や

子曰、由也女聞六言六蔽矣乎。對曰、未也。居、吾語女。好仁不好學、其蔽也愚。好知不好學、其蔽也蕩。好信不好學、其蔽也賊。好直不好學、

其蔽也絞。好勇不好學、其蔽也亂。好剛不好學、其蔽也狂。

絞《こう》なり。勇《ゆう》を好《この》めども學《がく》を好《この》まずんば、其《そ》の蔽《へい》や亂《らん》なり。剛《ごう》を好《この》めども學《がく》を好《この》まずんば、其《そ》の蔽《へい》や狂《きょう》なり、と。

孔先生がおっしゃるには、「由（子路）よ、お前は六言六蔽の事を聞いたことがあるか」と。子路が（立ちあがって）お答え申し上げるには、「まだです」と。孔先生がおっしゃるには、「まあ、すわりなさい。私が聞かせよう。仁徳を好んでも学ぶことが嫌いだと（好きなだけで本質がつかめないから）、その弊害は我が身の愚行として返ってくる。知を好んでも学ぶことが嫌いだと（好きなだけで本質がつかめないから）、その弊害は、やたらと高遠でむだに博い取り止めなさとなる。信を好んで学ぶことが嫌いだと、その弊害は、どんな信義にもこだわって、人も自分も害することになる。直を好んで学ぶことが嫌いだと、その弊害は、厳しすぎて苛酷になる。勇を好んでも学ぶことが嫌いだと、その弊害は、果敢に過ぎて乱に及ぶようになる。剛を好んでも学ぶことが嫌いだと、その弊害は、自信満々で無鉄砲な行いをすることだ」と。

【別解】①「六言六蔽」は古語である。古の人は条目によって教え、条目によって守っていた。【徂徠】②「仁を好めども學を好まずんば」以下は中人に対して述べた。【義疏】③本章は学問の功が非常に大きなことを述べている。【仁斎】

443

子《し》曰《い》はく、小子《しょうし》何《なん》ぞ夫《か》の詩《し》を學《まな》ぶこと莫《な》きか。詩《し》は以《もっ》て興《おこ》すべく、以《もっ》て觀《み》るべく、以《もっ》て羣《ぐん》すべく、以《もっ》て怨《うら》むべし。之《これ》を邇《ちか》くしては父《ちち》に事《つか》へ、之《これ》を遠《とお》くしては君《きみ》に事《つか》ふ。多《おお》く鳥獸《ちょうじゅう》草木《そうもく》の名《な》を識《し》る、と。

子曰、小子何莫學夫詩。詩可以興、可以觀、可以羣、可以怨。邇之事父、遠之事君。多識於鳥獸草木之名。

孔先生がおっしゃるには、「君たち、どうしてあの『詩（経）』の詩を学ばないのか。詩とは善悪を見極める心を奮い起こせる、物事の得失を判断する観察力を養える、仲よくとも流されない心を高められ、怨んでも怒りに身を任せない自制心を持て。詩に親しめば、身近には父にお仕えし、遠大に考えれば君主にお仕えできる。鳥・獣・草・木の名を多く知ることができる」と。

別解 ①「以て興すべく、以て觀るべく、以て羣すべく、以て怨むべし。」「物事を上手く喩え、風俗の盛衰を観察し、人々と仲良くし、政治を戒めることができる。」【集解・義疏】②本章は孔先生が門人のために『詩経』を学ぶ利点を説明した。【仁斎】

444

子《し》伯魚《はくぎょ》に謂《い》ひて曰《い》はく、女《なんじ》周南《しゅうなん》・召南《しょうなん》を爲《まな》びたるか。人《ひと》にして周南《しゅうなん》・召南《しょうなん》を爲《まな》ばずんば、其《そ》れ猶《な》ほ正《ただ》しく牆《しょう》

子謂伯魚曰、女爲周南・召南矣乎。人而不爲周南・召南、其

に面《めん》して立《た》つがごときか、と。

猶正牆面而立也與。

孔先生が息子の伯魚に教えておっしゃるには、「お前は（『詩経』の）周南篇・召南篇を学んだのか。人として周南・召南の詩を学ばなければ、それこそ土塀に向かってつっ立っているようだよ（一歩も前に進めないし、何も見えない）」と。

別解 ①「猶ほ正しく面《おもて》を牆にして立つがごときか。」「顔面を土塀に向かって立っているようだよ。」【義疏】②周南・召南の詩は、周王による教化の及ぶところをいい、さらには、修身・斉家の道も全て備わっている。【仁斎】

445

子《し》曰《い》はく、禮《れい》と云《い》ひ禮《れい》と云《い》ふ、玉帛《ぎょくはく》を云《い》はんや。樂《がく》と云《い》ひ樂《がく》と云《い》ふ、鐘鼓《しょうこ》を云《い》はんや、と。

子曰、禮云禮云、玉帛云乎哉。樂云樂云、鐘鼓云乎哉。

孔先生がおっしゃるには、「礼儀だ礼儀だというが、それはただ儀礼に重要な玉や織り物だけを言うのか。楽（ガク）だ楽（ガク）だというが、それはただかねや太鼓を鳴らすだけを言うのか」と。

別解 ①本章は礼楽の根本を弁じた。周末の君主は、貴重な玉や織り物を重んずることを知るのみであり、礼楽によって、上を安んじ、民を治められないのを孔先生は嘆いた。【義疏】②本章は孔先生が君主のために述べた。【徂徠】③先王の礼楽は、自分に施せば自分の徳を完成させ、他人に用いれば他者の風俗を純化する。言葉ではない

無為の教化であるのに、後世の人君は耳目を悦ばせるものと思っており、孔先生はこのように言った。【徂徠】

446

子曰《しい》はく、色《いろ》厲《れい》にして内《うち》荏《じん》なるは、諸《これ》を小人《しょうじん》に譬《たと》ふれば、其《そ》れ猶《な》ほ穿《せん》窬《ゆ》の盗《とう》のごときか、と。

子曰、色厲而内荏、譬諸小人、其猶穿窬之盜也與。

孔先生がおっしゃるには、「うわべには威厳があるが内心は軟弱ならば、そのさまを小人に譬えれば、それこそ、こそ泥のようだ（いつも人に見破られないかとびくびくしている）」と。

別解　①本章は官職に就いている者のために述べた。【仁斎】

447

子曰《しい》はく、郷《きょう》原《げん》は徳《とく》の賊《ぞく》なり、と。

子曰、郷原德之賊也。

孔先生がおっしゃるには、「いわゆるその村うちの人格者は、道徳の破壊者だ」と。

別解　①「郷《さと》に原《ゆる》すは」「至るところの郷で、他人の情をゆるし、自分の意とするのは」【集解】②「郷《むか》ひ原《ゆる》すは」「人をみて、その趣向に媚びへつらうのは」【集解　一曰】③「郷原は」「原壊は」【義疏張憑】④「徳の賊なり。」「徳のある人を妨害する。」【徂徠】

448

子曰《しい》はく、道《みち》に聴《き》きて塗《みち》に説《と》くは、徳《とく》を之《こ》れ棄《す》つるなり、と。

子曰、道聴而塗説、徳之棄也。

孔先生がおっしやるには、「道ばたで聞いた（よい）ことをまたすぐに道ばたで人に聞かせるのは、（自分のものになっていないのに身から離してしまうから）身に付くはずの人徳を棄ててしまうことになる」と。

別解 ①「道に聴きて塗に説く」は、「口耳の学」（聞いたばかりのことを、理解せず、口に出すような学問）への批判である。【徂徠】②本章は孔先生が後世になって道徳が低下し、衰微したのを嘆いた。いにしえは、道を尊崇することが非常に篤く、容易には道について議論しようとはしなかった。必ずや自ら実行し、心に自得し、知り尽くし、疑問点がさっぱりと解け、自分にあまりが出てから、他人に答えたのである。【仁斎】

449

子曰《しい》はく、鄙夫《ひふ》は與《とも》に君《きみ》に事《つか》ふべけんや。其《そ》の未《いま》だ之《これ》を得《え》ざるや、之《これ》を得《え》んことを患《うれ》ふ。既《すで》に之《これ》を得《う》れば、之《これ》を失《うしな》はんことを患《うれ》ふ。苟《いや》しくも之《これ》を失《うしな》はんことを患《うれ》ふれば、至《いた》らざる所《ところな》無し、と。

子曰、鄙夫可與事君也與哉。其未得之也、患得之。既得之、患失之。苟患失之、無所不至矣。

孔先生がおっしゃるには、「愚劣な人とは一緒に君主にお仕えできない。まだ手に入らないもの（地位・名誉・財産など）は、手に入れることばかり思い悩む。もう手に入ってしまうと、それを失うことばかり思い悩む。もしもそれらを失う心配が出てきたら、どんなことでもしでかすからだ」と。

【別解】①「鄙夫は」「凡庸で賤しく、義理もなく、位に即いている人は」【仁斎】②「之を失はんことを患ふ。」楚の俗言で「手に入れられないことを思い悩む。」【集解・義疏・徂徠】

450

子曰《しい》はく、古《いにしえ》者民《たみ》に三疾《さんしつ》有《あ》り。今《いま》や或《あるい》は是《こ》れ亡《な》し。古《いにしえ》の狂《きょう》や肆《し》、今《いま》の狂《きょう》や蕩《とう》なり。古《いにしえ》の矜《きょう》や廉《れん》、今《いま》の矜《きょう》や忿戾《ふんれい》なり。古《いにしえ》の愚《ぐ》や直《ちょく》、今《いま》の愚《ぐ》や詐《いつわり》のみ、と。

子曰、古者民有三疾。今也或是之亡也。古之狂也肆、今之狂也蕩。古之矜也廉、今之矜也忿戾。古之愚也直、今之愚也詐而已矣。

孔先生がおっしゃるには、「その昔、人には三つ片寄りがあった。今はもうなくなってしまったようだ。昔の『狂』とは、志高く、細々したきまりに拘わらないが、今の『狂』は、重大なきまりも守らず留めどがない。昔の『矜』は自分に厳しく易々と妥協しないのだが、今の『矜』は強情で人と争いをおこす。昔の『愚』は率直に思うまま行なうのだが、今の『愚』は私心から思うままを行なって人をだまし、嘘

をつくだけだ」と。

別解 ①「民に三疾有り。」「人には三つの欠点があった。」【義疏】②「今や是れ或《あ》ること亡し。」「今はいなくなってしまった。」【徂徠】③「古の狂や肆」から「詐のみ」まで「昔の「狂」は自由奔放であった。今の「狂」は、拠るところがない。昔の「矜」は品行方正であった。今の「矜」はわがままで怒りっぽい。昔の「愚」は真っ直ぐであったが、今の「愚」は人をだますだけだ。」【集解・義疏】

451

子曰《しい》はく、巧《こう》言《げん》令色《れいしょく》、鮮《すくな》いかな仁《じん》、と。

子曰、巧言令色、鮮矣仁。

孔先生がおっしゃるには、「口先うまく表情も和らげ、人に気に入られようとする人に、仁心は無い」と。

別解 ①學而第一・3頁に重出。

452

子曰《しい》はく、紫《むらさき》の朱《しゅ》を奪《うば》ふを惡《にく》むなり。鄭聲《ていせい》の雅樂《ががく》を亂《みだ》るを惡《にく》むなり。利口《りこう》の邦家《ほうか》を覆《くつがえ》す者《もの》を惡《にく》む、と。

子曰、惡紫之奪朱也。惡鄭聲之亂雅樂也。惡利口之覆邦家者。

孔先生がおっしゃるには、「(青でも赤でもない、どっちつかずの)紫色が(真正の色の)朱の地位を奪

うのが憎い。（淫らなゆえに人の気をひく）鄭の音楽が雅楽を乱すのが憎い。口先上手が国家を転覆するのが憎い」と。

【別解】①当時は邪悪な人が正義な人の地位を奪うことが多かった。そのため、このように述べた。【義疏】

453

子曰《しい》はく、予言《よい》ふこと無《な》からんと欲《ほっ》す、と。子貢曰《しこうい》はく、子如《しも》し言《い》はずんば、則《すなわ》ち小子《しょうし》何《なに》をか述《の》べん、と。子曰《しい》はく、天何《てんなに》をか言《い》はんや。四時《しいじ》行《おこな》はれ、百物生《ひゃくぶつしょう》ず。天何《てんなに》をか言《い》はんや、と。

子曰、予欲無言。子貢曰、子如不言、則小子何述焉。子曰、天何言哉。四時行焉、百物生焉。天何言哉。

孔先生がおっしゃるには、「私はもう言葉で教えるのはやめようと思う」と。子貢が言うには、「先生が何もおっしゃらなくなったら、我々門人は何を伝えればよいのでしょう」と。孔先生がおっしゃるには、「天だって何も言わないではないか。それでいて季節はちゃんと移り変わり、すべてのものはちゃんと生育する。天は何も言わないではないか」と。

【別解】①「予言ふこと無からんと欲す。」「私はもう何も言わないようにしようと思う。」【集解・徂徠】②本章は言語を求めず、深くその実に務めることを求めた。【仁斎】

454

孺悲《じゅひ》孔子《こうし》を見《み》んと欲《ほっ》す。孔子《こうし》辭《じ》するに疾《やまい》を以《もっ》てす。命《めい》を將《おこな》ふ者《もの》戶《こ》を出《い》づ。瑟《こと》を取《と》りて歌《うた》ひ、之《これ》をして之《これ》を聞《き》かしむ。

孺悲欲見孔子。孔子辭以疾。將命者出戶。取瑟而歌、使之聞之。

孺悲が孔先生に面会を求めてきた。孔先生は病気だと言って断った。取次ぎの者が孔先生の部屋の戸口を出た。すると、孔先生は瑟を取って歌い、孺悲にわざとその声が聞こえるようにした（面会を断る気持ちを孺悲自身に考えさせようとした）。

別解 ①「命を將ふ者戶を出づ。」［孺悲の使者が孔先生の部屋の戸口を出た。］【義疏】②「之をして之を聞かしむ。」［孺悲の使者に、その声が聞こえるようにした。］【義疏】

455

宰我《さいが》問《と》ふ、三年《さんねん》の喪《も》は、期《き》已《はなは》だ久《ひさ》し。君子《くんし》三年《さんねん》禮《れい》を爲《な》さずんば、禮《れい》必《かな》らず壞《やぶ》れん。三年《さんねん》樂《がく》を爲《な》さずんば、樂《がく》必《かな》らず崩《くず》れん。舊穀《きゅうこく》既《すで》に沒《つ》きて、新穀《しんこく》既《すで》に升《のぼ》る。燧《すい》を鑽《き》りて火《ひ》を改《あらた》む。期《き》にして已《や》むべし、と。子《し》曰《い》はく、夫《か》の稻《とう》を食《くら》

宰我問、三年之喪、期已久矣。君子三年不爲禮、禮必壞。三年不爲樂、樂必崩。舊穀既沒、新穀既升。鑽燧改火。期可已矣。

ひ、夫《か》の錦《にしき》を衣《き》るは、女《なんじ》に於《おい》て安《やす》きか、と。曰《い》はく、安《やす》し、と。女《なんじ》安《やす》くんば則《すなわ》ち之《これ》を爲《な》せ。夫《そ》れ君子《くんし》の喪《も》に居《お》る、旨《うま》きを食《くら》へども甘《あま》からず。樂《がく》を聞《き》けども樂《たの》しまず。居處《きょしょ》安《やす》からず。故《ゆえ》に爲《な》さざるなり。今《いま》女《なんじ》安《やす》くんば則《すなわ》ち之《これ》を爲《な》せ、と。宰我《さいが》出《い》づ。子《し》曰《い》はく、予《よ》の不仁《ふじん》なるや、子《こ》生《う》まれて三年《さんねん》、然《しか》る後《のち》に父母《ふぼ》の懷《ふところ》を免《はな》る。夫《そ》れ三年《さんねん》の喪《も》は、天下《てんか》の通喪《つうそう》なり。予《よ》や其《そ》の父母《ふぼ》に三年《さんねん》の愛《あい》有《あ》るか、と。

子曰、食夫稻、衣夫錦、於女安乎。曰、安。女安則爲之。夫君子之居喪、食旨不甘。聞樂不樂。居處不安。故不爲也。今女安則爲之。宰我出。子曰、予之不仁也、子生三年、然後免於父母之懷。夫三年之喪、天下之通喪也。予也有三年之愛於其父母乎。

宰我が質問して言うには、「親の喪には三年との決まり事ですが、一年でも長すぎると思います。君子でも三年も礼を修めなければ、儀礼はきっと崩れ去りましょう。三年も音楽を演奏しなければ、音楽はきっとだめになりましょう。一年たてば、古い穀物はなくなり、新しい穀物は実ります。火打ち石を使って新しい火を取るのも、一年です。ですから親の喪も一年で十分だと思います」と。孔先生がおっしゃるには、「(喪中は粗衣粗食だが)一年であの旨い米を食べ、あの美しい錦で着飾っても、お前は平気なのか」と。宰我が言うには、「平気です」と。(孔先生がおっしゃるには)「お前が平気ならそうすればよい。そもそ

も人格者が喪に服す時には、旨い物を食べても味けなく、音楽を聞いても楽しくなく、どんな所にいても落ち着かない。だからそうしないまでだ。ところがお前はそれで平気ならばそうすればよい」と。宰我が退出していった。孔先生がおっしゃるには、「予（宰我の名）は思いやりに欠ける。子どもは生まれてから三年たって、やっと父母の懐を離れる。（その恩を忘れないから）一体に三年の喪は、天下万民の共通の喪になっている。（宰）予だって自分の父母に、三年の慈愛を受けただろうに」と。

別解 ①「予の不仁なるや、」「予（宰我）は慈しみの心がない。」【義疏】②「予や其の父母に三年の愛有るか。」「予はどうして三年を自分の父母のために惜しむのだろうか。」【義疏一云】③孔先生の道が大いに天下に行われれば、礼楽を改めていただろう。宰我は、それを知り、質問したのである。単純に親の喪を短縮したいと望んだのではない。【徂徠】

456

子《し》曰《い》はく、飽食《ほうしょく》終日《しゅうじつ》、心《こころ》を用《もち》ふる所《ところ》無《な》きは、難《かた》いかな。博弈《はくえき》なる者《もの》有《あ》らずや。之《これ》を爲《な》すは猶《な》ほ已《や》むに賢《まさ》れり、と。

子曰、飽食終日、無所用心、難矣哉。不有博弈者乎。爲之猶賢乎已。

孔先生がおっしゃるには、「腹一杯食べて一日中ぼんやりと過ごすなら、困りものだなあ。賭博なるものがあると言うではないか。あんなことでもするのは、それでも何もしないよりましだ」と。

【別解】①本章は心を働かせないことが非常に良くないことを言っており、賭博を推奨したものではない。【仁斎】②私からすれば賭博でさえも静座や持敬（ともに朱子学の修養法）に勝る。【徂徠】

457

子路《しろ》曰《い》はく、君子《くんし》は勇《ゆう》を尚《たっと》ぶか、と。子《し》曰《い》はく、君子《くんし》は義《ぎ》を以《もっ》て上《じょう》と爲《な》す。君子《くんし》勇《ゆう》有《あ》りて義《ぎ》無《な》くんば、亂《らん》を爲《な》す。小《しょう》人勇《じんゆう》有《あ》りて義《ぎ》無《な》くんば、盜《とう》を爲《な》す、と。

子路曰、君子尙勇乎。子曰、君子義以爲上。君子有勇而無義、爲亂。小人有勇而無義、爲盜。

子路が言うには、「人格者は勇気を尊ぶでしょうか」と。孔先生がおっしゃるには、「人格者とは、正義を最上のものだと思っている。人格者でも(特に位についたら)勇気だけあって正義がなければ、乱を起こす。小人が勇気だけあって正義がなければ、盗みを働く」と。

458

子《し》貢《こう》曰《い》はく、君子《くんし》も亦《ま》た惡《にく》むこと有《あ》るか、と。子《し》曰《い》はく、惡《にく》むこと有《あ》り。人《ひと》の惡《あく》を稱《しょう》する者《もの》を惡《にく》む。下流《かりゅう》に居《い》て上《かみ》を訕《そし》る者《もの》を惡《にく》む。勇《ゆう》にして禮《れい》無《な》き者《もの》を惡《にく》む。果敢《かかん》にして

子貢曰、君子亦有惡乎。子曰、有惡。惡稱人之惡者。惡居下流而訕上者。惡勇而

窒《ふさ》がる者《もの》を惡《にく》む、と。曰《い》はく、賜《し》や亦《ま》た惡《にく》むこと有《あ》るか、と。徼《うかが》ひて以《もっ》て知《ち》と爲《な》す者《もの》を惡《にく》む。不孫《ふそん》にして以《もっ》て勇《ゆう》と爲《な》す者《もの》を惡《にく》む。訐《あば》きて以《もっ》て直《ちょく》と爲《な》す者《もの》を惡《にく》む、と。

無禮者。惡果敢而窒者。曰、賜也亦有惡乎。惡徼以爲知者。惡不孫以爲勇者。惡訐以爲直者。

子貢が言うには、「人格者でも人を憎みますか」と。孔先生がおっしゃるには、「人を憎むことはある。他人の悪い所を言いふらす者を憎む。部下であって上役の悪口を言う者を憎む。勇気だけあって礼節に欠ける者を憎む。果敢にものを言っても筋が通らない者を憎む」と。孔先生が（今度は）質問なさるには、「賜（子貢）も人を憎むのか」と。子貢が申し上げるには、「人の様子をうかがって知ったかぶりをする者を憎みます。目上の人をないがしろにするのを勇気だとはき違える者を憎みます。他人の秘密を暴露するのを正直だと思う者を憎みます」と。

別解 ①「君子も亦た惡むこと有るか。」「孔先生でも人を憎むことはありますか。」【義疏江熙】②「人の惡を稱《あ》ぐる者を惡む。」「他人の悪い所を大声でいう者を憎む。」【徂徠】③「徼《かす》めて以て知と爲す者を惡む。」「（他人の意見を）かすめ取って（自分の）知とするものを憎みます。」【集解・義疏・徂徠】④孔先生が憎んだのは、自分でそれが不善だと自覚しない者である。【仁斎】

459

子曰《しい》はく、唯《た》だ女子《じょし》と小人《しょうじん》とは、養《やしな》ひ難《がた》しと為《な》す。之《これ》に近《ちか》づくれば則《すなわ》ち不孫《ふそん》なり。之《これ》を遠《とお》ざくれば則《すなわ》ち怨《うら》む、と。

子曰、唯女子與小人、爲難養也。近之則不孫。遠之則怨。

孔先生がおっしゃるには、「使用人の女性と召使いとは、扱いにくいと思う。親しげにするとつけあがり、遠ざけると怨まれる」と。

【別解】①「唯だ女子と小人とは、」〔女子と肉体労働するような貧民は、〕【徂徠】

460

子曰《しい》はく、年四十《とししじゅう》にして悪《にく》まるれば、其《そ》れ終《おわ》らんのみ、と。

子曰、年四十而見惡焉、其終也已。

孔先生がおっしゃるには、「(分別盛りの)四十歳になって、人から憎まれるようでは、もう進歩することはないね」と。

【別解】①不惑(四十歳)になっても、人から憎まれるようでは、終いまで善行はない。【集解】②その土地の人がこぞって憎む人物(子路第十三・326)であれば、まだ弁護できる。しかし、どこに行っても憎まれる人物は、その人に良いところがないことが分かる。【仁斎】

微子第十八

此篇多記聖賢之出處。凡十一章。

此の篇 多く聖賢の出處を記す。凡べて十一章。

この篇は多く聖賢の出処進退を記す。全十一章。

461

微子《びし》は之《これ》を去《さ》り、箕子《きし》は之《これ》が奴《ど》と爲《な》り、比干《ひかん》は諫《いさ》めて死《し》す。孔子《こうし》曰《い》はく、殷《いん》に三仁《さんじん》有《あ》り、と。

微子去之、箕子爲之奴、比干諫而死。孔子曰、殷有三仁焉。

（殷の紂王の暴虐を諫めて）腹ちがいの兄の微子は、紂王を見捨てて去り、おじの箕子は、紂王の奴隷とされ、（やはり）おじの比干は、（激しく）諫めて惨殺された。孔先生がおっしゃるには、「殷には三人の仁者（身を引くことで悟らせようとした微子、奴隷のまま時を待って悟らせようとした箕子、命を犠牲にして悟らせようとした比干）がいた」と。

【別解】①三者の行動は異なるが、ともに「仁」とされているのは、乱を憂え、民を安んじたからである。【集解・義疏】②仁を実行するには、あるものは遠大であり、あるものは身近である。一つにはとらわれない。【仁斎】③微子、箕子、比干の行いの詳細は分からない。孔先生の時には三者の伝承があり、そのため「仁」としたのだろう。【徂徠】

462

柳下恵《りゅうかけい》士師《しし》と爲《な》りて、三《み》たび黜《しりぞ》けらる。人《ひと》曰《い》はく、子《し》未《いま》だ以《もっ》て去《さ》るべからざるか、と。曰《い》はく、道《みち》を直《なお》くして人《ひと》に事《つか》ふれば、焉《いず》くに往《ゆ》くとして三《み》たび黜《しりぞ》けられざらん。道《みち》

柳下恵爲士師、三黜。人曰、子未可以去乎。曰、直道而事人、焉往而不三黜。枉道而

を枉《ま》げて人《ひと》に事《つか》ふれば、何《なん》ぞ必《かな》らずしも父母《ふぼ》の邦《くに》を去《さ》らん、と。

事人、何必去父母之邦。

柳下恵は司法長官となったが、何度もやめさせられた。ある人が言うには、「あなた（柳下恵）は、まだこの国を立ち去ろうと思わないのですか」と。柳下恵が言うには、「信じる道を曲げないまま人に仕えるならば、どこに行っても、何度かやめさせられないではいられないでしょう。信じる道を曲げてまで人に仕えるならば、この父母の国の魯を去る必要がどうしてあろうか」と。

【別解】①「何ぞ必らずしも父母の邦を去らん。」「この故郷の魯を去る必要がどうしてあろうか。」【義疏】②本章は柳下恵の仁を称えた。【仁斎】③柳下恵は仁者ではなく、知者である。【徂徠】

463

齊《せい》の景公《けいこう》 孔子《こうし》を待《ま》つに曰《い》はく、季氏《きし》の若《ごと》くするは、則《すなわ》ち吾《われ》能《あた》はず。季《き》・孟《もう》の間《かん》を以《もっ》て之《これ》を待《ま》たん、と。曰《い》はく、吾《われ》老《お》いたり。用《もち》ふること能《あた》はざるなり、と。孔子《こうし》行《さ》る。

齊景公待孔子曰、若季氏、則吾不能。以季・孟之間待之。曰、吾老矣。不能用也。孔子行。

斉の景公が（斉に滞在中の）孔先生の処遇について（側近に）おっしゃるには、「魯公が特別に厚遇す

る季氏のようには、私の力ではできない。(かといって孟氏並みだと失礼だから)季氏と孟氏の中間ぐらいで孔先生を待遇しよう」と。しかし、その後、「私も年をとり過ぎた。(任用すれば遠大な改革が始まるから)とてもではないが孔先生を任用できない」と。孔先生は斉を立ち去った。

【別解】①「季氏の若くするは、」「国政を委任されている季氏のようには、」【義疏】②「曰はく、吾老いたり。用ふること能はざるなり、と。」「(孔先生が)いうには、「私も年をとりすぎた。季氏や孟氏のようにはすることはできない」と。」【仁斎】

464

齊人《せいひと》女樂《じょがく》を歸《おく》る。季桓子《きかんし》之《これ》を受《う》けて、三日《さんじつ》朝《ちょう》せず。孔子《こうし》行《さ》る。

齊人歸女樂。季桓子受之、三日不朝。孔子行。

斉の人が、孔先生が司寇となって魯の国力が充実したことを憂慮して、美女八十人の歌舞団を送り込んで、魯公の政治への関心を削ごうとした。時の実力者季桓子は、よろこんで受け入れ、三日もの間政務を怠った。(そこから将来を見切って)孔先生は魯を立ち去られた。

465

楚《そ》の狂接輿《きょうせつよ》歌《うた》ひて孔子《こうし》を過《す》ぐ。曰《い》はく、鳳《ほう》や鳳《ほう》や、何《なん》ぞ

楚狂接輿歌而過孔子。

徳《とく》の衰《おとろ》へたる。往《ゆ》く者《もの》は諫《いさ》むべからず。來《き》たる者《もの》は猶《な》ほ追《お》ふべし。已《や》みなん已《や》みなん。今《いま》の政《まつりごと》に從《したが》ふ者《もの》は殆《あやう》し、と。孔子《こうし》下《お》りて之《これ》と言《い》はんと欲《ほっ》す。趨《はし》りて之《これ》を辟《さ》く。之《これ》と言《い》ふことを得《え》ざりき。

曰、鳳兮鳳兮、何徳之衰。往者不可諫。來者猶可追。已而已而。今之從政者殆而。孔子下欲與之言。趨而辟之。不得與之言。

楚の狂人を装う隠者の接輿が、孔先生のお車の傍らを通り過ぎながら言うには、「鳳よ、鳳よ、今の世は無道なのに、身を隠そうともしない、お前まで何と徳が衰えたのか。過去は諫められない、将来ならまだ間にあう。もう止めよ、もう止めよ。今の政治に関わる者は危い」と。孔先生は車を降りて言葉を交そうとなさった。接輿は足早に孔先生を避けたので、話しはできなかった。

別解 ①「接輿」（1）姓は陸、名は通。接輿は字。楚の昭王に仕えなかった人物。【義疏】（2）接輿は姓。【徂徠】②接輿と孔先生とが話し合ったら、狂人ではないことが明らかになっただろう。そのため、足早に去った。【義疏江熙】③本章は孔先生が楚の君主に会おうとしたのを接輿が諭した。門人がこの事を記録したのは聖人には助けが多い事を示した。【徂徠】

長沮《ちょうそ》・桀溺《けつでき》耦《ぐう》して耕《たがや》す。孔子之《こうしこれ》を過《す》ぐ。子路《しろ》をして津《しん》を問《と》はしむ。長沮《ちょうそ》曰《い》はく、夫《か》の輿《よ》を執《と》る者《もの》は誰《たれ》と爲《な》す、と。子路《しろ》曰《い》はく、孔丘《こうきゅう》と爲《な》す、と。曰《い》はく、是《こ》れ魯《ろ》の孔丘《こうきゅう》か、と。曰《い》はく、是《こ》れなり、と。曰《い》はく、是《こ》れならば津《しん》を知《し》らん、と。桀溺《けつでき》に問《と》ふ。桀溺《けつでき》曰《い》はく、子《し》は誰《たれ》と爲《な》す、と。曰《い》はく、仲由《ちゅうゆう》と爲《な》す、と。曰《い》はく、是《こ》れ魯《ろ》の孔丘《こうきゅう》の徒《と》か、と。對《こた》へて曰《い》はく、然《しか》り、と。曰《い》はく、滔滔《とうとう》たる者《もの》は天下《てんか》皆《みな》是《こ》れなり。而《しか》して誰《たれ》と以《とも》にか之《これ》を易《か》へん。且《か》つ而《なんじ》其《そ》の人《ひと》を辟《さ》くるの士《し》に從《したが》はん與《よ》りは、豈《あ》に世《よ》を辟《さ》くるの士《し》に從《したが》ふに若《し》かんや、と。耰《ゆう》して輟《や》めず。子路《しろ》行《ゆ》きて以《もっ》て告《つ》ぐ。夫子《ふうし》憮然《ぶぜん》として曰《い》はく、鳥獸《ちょうじゅう》は與《とも》に羣《ぐん》を同《おな》じくすべからず。吾《われ》斯《こ》の人《ひと》の徒《と》と與《とも》にするに非《あら》ずして、誰《たれ》と與《とも》にせん。天下《てんか》道《みち》有《あ》らば、丘《きゅう》與《とも》に易《か》へず、と。

長沮・桀溺耦而耕。孔子過之。使子路問津焉。長沮曰、夫執輿者爲誰。子路曰、爲孔丘。曰、是魯孔丘與。曰、是也。曰、是知津矣。問於桀溺。桀溺曰、子爲誰。曰、爲仲由。曰、是魯孔丘之徒與。對曰、然。曰、滔滔者天下皆是也。而誰以易之。且而與其從辟人之士也、豈若從辟世之士哉。耰而不輟。子路行以告。夫子憮然曰、鳥獸不可與同羣。吾非斯人之徒與、而誰與。天下有道、丘不與易也。

長沮と桀溺が並んで耕していた。孔先生はそこを通りかかった。(そこで)子路に渡し場をたずねさせた。長沮が言うには、「あの車の手綱を執っているのは誰だ」と。子路が言うには、「孔丘です」と。長沮が言うには、「魯の孔丘か」と。子路が言うには、「その通りです」と。長沮が言うには、「それなら(天下に知らぬことのない孔先生だから)渡し場ぐらいご存知だろう」と。(しかたなく)桀溺に問いかけた。すると桀溺が言うには、「きみは誰だ」と。子路が言うには、「仲由です」と。桀溺が言うには、「魯の孔丘の門人か」と。子路が答えて言うには、「そうです」と。桀溺が言うには、「とうとうと流れる川のように、天下の人は、低きに流れて戻らない。それを誰の力で変えようとするのか(無駄なことだ)。さらにお前は、理想の人を求めて人を避ける孔先生に従うよりは、世俗を避けるわしらに従う方がずっとましなのがわからんか」と。そして種に土をかける仕草を止めなかった。子路は立ち去って孔先生に報告した。先生は憮然としておっしゃるには、「いくら世俗に絶望しても、我々は鳥獣の仲間には入れない。私は人とともに暮らす以外に、一体誰と仲間になれよう。天下に道があれば私はあえて変革しなくてよいのだ(道なきがゆえに、何とか変えようと努力するのだ)」と。

【別解】①「天下皆是れなり。」「人君はみなそうである。」【徂徠】②「而して誰か以て之を易へん。」「それを誰が改めようか。」【集解・義疏・徂徠】③「且つ其の人を辟くるの士に従はん與りは、」「さらに人を避けつづける孔先生に従うよりは、」【集解・義疏】④「且つ而《なんじ》其の人を辟くるの士に従はん與りは、」「さらにお前は理想の人君を求めて人を避けつづける孔先生に従うよりは、」【徂徠】⑤「夫子憮然として曰はく、」「先生は非常に驚いておっしゃるには、」【義疏】⑥「吾斯の人の徒と與にするに非ずして、」「私は人君以外に誰と仲間となれよう。」【徂

徠】⑦「天下 道有らば、」「天下の人君にみな道を得させることができたら、」【徂徠】⑧長沮・桀溺は天下を変えようとし、孔先生は天下を変えようとはしなかった。天下を変えようとするのは、自分の道を天下に強いることである。天下は人があって成り立つのであり、人なしには成り立たない。【仁斎】⑨仁斎の発言は、まだ書物を読んだことのない者のようである。【徂徠】

467

子路《しろ》従《したが》ひて後《おく》る。丈人《じょうじん》の杖《つえ》を以《もっ》て蓧《じょう》を荷《にな》ふに遇《あ》ふ。子路《しろ》問《と》ひて曰《い》はく、子《し》夫子《ふうし》を見《み》たるか、と。丈人《じょうじん》曰《い》はく、四《し》體《たい》勤《つと》めず、五穀《ごこく》分《わ》かたず。孰《たれ》をか夫子《ふうし》と爲《な》す、と。其《そ》の杖《つえ》を植《た》てて蕓《くさぎ》る。子路《しろ》拱《きょう》して立《た》つ。子路《しろ》を止《とど》めて宿《しゅく》せしめ、鶏《にわとり》を殺《ころ》して黍《しょ》を爲《つく》りて之《これ》に食《くら》はしめ、其《そ》の二子《にし》を見《まみ》えしむ。明日《めいじつ》子路《しろ》行《ゆ》きて以《もっ》て告《つ》ぐ。子《し》曰《い》はく、隠者《いんじゃ》なり、と。子路《しろ》をして反《かえ》りて之《これ》を見《み》せしむ。至《いた》れば則《すなわ》ち行《さ》れり。子路《しろ》曰《い》はく、仕《つか》へずんば、義《ぎ》無《な》し。長幼《ちょうよう》の節《せつ》は、廢《はい》すべからざるなり。君臣《くんしん》の義《ぎ》は、之《これ》を如何《いかん》ぞ其《そ》れ之《これ》を廢《はい》せん。其

子路從而後。遇丈人以杖荷蓧。子路問曰、子見夫子乎。丈人曰、四體不勤、五穀不分。孰爲夫子。植其杖而蕓。子路拱而立。止子路宿、殺鷄爲黍而食之、見其二子焉。明日子路行以告。子曰、隱者也。使子路反見之。至則行矣。子路曰、不仕、無義。長幼之節、不可廢也。君臣之義、如之何其

の身《み》を潔《いさぎよ》くせんと欲《ほっ》して大倫《たいりん》を亂《みだ》る。君子《くんし》の仕《つか》ふるや、其《そ》の義《ぎ》を行《おこな》ふなり。道《みち》の行《おこな》はれざるは、已《すで》に之《これ》を知《し》れり、と。

廢之。欲潔其身而亂大倫。君子之仕也、行其義也。道之不行、已知之矣。

子路が先生に付き従って旅していて、一行に遅れたことがあった。すると老人が杖で籠をかついで来るのに出遇った。子路が尋ねて言うには、「あなたは私の先生を見かけましたか」と。その老人は、「手足を使って働こうともせず、五穀の種類も見分けられないお前じゃないか。そんな者が一体誰を先生などと言うのか」と言ったまま、そこに杖を立てて、田の草取りをはじめた。子路は（これはただ者ではないと）両手を組んで敬意を表した。すると老人は子路を引きとめ、家に泊めてやり、鶏を殺し黍の飯を炊いて食べさせた上に、自分の息子二人を面会させた。あくる日、子路はそこを出て一行に追い着き、それらを孔先生に告げた。孔先生がおっしゃるには、「（世を避ける賢者）隠者だ」と。子路に、取って返して会わせようとした。帰ってみると、もう老人は立ち去った後だった。子路が言うには、「（孔先生はこうお考えだ）世を避けて仕えなければ、君臣の義は果たせない。（二人の息子に、私に挨拶させたように）長幼の序は無くしてはならない。それなら、どうして君臣の義を無くしてよかろう。自分の身さえ清らかにして、君臣の義のような大きな道を踏みはずしている。君子が仕えるのは一身のためではなく、その義を行うためなのだ。世に道が行なわれていない現状は承知の上だ」と。

別解 ①「四體勤めず、五穀分かたず。」(1)「（孔先生をさして）手足を使って働こうともせず、五穀を分かち

植えることもできないような男のことを。」【集解】(2)「(孔先生をさして)手足を使って働こうともせず、五穀の種まきもできないような男のことを。」【義疏】(3)「(孔先生をさして)手足を使って働こうともせず、五穀の種類も見分けられないような男のことを。」【徂徠】② 「子路曰はく、仕へずんば、義無し」以下は、丈人が不在だったので、二人の子供に孔先生の考えを告げ、丈人に伝えさせようとした。【集解・義疏・仁斎】③隠者は仕官しないのを義とし、聖人は仕官するのを義とする。義とは天下の大路であり、義を捨て去っては一日も行動できない。君子が仕官するのは俸禄を得るためではない。その道を天下に行き渡らせるためである。【仁斎】

468

逸民《いつみん》には伯夷《はくい》・叔齊《しゅくせい》・虞仲《ぐちゅう》・夷逸《いいつ》・朱張《しゅちょう》・柳下惠《りゅうかけい》・少連《しょうれん》。子曰《しい》はく、其《そ》の志《こころざし》を降《くだ》さず、其《そ》の身《み》を辱《はずかし》めざるは、伯夷《はくい》・叔齊《しゅくせい》か。柳下惠《りゅうかけい》・少連《しょうれん》を謂《い》ふ。志《こころざし》を降《くだ》し身《み》を辱《はずかし》むるも、言《げん》は倫《りん》に中《あた》り、行《こう》は慮《りょ》に中《あた》る。其《そ》れ斯《か》くのごときのみ。虞仲《ぐちゅう》・夷逸《いいつ》を謂《い》ふ。隱居《いんきょ》して言《げん》を放《ほしいまま》にし、身《み》は清《せい》に中《あた》り、廢《はい》せられて權《けん》に中《あた》る。我《われ》は則《すなわ》ち是《これ》に異《こと》なり。可《か》も無《な》く不可《ふか》も無《な》し、と。

逸民伯夷・叔齊・虞仲・夷逸・朱張・柳下惠・少連。子曰、不降其志、不辱其身、伯夷・叔齊與。謂柳下惠・少連。降志辱身矣、言中倫、行中慮。其斯而已矣。謂虞仲・夷逸。隱居放言、身中清、廢中權。我則異於是。無可無

在野の賢人としては、伯夷・叔斉・虞仲・夷逸・朱張・柳下恵・少連がいる。孔先生がおっしゃるには、「その志を屈せず、我が身を汚さなかったのは伯夷・叔斉だろうか」と。柳下恵と少連についておっしゃるには、「その志を屈して、我が身を汚した。（しかし）発言は道理にかない、行動は思慮深かった。この部分だけはよい」と。虞仲と夷逸についておっしゃるには、「隠遁して言いたいことを言った。（しかし）身は正しく清らかで、用いられない時の正しく適切な処し方だ」と。ついでおっしゃるには、『私はこれらの人々とは違う。しなければならないとか、してはならないとか、硬直した生き方ではないのだ」と。

不可。

別解 ①「言は倫に中り、行は慮に中る。」〔言葉は聖人の倫理に一致し、行動は聖人の思慮に一致する。」【徂徠】②「隠居して言を放《お》き、」〔隠遁して言葉を捨ててしまったが、」【集解・義疏】③「可も無く不可も無し。」〔道が行えるか否かということで進退を決めない。」【徂徠】④朱張は荀子が孔先生に比した人物である。始めに七人の名を挙げ、詳細は六人のみなのは、孔先生と取捨が同じだからである。【義疏王弼】

大師《たいし》摯《し》は齊《せい》に適《ゆ》く。亞飯《あはん》干《かん》は楚《そ》に適《ゆ》く。三飯《さんはん》繚《りょう》は蔡《さい》に適《ゆ》く。四飯《しはん》缺《けつ》は秦《しん》に適《ゆ》く。鼓《こ》方叔《ほうしゅく》は河《か》に入《い》る。播《は》鼗《とう》武《ぶ》は漢《かん》

大師摯適齊。亞飯干適楚。三飯繚適蔡。四飯缺適秦。鼓方叔入於河。播鼗武入於

に入《い》る。少師陽《しょうしよう》・撃磬《げきけい》襄《じょう》は海《うみ》に入《い》る。

魯国の宮廷楽師長の摯が斉へ去ってしまった。一日の第二回めの食事に楽を奏する干は、楚へ去ってしまった。第三回めの食事に楽を奏する繚は、蔡へ去ってしまった。第四回めの食事に楽を奏する缺は、秦へ去ってしまった。鼓打ちの方叔は、河内の地に入っていった。振り鼓持ちの武は、漢中の地に入っていった。楽師副長の陽と磬打ちの襄は、海の方へと去ってしまった。

【別解】①魯の哀公の時、礼楽は衰え、楽師たちは去った。【集解】②魯の君主は無道であり、礼楽は崩壊し、楽師たちはちりぢりとなった。【義疏】③大師摯以下が四方に散り散りとなったのは、魯国でさえも、仕えることができなくなったからである。【仁斎】④亞飯、三飯、四飯は毎食あることであり、一日の食事順ではない。【徂徠】

漢。少師陽・撃磬襄入於海。

470

周公《しゅうこう》魯公《ろこう》に謂《い》ひて曰《い》はく、君子《くんし》は其《そ》の親《しん》を弛《し》せず。大《だい》臣《じん》をして以《もち》ひられざるを怨《うら》ましめず。故舊《こきゅう》大故《たいこ》無《な》くんば、則《すなわ》ち棄《す》てず。備《そな》はらんことを一人《いちにん》に求《もと》むること無《な》かれ、と。

周公謂魯公曰、君子不施〔弛〕其親。不使大臣怨乎不以。故舊無大故、則不棄也。無求備於一人。

周公が魯公におっしゃるには、「君子は、身内を見棄てない。大臣に信任されていないという怨みを抱かせない。永い譜代の臣下は、重大な悪事がなければ見棄てない。一人に全てを求めない」と。

＊朱熹は原文「施」を〔弛〕に改める説を採る。

別解 ①「周公 魯公に謂ひて曰はく、」〔周公旦は（息子の）魯公の伯禽におっしゃったことには、〕【義疏】②「君子は其の親を施《か》へず。」（1）〔君子は（他人の身内を）自分の身内をとりかえない。〕【集解・義疏】（2）〔君子は自分の身内には偏らない。〕【義疏孫綽】③「君子は其の親を施《ゆる》べず。」〔君子は身内をいい加減にはしない。〕【徂徠・筆解】④「故舊 大故無くんば、」〔旧い馴染みの友人は極悪な行いがなければ、〕【集解・義疏】⑤本章は周公旦が臨終の際に伯禽に遺言した内容である。【義疏孫綽】⑥本章の四事は、君子の行う事柄であり、真心があり、思いやりの厚い行いである。【仁斎】

471

周《しゅう》に八士《はっし》有《あ》り。伯達《はくたつ》・伯适《はくかつ》・仲突《ちゅうとつ》・仲忽《ちゅうこつ》・叔夜《しゅくや》・叔夏《しゅくか》・季隨《きずい》・季騧《きか》。

周有八士。伯達・伯适・仲突・仲忽・叔夜・叔夏・季隨・季騧。

周には八人の有能な人がいた。伯達・伯适・仲突・仲忽・叔夜・叔夏・季随・季騧だ。

【別解】①周の時に、四度子供を妊娠し、八人の子を生んだ人があり、いずれも高い地位の官吏となった。そのため、記録した。【集解】②一人の母親が双子を四回、計八人生んだ。【義疏】③周の時に、四つの乳房あり、八人の子を生んだ人があり、いずれも賢かった。そのため、記録した。【義疏旧云】④本章は『論語』の内容とは無関係である。古人が、たまたま古人の一、二言を記録しようとし、『論語』の篇末の空いている所に書いたのであろう。【徂徠】⑤四度出産し、八人の子供を生んだということは異様であり、信じることはできない。ただ当時の人材の多さを言ったのであろう。【仁斎】

子張第十九

此篇皆記弟子之言。而子夏爲多、子貢次之。蓋孔門自顏子以下、穎悟莫若子貢。自曾子以下、篤實無若子夏。故特記之詳焉。凡二十五章。

此の篇 皆弟子の言を記す。而して子夏を多と爲し、子貢之に次ぐ。蓋し孔門は顏子自り以下、穎悟は子貢に若くもの莫し。曾子自り以下、篤實は子夏に若くもの無し。故に特に之を記すこと詳かなり。凡べて二十五章。

この篇は全て弟子の言葉を記す。その中では子夏の言葉が多く、子貢がこれに次ぐ。孔門は顔子以下では、聡明さは子貢が最も優れ、曽子以下では、篤実さは子夏が最も優れる。だからこそ、特に彼らの言葉を詳細に記す。全二十五章。

472

子《し》張《ちょう》曰《い》はく、士《し》は危《あやう》きを見《み》ては命《めい》を致《いた》し、得《う》るを見《み》ては義《ぎ》を思《おも》ひ、祭《まつり》には敬《けい》を思《おも》ひ、喪《そう》には哀《あい》を思《おも》ふ。其《そ》れ可《か》なるのみ、と。

子張曰、士見危致命、見得思義、祭思敬、喪思哀。其可已矣。

子張が言うには、「士というものは、危難を見れば、命を投げ出し、利得を見れば、正当なものかを考え、祖先の祭りには、敬虔な心を尽くし、葬儀には悲しみを尽くす。それでまあよかろう」と。

【別解】①「得るを見ては義を思ひ、」「禄を得ては、それが功労によるものか考え、」【義疏】②子張の言うように、士としては本章の内容でよい。しかし、上位に立つ者として、君主や宰相となった場合は本章には止まらない。【仁斎】③義、敬、哀はそれぞれ先王の義、先王の敬、先王の哀である。【徂徠】

473

子《し》張《ちょう》曰《い》はく、徳《とく》を執《と》ること弘《ひろ》からず。道《みち》を信《しん》ずること篤《あつ》からずんば、焉《いず》くんぞ能《よ》く有《あ》りと爲《な》し、焉《いず》くんぞ能《よ》く亡《な》しと爲《な》さん、と。

子張曰、執德不弘。信道不篤、焉能爲有、焉能爲亡。

子張が言うには、「人格を磨いても幅がなく、道義を信じても固くなければ、どうしてその人ありと言

えよう、どうして居ないと言えよう（居ても居なくても同じだ）」と。

【別解】①「徳を執ること弘からず。」〔徳を養って大きくせず。〕【徂徠】

474

子夏《しか》の門人《もんじん》交《まじわ》りを子張《しちょう》に問《と》ふ。子張曰《しちょうい》はく、子夏《しか》は何《なに》とか云《い》へる、と。對《こた》へて曰《い》はく、子夏曰《しかい》はく、可《か》なる者《もの》には之《これ》に與《くみ》し、其《そ》の不可《ふか》なる者《もの》は之《これ》を拒《ふせ》げ、と。子張曰《しちょうい》はく、吾《わ》が聞《き》く所《ところ》に異《こと》なり。君子《くんし》は賢《けん》を尊《たっと》びて衆《しゅう》を容《い》れ、善《ぜん》を嘉《よみ》して不能《ふのう》を矜《あわれ》む。我《われ》の大賢《たいけん》ならんか、人《ひと》に於《おい》て何《なん》ぞ容《い》れざる所《ところ》あらん。我《われ》の不賢《ふけん》ならんか、人《ひと》に於《おい》て將《まさ》に我《われ》を拒《ふせ》がんとす。之《これ》を如何《いかん》ぞ其《そ》れ人《ひと》を拒《ふせ》がん、と。

子夏之門人問交於子張。子張曰、子夏云何。對曰、子夏曰、可者與之、其不可者拒之。子張曰、異乎吾所聞。君子尊賢而容衆、嘉善而矜不能。我之大賢與、於人何所不容。我之不賢與、人將拒我。如之何其拒人也。

子夏の門人が人との交際を子張に質問した。子張が言うには、「子夏は何と言っていたか」と。お答えして言うには、「子夏は『よい人とは交際し、よくない人は拒絶するように』と申しておりました」と。子張が言うには、「私が孔先生から伺ったこととは違う。『人格者は賢人を尊敬しながらも、普通の人を

も包容し、善人を誉めながらも、だめな人にも同情する』と（聞いています）。自分が偉大な賢人なら誰にも寛容でしょうし、自分が劣るならば、誰もが向こうから私との交際を断るでしょう。どうしてこちらから人を拒絶することがありましょう」と。

【別解】①子夏の言葉は対等で上下のないものであり、子張の言葉は他人に覆い被さるものである。【義疏王粛】②友人との交際は子夏のように、広く交わることは子張のようにすべきである。【集解】③子張の言葉は、ほんとうに孔先生の意を伝えている。大罪を犯した者も交際を絶つべきではなく、交際して損になる友人も遠ざけるべきではないことを言おうとしたのだ。【仁斎】

475

子夏曰《しかい》はく、小道《しょうどう》と雖《いえ》ども、必《かな》らず観《み》るべき者有《ものあ》り。遠《とお》きを致《いた》すには恐《おそ》らく泥《なず》まん。是《ここ》を以《もっ》て君子《くんし》は爲《まな》ばざるなり、と。

子夏曰、雖小道、必有可觀者焉。致遠恐泥。是以君子不爲也。

子夏が言うには、「たとえ一能一芸の小さな道でも、必ず見るべき価値はある。ただ、遠大な目標に進もうとすると、拘わって足をとられる恐れがある。だから君子は（一芸を）やらないのだ」と。

【別解】①「小道と雖ども、」（1）［異端であっても、］【集解】（2）［諸子百家であっても、］【義疏・仁斎】②「必らず観るべき者有り。」［その場では見るべき者がわずかにある。］【義疏】③「遠しきに致れば恐らく泥《なず》まん。」［（し

かし、それらを持して）長く行おうとすると、」【義疏】④この当時、諸子百家は存在していない。しかし、現在からすると、そのような解釈も意味がある。仏老であっても必ず見るべき価値がある。【徂徠】

476

子夏《しか》曰《い》はく、日《ひ》に其《そ》の亡《な》き所《ところ》を知《し》り、月《つき》に其《そ》の能《よ》くする所《ところ》を忘《わす》るること無《な》きは、學《がく》を好《この》むと謂《い》ふべきのみ、と。

子夏曰、日知其所亡、月無忘其所能、可謂好學也已矣。

子夏が言うには、「日ごとに知らない事を知ろうと努め、月ごとに身に付いた事を忘れないように努めるなら、学問が好きだと言えよう」と。

別解 ①「日に其の亡ふ所を知り、」「毎日、自分から亡失するものを知り、速やかに反省し、」【徂徠】②「學を好むと謂ふべきのみ。」「師となることができる。」【義疏】③孔先生は学問を好むことを評価した。顔回に対して、聡明さではなく、好学を評価したように、学問を好むということは、これ以上、付け加えることがないということである。【仁斎】

477

子夏《しか》曰《い》はく、博《ひろ》く學《まな》びて篤《あつ》く志《こころざ》し、切《せつ》に問《と》ひて近《ちか》く思《おも》ふ。仁《じん》其《そ》の中《なか》に在《あ》り、と。

子夏曰、博學而篤志、切問而近思。仁在其中矣。

子夏が言うには、「広く学んでひたむきに志し、自分の身に切実に問いただして、（いたずらに高遠な抽象的思索にふけることなく）身辺の事を考えるならば、仁はその中に宿っている」と。

【別解】①「博く學びて篤く志《しる》し、」(1)［広く学んで厚く記録し、］【集解・徂徠】(2)［広く経書を学び、自分の身に深く刻み込み、］【義疏】③「切《いそ》ぎて問ひて近く思ふ。」［（理解できないことがあれば、）急ぎ質問して、自分が已に学んだことを考える。］【義疏】④「切に問ひて」［自分の身に厳しく問いただして］【徂徠】⑤「仁 其の中に在り。」［先王の民を安んずる徳は、その中にある。］【徂徠】⑥いにしえの師が弟子に答える際には全ては答えず、考えさせて、自得するようにした。そのため、弟子は理解するために、師にあれこれ質問した。【徂徠】

478

子《し》夏《か》曰《い》はく、百工《ひゃくこう》は肆《し》に居《い》て以《もっ》て其《そ》の事《こと》を成《な》し、君子《くんし》は學《まな》びて以《もっ》て其《そ》の道《みち》を致《いた》す、と。

子夏曰、百工居肆以成其事、君子學以致其道。

子夏が言うには、「多くの職人は、その現場で事を成し遂げ、人格者は学ぶ事で道をきわめる」と。

【別解】①「學びて以て其の道に致《いた》る。」［学問によって道に到達する。］【義疏】②「學びて以て其の道を致す。」［詩書礼学を学び、先王の道を自然にやってこさせる。］【徂徠】③作業場で仕事をするのは職人の職務である。学問をして、道をきわめるのが君子の業である。人には、それぞれの業がある。【仁斎】

479

子夏《しか》曰《い》はく、小人《しょうじん》の過《あやま》ちや必《かな》らず文《かざ》る、と。

子夏が言うには、「小人は自分に過ちがあると、必ず取繕おうとする」と。

【別解】①「小人の過ちや必らず文る。」(1)[小人は自分に過ちがあると、言い繕い、実情を言わない。]【集解】(2)[身分が低く貧しい人々は過ちがあると、必ず取繕おうとする。]【徂徠】②子夏がこのようにいったのは、人々がこの言葉によって、自分で考えることを望んだからであろう。【仁斎】

子夏曰、小人之過也必文。

480

子夏《しか》曰《い》はく、君子《くんし》に三變《さんへん》有《あ》り。之《これ》を望《のぞ》めば儼然《げんぜん》たり。之《これ》に卽《つ》くや溫《おん》なり。其《そ》の言《げん》を聽《き》くや厲《れい》なり、と。

子夏が言うには、「人格者は三つに変化して見える。遠くから見ると威厳がある。近づいて見ると温和である。その言葉を聞くと厳しい」と。

【別解】①「之を望めば儼然たり。」(衣冠が整っているため、)遠くから見ると威厳がある。」【義疏】②儼然は礼、温は仁、厲は義の現れである。【仁斎】③上位にある人、道を学ぶ者も本章のようにすべきである。【徂徠】

子夏曰、君子有三變。望之儼然。卽之也溫。聽其言也厲。

481

子夏曰《しかい》はく、君子《くんし》は信《しん》ぜられて而《しか》る後《のち》に其《そ》の民《たみ》を勞《ろう》す。未《いま》だ信《しん》ぜられずんば、則《すなわ》ち以《もっ》て己《おのれ》を厲《や》ましむと爲《な》すなり。信《しん》ぜられて而《しか》る後《のち》に諫《いさ》む。未《いま》だ信《しん》ぜられずんば、則《すなわ》ち以《もっ》て己《おのれ》を謗《そし》ると爲《な》すなり、と。

子夏曰、君子信而後勞其民。未信、則以爲厲己也。信而後諫。未信、則以爲謗己也。

子夏が言うには、「人格者は信頼を得てから民衆を働かせる。まだ信頼されていなければ、(民衆たちは)自分を虐待していると誤解される。君主には信任された後、諫めるようにする。まだ信任されていなければ、言われなき非難だと誤解される」と。

【別解】①「君子は信ぜられて」「国の君主は信頼を得てから」【義疏】②「信ぜられて而る後に諫む。」「臣下は君主に信任された後に、諫めるようにする。」【義疏】③本章の冒頭が「子夏」ではなく、「子」であったとしても誰も区別がつかないだろう。孔先生の門人で『論語』に載せているものは、みな忘れないように心に留めるべきである。【仁斎】

482

子夏曰《しかい》はく、大徳《だいとく》は閑《のり》を踰《こ》えずんば、小徳《しょうとく》は出入《しゅつにゅう》すとも可《か》なり、と。

子夏曰、大德不踰閑、小德出入可也。

子夏が言うには、「人道上の大きな倫理は踏み越えなければ、小さな倫理は多少合わなくても、まあよいだろう」と。

【別解】①「閑《ほう》を踰えずんば」「法則を踏み越えなければ」【集解・義疏・徂徠】②「大徳」は上賢以上、「小徳」は中賢以下である。【義疏】③「大徳」から「可なり」は『晏子春秋』巻五に類似の語が見えるように古語である。【徂徠】

483

子《し》游《ゆう》曰《い》はく、子《し》夏《か》の門《もん》人《じん》小《しょう》子《し》は、洒《さい》掃《そう》・應《おう》對《たい》・進《しん》退《たい》に當《あ》たりては、則《すなわ》ち可《か》なり。抑ゝ《そもそも》末《すえ》なり。之《これ》に本《もと》づけば則《すなわ》ち無《な》し。之《これ》を如何《いかん》、と。子《し》夏《か》之《これ》を聞《き》きて曰《い》はく、噫《ああ》、言《げん》游《ゆう》過《あやま》てり。君《くん》子《し》の道《みち》は、孰《いず》れをか先《さき》にし傳《つた》へ、孰《いず》れをか後《のち》にし倦《う》まん。諸《これ》を草《そう》木《もく》の區《く》にして以《もっ》て別《べつ》あるに譬《たと》ふ。君《くん》子《し》の道《みち》は、焉《いず》くんぞ誣《し》ふべけんや。始《はじ》め有《あ》り卒《おわ》り有《あ》る者《もの》は、其《そ》れ惟《た》だ聖《せい》人《じん》か、と。

子游曰、子夏之門人小子、當洒掃・應對進退、則可矣。抑末也。本之則無。如之何。子夏聞之曰、噫、言游過矣。君子之道、孰先傳焉、孰後倦焉。譬諸草木區以別矣。君子之道、焉可誣也。有始有卒者、其惟聖人乎。

子游が言うには、「子夏の門人どもは、掃除や応接や進退については、まあまあよい。でもそれは、そ

もそも瑣末なことだ。人道の根本を訊ねてみると全くできていない。一体どうしたらよいのか（どうしようもない）」と。子夏がこれを耳にして言うには、「ああ、言游（子游）は間違っている。人格者の道とは、どれを先に教え、どれを後に回して手を抜くことはない。たとえば草や木に大小・熟未熟の区別があるようなものだ。人格者の道は（聞き手の程度を無視して高遠な教えで自尊心をひとまず満足させて）相手をあざむいてはいけない。始めから終わりまですべてを身に付けた者は、それこそ聖人だけだ」と。

別解　①「本《もと》の則ち無き、」（1）［根本がない。］【集解】（2）［先王の道がない。］【義疏】（3）［先王の天下国家を治める道がない。］【徂徠】②「孰か先に傳へん。」［誰が先に伝えようか。］【集解・義疏・劉敞】③「諸を草木の區にして」（1）［草木が種類によって異なるように］【集解】（2）［種類を分けて草木を植えたように］【義疏】（3）［順序や等級に分けて草木を植えたように］【徂徠】（4）［地域を分けて草木を植えたように］【仁斎】④草木の喩えを用いたのは、春に花が咲き、秋に実る草木があるように、君子の道には遅い、早いがあることを示した。【義疏張憑】⑤孔先生の道は草や木をそれぞれの区域に分けて育てるようなものである。【仁斎】

484

子夏《しか》曰《い》はく、仕《つか》へて優《ゆう》なれば則《すなわ》ち學《まな》ぶ。學《まな》びて優《ゆう》なれば則《すなわ》ち仕《つか》ふ、と。

子夏曰、仕而優則學。學而優則仕。

子夏が言うには、「職務に励んで、まだ余力あれば学びなさい。学んでいる内は打ちこんで、まだ余力

あれば働きなさい」と。

【別解】①本章は出仕と学問とが分かれていないことを述べた。【仁斎】

485

子游《しゆう》曰《い》はく、喪《も》は哀《あい》を致《いた》して止《や》む、と。

子游が言うには、「喪に際しては哀悼の情を尽くせばそれで十分だ（飾る必要はない）」と。

【別解】①本章は子游が聖人の喪礼を制定した意を説明したのだろう。【徂徠】

子游曰、喪致乎哀而止。

486

子游《しゆう》曰《い》はく、吾《わ》が友《とも》張《ちょう》や、能《よ》くし難《がた》きを爲《な》す。然《しか》れども未《いま》だ仁《じん》ならず、と。

子游が言うには、「我が友の張（子張）は、人のできない事をやり遂げる。しかしまだ仁だとは言えない」と。

【別解】①「然れども未だ仁ならず。」「しかし、その容貌は仁とは言えない。」【集解・義疏袁氏】②次章（487）と併せて一章とする。【仁斎・徂徠】

子游曰、吾友張也、爲難能也。然而未仁。

487

曾子《そうし》曰《い》はく、堂堂《どうどう》たるかな張《ちょう》や。與《とも》に竝《なら》びて仁《じん》を爲《な》し難《がた》し、と。

曾子曰、堂堂乎張也。難與竝爲仁矣。

曽先生が言うには、「堂々として立派な姿だなあ張（子張）は。でも力を合わせて、仁を成しとげる相手としては難しいなあ」と。

【別解】①「與に竝びて仁を爲し難し。」［（私が）子張の隣国で仁政を行えば、必ずや、その下になるだろう。］【徂徠】②後世の儒者が子游と曽先生の言葉によって、いたずらに子張を批判するのは間違いである。【仁斎】

488

曾子《そうし》曰《い》はく、吾《われ》諸《これ》を夫子《ふうし》に聞《き》けり。人未《ひといま》だ自《みずか》ら致《いた》す者有《ものあ》らざるなり。必《かな》らずや親《おや》の喪《も》か、と。

曾子曰、吾聞諸夫子。人未有自致者也。必也親喪乎。

曽先生が言うには、「我はこんな事を先生から伺った。『普通の人は、自発的に極限まで心を尽くさない。それがあるとすれば、きっと親の喪の時だろう』」と。

【別解】①「人未だ自ら致《きわ》むる者有らざるなり。」［人は自分を出し切ることはない。］【集解・義疏】②人は親の喪以外では、みな礼をかりて、その後、誠や敬に至る。自発的に極限まで心を尽くすのは親の喪だけである。これは先王の礼をかりなくても、哀悼の情が自然と尽くされていくからである。【徂徠】

489

曾子《そうし》曰《い》はく、吾《われ》諸《これ》を夫子《ふうし》に聞《き》けり。孟荘子《もうそうし》の孝《こう》や、其《そ》の他《た》は能《よ》くすべきなり。其《そ》の父《ちち》の臣《しん》と父《ちち》の政《まつりごと》とを改《あらた》めざるは、是《こ》れ能《よ》くし難《がた》きなり、と。

曾子曰、吾聞諸夫子。孟荘子之孝也、其他可能也。其不改父之臣與父之政、是難能也。

曽先生が言うには、「私はこんな事を先生から伺った。『孟荘子の孝行は、他の事ならできようが、父の臣下と父の部下を変えなかった点は、何ともできる事ではない』」と。

【別解】①孟荘子は喪に服している間、父の臣下や父の政策に不善があったけれども改めなかった。【集解】

490

孟氏《もうし》陽膚《ようふ》をして士師《しし》爲《た》らしむ。曾子《そうし》に問《と》ふ。曾子《そうし》曰《い》はく、上《かみ》其《そ》の道《みち》を失《うしな》ひ、民《たみ》散《さん》ずること久《ひさ》し。如《も》し其《そ》の情《じょう》を得《え》ば、則《すなわ》ち哀矜《あいきょう》して喜《よろこ》ぶこと勿《な》かれ、と。

孟氏使陽膚爲士師。問於曾子。曾子曰、上失其道、民散久矣。如得其情、則哀矜而勿喜。

魯の大夫の孟子が、曽先生の門弟の陽膚を司法長官に任用した。（陽膚は心得を授けてもらおうと）曽先生にうかがった。曽先生が言うには、「為政者があるべき道を見失い、民心が離れて久しい。もし民が法を犯したら、犯さざるを得なかった事情を察して同情し、検挙した自分の手柄だと喜んではならな

い」と。

【別解】①「如し其の情を得ば、」〔もし犯罪の事実を知ったならば、〕【徂徠】

491

子貢曰《しこうい》はく、紂《ちゅう》の不善《ふぜん》は、是《か》くの如《ごと》く甚《はなは》だしからざりしなり。是《ここ》を以《もつ》て君子《くんし》は下流《かりゅう》に居《お》ることを悪《にく》む。天下《てんか》の悪《あく》皆帰《みなき》すればなり、と。

子貢曰、紂之不善、不如是之甚也。是以君子悪居下流。天下之悪皆歸焉。

子貢が言うには、「殷の紂王の不善とは、さほどひどくはなかった。それなのに暴虐と呼ばれたのだから、人格者は（紂王のように周りに悪人が集まるような）下流にいるのを嫌うものだ。（それを許すと）世界中の悪人がすべて集まるからだ」と。

【別解】①「天下の惡 皆歸すればなり。」〔天下の悪人が紂王に集まり、紂王も受け入れた。（そのため、悪人の悪事も紂王の悪事なのである。）〕【徂徠】②聖人の教化は群賢の輔弼による。暗愚な君主の乱は衆悪の輩による。【義疏蔡謨】

492

子貢《しこう》曰《い》はく、君子《くんし》の過《あやま》ちや、日月《じつげつ》の食《しょく》の如《ごと》し。過《あやま》つや、人《ひと》皆之《みなこれ》を見《み》る。更《あらた》むるや、人皆之《ひとみなこれ》を仰《あお》ぐ、と。

子貢曰、君子之過也、如日月之食焉。過也、人皆見之。更也、人皆仰之。

子貢が言うには、「人格者の過失は、まるで日蝕や月蝕のようである。過失を犯すと、(隠さないから)人々はすべてそれを見る。(しかし) 過失を認めて改めると、人々はすべて尊敬して仰ぎ見る (あたかもそれは日蝕・月蝕のように一時のことだ)」と。

別解 ①「君子の過ちや、」「上位に立つ者の過失は、」【徂徠】②君子の心は至誠である。そのため、わずかな過失でも人はみな見ることになる。【仁斎】

493

衛《えい》の公孫朝《こうそんちょう》 子貢《しこう》に問《と》ひて曰《い》はく、仲尼《ちゅうじ》は焉《いず》くにか學《まな》べる、と。子貢《しこう》曰《い》はく、文武《ぶんぶ》の道《みち》、未《いま》だ地《ち》に墜《お》ちずして、人《ひと》に在《あ》り。賢者《けんじゃ》は其《そ》の大《だい》なる者《もの》を識《しる》し、不賢者《ふけんじゃ》は其《そ》の小《しょう》なる者《もの》を識《しる》す。文武《ぶんぶ》の道《みち》有《あ》らざること莫《な》し。夫子《ふうし》焉《いず》くにか學《まな》ばざらん。而《しか》して亦《ま》た何《なん》の常師《じょうし》か之《こ》れ有《あ》らん、と。

衛公孫朝問於子貢曰、仲尼焉學。子貢曰、文武之道、未墜於地、在人。賢者識其大者、不賢者識其小者。莫不有文武之道焉。夫子焉不學。而亦何常師之有。

衛の大夫の公孫朝が、子貢に質問して言うには、「仲尼（孔先生）は誰に学んだのですか」と。子貢が言うには、「（周の聖人）文王・武王の道はまだ滅びないですべての人に宿っています。賢者はその中の大なるものを憶え、すぐれていない人でも小なるものを憶えています。（つまり学ぶべき）文王・武王の道は、どこにでもあるのです。（ですから）先生は、誰にでも学ぶのです。だからまた特定の先生などあろうはずもありません」と。

別解 ①「文武の道、」［先王の道は、］【義疏】②本章において「文武の道」と言い、「堯舜の道」と言わなかったのは、文王・武王は堯・舜よりも孔先生と時代が近く、そのやり方が詳しく残っていたためである。【仁斎】

師之有。

494

叔孫《しゅくそん》武叔《ぶしゅく》大夫《たいふ》に朝《ちょう》に語《かた》りて曰《い》はく、子貢《しこう》は仲尼《ちゅうじ》より賢《まさ》れり、と。子服景伯《しふくけいはく》以《もっ》て子貢《しこう》に告《つ》ぐ。子貢《しこう》曰《い》はく、之《これ》を宮牆《きゅうしょう》に譬《たと》ふるに、賜《し》の牆《しょう》や肩《かた》に及《およ》ぶ。室家《しっか》の好《よ》きを窺《うかが》ひ見《み》ん。夫子《ふうし》の牆《しょう》は數仞《すうじん》なり。其《そ》の門《もん》を得《え》て入《い》らずんば、

叔孫武叔語大夫於朝曰、子貢賢於仲尼。子服景伯以告子貢。子貢曰、譬之宮牆、賜之牆也及肩。窺見室家之好。夫子之牆數仞。不得其門而入、

宗廟《そうびょう》の美《び》、百官《ひゃくかん》の富《とみ》を見《み》ず。其《そ》の門《もん》を得《う》る者《もの》、或《あるい》は寡《すくな》し。夫子《ふうし》の云《い》へること、亦《ま》た宜《むべ》ならずや、と。

不見宗廟之美、百官之富。得其門者、或寡矣。夫子之云、不亦宜乎。

魯の大夫の叔孫武叔が他の大夫に朝廷で告げて言うには、「子貢は仲尼より優れている」と。（それを開いた）子服景伯が、子貢に話した。子貢が言うには、「先生と私を屋敷の塀にたとえれば、私の塀は肩の高さくらい（普通の屋敷）です。ですから屋敷の中の良い所をのぞき見られます。先生の塀は高々と数仞もありますし、門を見つけて入らなければ、宗廟のような美しさも、百官が居並ぶ壮麗さも見えません。その入り口を見つける者はほとんどいません。あの方々がそう言うのも、もっともではありませんか」と。

別解 ①「夫子の云へること、」「叔孫武叔がいうのも、」【集解・義疏】②叔孫武叔は魯の大夫の叔孫州仇、武は諡である。【集解】③孔先生の器量の門は凡人が入れるものではない。入れたのは顔回のみである。そのため、子貢は「其の門を得る者、或は寡し」と言った。【義疏】④後世の学ぶ者は多く『孟子』を用いて『論語』を解釈しているが、孟子は門の外の人と争う者である。『孟子』を用いて、門の内のことが分かろうか。【徂徠】⑤子貢は叔孫と武孫の言葉に対して、間違いとは言わず、妥当だとした。聖人を理解し難いのを述べたのであろう。【仁斎】

495

叔孫《しゅくそん》武叔《ぶしゅく》　仲尼《ちゅうじ》を毀《そし》る。子貢《しこう》曰《い》はく、以《もっ》て為《な》すこと無《な》かれ。仲尼《ちゅうじ》は毀《そし》るべからざるなり。他人《たにん》の賢者《けんじゃ》は丘陵《きゅうりょう》なり。猶《な》ほ踰《こ》ゆべし。仲尼《ちゅうじ》は日月《じつげつ》なり。得《え》て踰《こ》ゆること無《な》し。人自《ひとみずか》ら絶《た》たんと欲《ほっ》すと雖《いえ》ども、其《そ》れ何《なん》ぞ日月《じつげつ》を傷《やぶ》らんや。多《まさ》に其《そ》の量《りょう》を知《し》らざるを見《あら》はすなり、と。

叔孫武叔毀仲尼。子貢曰、無以爲也。仲尼不可毀也。他人之賢者丘陵也。猶可踰也。仲尼日月也。無得而踰焉。人雖欲自絶、其何傷於日月乎。多見其不知量也。

魯国の大夫の叔孫武叔が、仲尼（孔先生）を誹謗した。子貢が言うには、「そんなことを言うのはやめなさい。仲尼は中傷できません。他の人の人格の高さは、丘程度でしょう。まだ越えられます。仲尼は太陽や月のようです。越えることなどできません。他人が自分の方から絶交しようとしても、太陽や月にとってはそれこそ何の傷になりましょうか。まさに自分の器を知らないことを暴露するだけです」と。

【別解】①「仲尼は毀るべからざるなり。」「仲尼は聖人で中傷できません。」【義疏】②「多《おお》く其の量を知らざるを見はすなり。」「自分が愚かであり、聖人の度量を知らないことを示すだけです。」【義疏】③子貢が孔先生を日月に喩えたのは、先生の晩年、魯の人々が君主よりも尊敬していたことを示す。【徂徠】④子貢が孔先生の墓の近くに墓守のために小屋を建てて、六年も喪に服したことは、孔先生を理解することが深くなればなるほど、ますます孔先生を尊敬していたと言えよう。【仁斎】

陳子禽《ちんしきん》 子貢《しこう》に謂《い》ひて曰《い》はく、子《し》は恭《きょう》を爲《な》すなり。仲尼《ちゅうじ》豈《あ》に子《し》より賢《まさ》らんや、と。子貢《しこう》曰《い》はく、君子《くんし》は一言以《いちげんもっ》て知《ち》と爲《な》し、一言以《いちげんもっ》て不知《ふち》と爲《な》す。言愼《げんつつし》まざるべからざるなり。夫子《ふうし》の及《およ》ぶべからざるは、猶《な》ほ天《てん》の階《かい》して升《のぼ》るべからざるがごとし。夫子《ふうし》にして邦家《ほうか》を得《え》ば、所謂《いわゆる》 之《これ》を立《た》つれば斯《ここ》に立《た》ち、之《これ》を道《みちび》けば斯《ここ》に行《ゆ》き、之《これ》を綏《やす》んずれば斯《ここ》に來《き》たり、之《これ》を動《うご》かせば斯《ここ》に和《やわ》らぐ。其《そ》の生《い》くるや榮《さか》え、其《そ》の死《し》するや哀《かな》しむ。之《これ》を如何《いかん》ぞ其《そ》れ及《およ》ぶべけんや、と。

陳子禽謂子貢曰、子爲恭也。仲尼豈賢於子乎。子貢曰、君子一言以爲知、一言以爲不知。言不可不愼也。夫子之不可及也、猶天之不可階而升也。夫子之得邦家者、所謂立之斯立、道之斯行、綏之斯來、動之斯和。其生也榮、其死也哀。如之何其可及也。

陳子禽が、子貢に告げて言うには、「あなたは謙遜されている。仲尼がどうしてあなたより優れておりましょうか」と。子貢が言うには、「君子はたった一言で知者とも思われますし、たった一言で愚者とも思われます。言葉は慎まなければなりません。先生のとても追いつけないところは、まるで天がはしごをかけて登れないようなものです。先生がもし、国を治めれば、いわゆる『民の生活を確立しようとすれば立派に確立し、民を導けば立派に教えが行われ、民を安定させれば遠くの民衆までやってきて、民の心を動かせば、すばらしく仲良くまとまる』ということで、ご存命なら、それだけで栄誉と思われ、亡く

なられれば、深く哀惜される。これをどうやって追いつけましょう（追いつくものではありません）」と。

別解 ①陳子禽は子貢の門人ともされる子禽（學而第一・10）とは別人である。【義疏】②「夫子にして邦家を得ば、」［先生がもし、諸侯や卿大夫となれば、］【集解・義疏】③「之を動かせば斯に和らぐ。」［民を労役する時は、民はその労を忘れる。］【義疏】④孔先生が生きている時は万物はみな栄え、亡くなった時は万物はみな哀れんだ。【義疏袁氏】

堯曰第二十

凡三章。
凡べて三章。
全三章。

堯《ぎょう》曰《い》はく、咨《ああ》爾《なんじ》舜《しゅん》、天《てん》の暦數《れきすう》、爾《なんじ》の躬《み》に在《あ》り。允《まこと》に其《そ》の中《ちゅう》を執《と》れ。四海困窮《しかいこんきゅう》せば、天祿《てんろく》永《なが》く終《お》へん、と。舜《しゅん》も亦《ま》た以《もっ》て禹《う》に命《めい》ず。曰《い》はく、予《われ》小子履《しょうしり》、敢《あえ》て玄牡《げんぼ》を用《もっ》て、敢《あえ》て昭《あきら》かに皇皇《こうこう》たる后帝《こうてい》に告《つ》ぐ。罪有《つみあ》るは敢《あえ》て赦《ゆる》さず。帝臣《ていしん》蔽《おお》はず。簡《えら》ぶこと帝《てい》の心《こころ》に在《あ》り。朕《わ》が躬罪有《みつみあ》らば、萬方《ばんぽう》を以《もっ》てすること無《な》けん。萬方罪有《ばんほうつみあ》らば、罪《つみ》朕《わ》が躬《み》に在《あ》らん、と。周《しゅう》に大賚《たいらい》有《あ》り、善人《ぜんにん》是《こ》れ富《と》む。周親《しゅうしん》有《あ》りと雖《いえ》ども仁人《じんじん》に如《し》かず。百姓過《ひゃくせいあやま》ち有《あ》らば、予一人《よいちにん》に在《あ》り。權量《けんりょう》を謹《つつし》み、法度《ほうど》を審《つまび》らかにし、廢官《はいかん》を脩《おさ》むれば、四方《しほう》の政《まつりごと》 行《おこな》はれん。滅國《めっこく》を興《おこ》し、絶世《ぜっせい》を繼《つ》ぎ、逸民《いつみん》を擧《あ》ぐれば、天下《てんか》の民《たみ》 心《こころ》を歸《き》す。重《おも》んずる所《ところ》は民《たみ》の食喪祭《しょくそうさい》なり。寛《かん》なれば則《すなわ》ち衆《しゅう》を得《え》、信《しん》なれば則《すなわ》ち民任《たみにん》ず。敏《びん》なれば則《すなわ》ち功有《こうあ》り、公《こう》なれば則《すなわ》ち説《よろこ》ぶ。

堯曰、咨爾舜、天之暦數、在爾躬。允執其中。四海困窮、天祿永終。舜亦以命禹。曰、予小子履、敢用玄牡、敢昭告于皇皇后帝。有罪不敢赦。帝臣不蔽。簡在帝心。朕躬有罪、無以萬方。萬方有罪、罪在朕躬。周有大賚、善人是富。雖有周親不如仁人。百姓有過、在予一人。謹權量、審法度、脩廢官、四方之政行焉。興滅國、繼絶世、擧逸民、天下之民歸心焉。所重民食喪祭。寛則得衆、信則民任焉。敏則有功、公則説。

（古代の聖王）堯が（譲位に当って舜）に言うには、「ああ舜よ、天の定めた即位の順次は、今やそなたにある（今こそ帝位につく時だ）。まことに過不足ない、中ほどの道をしっかりとつかめ。この世界が苦しめば、天の恵みは永遠に途絶えよう」と。舜もまたこの言葉を禹に（譲位に当って）告げた。殷王朝の湯王が、天帝と諸侯にむかって言うには、「（天帝よ）この不徳なわたくし履が、僭越ながら黒い牡牛をお供えし、はっきりと大いなる天帝に申し上げます。（前の王朝）夏の桀王は罪を犯しましたので、決して赦しはしません。天帝の臣下たる賢者は、埋もれさせることなく、必ず任用致します。その選定はすべて御心のままに致します。（諸侯たちよ）我が身がもし天から罪を受けるようなことになっても、それは天下の民衆のせいではない。また、もし天下の民衆に罪ある時は、（それは我が政治がよくないのだから）その罪は我が身が負うものである」と。（次の）周王朝には、天から大いなる恵みがあり、善人が豊富にいた。武王が（殷の紂王を討伐する時に、軍隊に誓って）言うには、「紂王には取り巻きが多いが、周の仁なる人には及ばない。民衆は、紂王をいつまでも討伐しない事をとがめた。その責任は私にある」と。（そう宣言して討伐した。）武王は計測や計量を厳正にし、礼楽制度を検討して改正し、紂王に廃された賢人を挙用したので、天下の政治は滞りなく行われた。滅んだ国を再興し、絶えた家を継がせ、紂に捨てられた賢人を挙用したので、天下の民衆は心を寄せた。政治上最も重んじたのは、民衆の食糧と葬儀と祭祀であった。（以上の聖王の事跡を考えると）寛容であれば民心を獲得し、言行が一致していれば、民衆から信任され、怠らず機敏に行えば、功績があがる。公正であれば民衆は心から喜ぶ。

別解 ①「天の暦數、」「政治の道は、」【徂徠】②「允に其の中を執れ。」「今こそ帝位に即け。」【徂徠】③「允に

其の中を執《も》て、四海困《きわ》まり窮《つく》せば、」［ほんとうに中正の道を（心に）持し、四方や夷蠻戎狄までも極め尽くせば、」【義疏】④「法度を審《あきらか》にし、」［国を治める制典を明らかにし、」【義疏】⑤「重んずる所は民・食・喪・祭なり。」［重要なのは、民衆、食糧、葬儀、祭祀である。」【集解・義疏】⑥「其の中を執れ」は、『書経』大禹謨にもこの言葉を載せるが「人心惟れ危、道心惟れ微。惟れ精惟れ一、允に厥の中を執れ」となっている。宋明の儒者も大禹謨を疑っているが、漢代の儒者の偽作である。堯が舜に命じたのは、「咨爾舜」から「永終」までであろう。【仁斎】⑦「周に大賚有り」から「食喪祭なり」までは武王の事である。武王の言葉は、『書経』武成や泰誓に見える。しかし、それらを載せている「古文尚書」は道理に合わず、先儒も多く疑っている。そのため、ここでは「古文尚書」を引用しない。【仁斎】⑧「寛なれば」以下は独立した一章である。「子張 仁を孔子に問ふ」（陽貨第十七・440）と概ね似ており、誤って再出したものであろう。【仁斎】⑨「公なれば則ち説ぶ。」［恵みがあれば民衆は心から喜ぶ。」公を「恵」に改めるべきとする。【仁斎】

498

子《し》張《ちょう》 孔《こう》子《し》に問《と》ひて曰《い》はく、何如《いか》なれば斯《こ》れ以《もっ》て政《まつりごと》に従《したが》ふべきか、と。子《し》曰《い》はく、五《ご》美《び》を尊《たっと》び、四《し》惡《あく》を屏《しりぞ》くれば、斯《ここ》に以《もっ》て政《まつりごと》に従《したが》ふべし、と。子《し》張《ちょう》曰《い》はく、何《なに》をか五《ご》美《び》と謂《い》ふ、と。子《し》曰《い》はく、君《くん》子《し》は恵《けい》にして費《つい》やさず、労《ろう》して

子張問於孔子曰、何如斯可以從政矣。子曰、尊五美、屏四惡、斯可以從政矣。子張曰、何謂五美。子曰、君子惠而不費、勞而

怨《うら》みず、欲《ほっ》して貪《むさぼ》らず、泰《たい》にして驕《おご》らず、威《い》ありて猛《たけ》からず、と。

不怨、欲而不貪、泰而不驕、威而不猛。

子張が孔先生に質問して言うには、「どのようであれば、政治に関与できましょうか」と。孔先生がおっしゃるには、「五つの美徳を尊んで、四つの悪徳を斥ければ、政治に関与できるだろう」と。子張が言うには、「五つの美徳とは何を言うのですか」と。孔先生がおっしゃるには、「人の上に立つ資格のある人間とは、恩恵を施しても無駄な費用をかけない。労働させても怨まれない。求めてもがめつくない。余裕があるが傲慢ではない。威厳はあっても恐くはない（この五つだ）」と。

別解 ①「四惡を屛《のぞ》けば、」〔四つの悪徳を除外できれば、〕【集解・義疏】

子張曰《しちょうい》はく、何《なに》をか恵《けい》にして費《ついや》さずと謂《い》ふ、と。子曰《しい》はく、民《たみ》の利《り》する所《ところ》に因《よ》りて之《これ》を利《り》す。斯《こ》れ亦《ま》た恵《けい》にして費《ついや》さざるにあらずや。勞《ろう》すべきを擇《えら》びて之《これ》を勞《ろう》す。又誰《またたれ》をか怨《うら》みん。仁《じん》を欲《ほっ》して仁《じん》を得《え》たり。又焉《またいず》くんぞ貪《むさぼ》らん。君子《くんし》は衆寡《しゅうか》と無《な》く、小大《しょうだい》と無《な》く、敢《あえ》て慢《あなど》ること無《な》し。斯《こ》

子張曰、何謂惠而不費。子曰、因民之所利而利之。斯不亦惠而不費乎。擇可勞而勞之。又誰怨。欲仁而得仁。又焉貪。君子無衆寡、無小大、

れ亦《ま》た泰《たい》にして驕《おご》らざるにあらずや。君子《くんし》は其《そ》の衣冠《いかん》を正《ただ》しくし、其《そ》の瞻視《せんし》を尊《とうと》くし、儼然《げんぜん》として人望《ひとのぞ》みて之《これ》を畏《おそ》る。斯《こ》れ亦《ま》た威《い》ありて猛《たけ》からざるにあらずや。

無敢慢。斯不亦泰而不驕乎。君子正其衣冠、尊其瞻視、儼然人望而畏之。斯不亦威而不猛乎。

子張が言うには、「恩恵を施しても無駄な費用をかけないとは、どういうことですか」と。孔先生がおっしゃるには、「民衆が生活の支えとしている利益については、それを助長することだ。これこそ恩恵を施して、無駄な費用をかけないことではなかろうか。耐えられるような労働を選んで働かせる。それならさて誰を怨むことがあろうか。仁でありたいと求めて仁徳をつくせたのだから、どうしてまたがめついと言われようか。人の上に立つ者とは、多数か少数か、大事か小事かを考えず、決して軽くは見ない。これこそ余裕があって、傲慢でないことではないか。人の上に立つ者は、服や冠を整え、目つきを下品にしないから、おごそかな様子で人が遠くから見ても畏敬を抱く。これこそ威厳はあっても恐くはないことではないか」と。

【別解】②「仁を欲して仁を得たり。」「仁人を求めて仁人を得た。」【徂徠】

子張《しちょう》曰《い》はく、何《なに》をか四悪《しあく》と謂《い》ふ、と。子曰《しい》はく、教《おし》へずし

子張曰、何謂四惡。子曰、不教而殺、謂

て殺《ころ》す、之《これ》を虐《ぎゃく》と謂《い》ふ。戒《いまし》めずして成《な》るを視《み》る、之《これ》を暴《ぼう》と謂《い》ふ。令《れい》を慢《まん》にして期《き》を致《いた》す、之《これ》を賊《ぞく》と謂《い》ふ。猶《ひと》しく之《こ》れ人《ひと》に與《あた》ふるなり。出納《すいとう》の吝《やぶさか》なる、之《これ》を有司《ゆうし》と謂《い》ふ、と。

之虐。不戒視成、謂之暴。慢令致期、謂之賊。猶之與人也。出納之吝、謂之有司。

子張が言うには、「四つの悪徳とは、何を言うのですか」と。孔先生がおっしゃるには、「教育も施さないで殺すこと、これを残虐という。注意も与えないでおいて成績を調べること、これを不意打ちという。命令を緩やかにしておきながら期限になって責めたてること、これを害賊という。出しおしみをすること、これを役人根性という」と。

別解 ③「成るを視る。」［事情を考慮せずに成果だけを見る。］【徂徠】③「令を慢にして。」（1）［命令をはっきりとはさせず、］【義疏袁氏】（2）［再三、命令せず、怠慢にしておきながら、］【徂徠】④「猶ほ之れ人に與ふるなり。」［人に与えるのに。］【集解・義疏・徂徠】⑤政治を行うには、仁を根本とし、不仁を戒めとするものである。本章は大変長いが、その要点は仁・不仁にある。よく注意しなければならない。【仁斎】

499

子《し》曰《い》はく、命《めい》を知《し》らずんば、以《もっ》て君子《くんし》爲《た》る無《な》きなり。禮《れい》を知《し》らずんば、以《もっ》て立《た》つ無《な》きなり。言《げん》を知《し》らずんば、以《もっ》て人《ひと》

子曰、不知命、無以爲君子也。不知禮、無以立也。不知言、

を知《し》る無《な》きなり、と。

無以知人也。

孔先生がおっしゃるには、「天が（自分に）与えた定めがわからないようでは、人格者とは言えない。礼がわからないようでは、人として自立できない。言葉の重さがわからないようでは、その人物を量り知ることができない」と。

別解　①経文を「孔子曰はく」に作る。【集解・義疏・徂徠】②「命を知らずんば、」（1）「困窮と栄達の分かれ目がわからないようでは、」【集解】（2）「困窮と出世、夭折と長寿をわからないようでは、」【義疏】（3）「道の本をわからないようでは、」【徂徠】③「以て君子爲る無きなり。」「人の上に立つことはできない。」【徂徠】④「以て立つ無きなり。」（1）「世に立つことはできない。」【義疏】（2）「道に立つことはできない。」【徂徠】⑤「言を知らずんば、」「言葉の是非が分からないようであれば、」【集解】⑥「言を知らずんば、以て人を知る無きなり。」「先王の法言（規範となる語）を知らなければ、賢者を知ることはない。」【徂徠】⑦言葉を知らなければ、言葉を褒めることができない。言葉を褒めることができなければ、他人を量り知ることができない。【義疏江熙】⑧天命を受けて、天子、公卿、大夫となる。そのため、その学問、政治は天職である。これを知らなければ君子ではない。【徂徠】⑨臣下が君主に仕える、子が親に仕えるのは、みな命である。【劉敞】⑩上論（『論語』の前半十篇）は学ぶことを天命を知ることから始め、下論（『論語』の後半十篇）はこのように礼と先王の法言によって終わっている。これは『論語』を編纂した人の意図である。【徂徠】

『論語』のことばから

篇名	章通番	
學而	1	學習・時習・有朋
學而	3	巧言令色
學而	4	三省・傳習
學而	5	節用愛人
學而	7	賢賢易色
學而	8	重からずんば威あらず 己に如かざる者を友とする無かれ
學而	10	溫・良・恭・儉・讓
學而	12	和を貴しと爲す
學而	14	敏事愼言
學而	15	貧にして樂しむ
學而	16	人の己を知らざるを患へず
爲政	17	北辰衆星
爲政	18	思ひ邪無し
爲政	19	民免れて恥無し
爲政	20	十五志學・三十而立・四十不惑 五十知命・六十耳順・七十從心
爲政	22	父母は唯だ其の疾を之れ憂ふ
爲政	27	溫故知新
爲政	28	君子不器
爲政	30	周して比せず
爲政	31	學びて思はずんば、則ち罔し
爲政	32	異端を攻む
爲政	33	知らざるを知らずと爲す
爲政	40	義を見て爲さざるは、勇無きなり
八佾	44	禮は其の奢らん與りは、寧ろ儉せよ

論語

篇名	章通番	
八佾	54	郁郁乎として文なるかな
八佾	57	告朔の餼羊
八佾	61	既往は咎めず
八佾	64	木鐸
里仁	69	仁者は能く人を惡む
里仁	71	君子 仁を去りて、惡くにか名を成さん
		造次顚沛
里仁	74	朝に道を聞かば、夕に死すとも可なり
里仁	75	惡衣惡食
里仁	77	君子懷德
里仁	78	利に放りて行へば、怨多し
里仁	81	一貫・忠恕のみ
里仁	82	君子は義に喩り、小人は利に喩る
里仁	84	勞して怨みず
里仁	85	父母在せば、遠く遊ばず

篇名	章通番	
里仁	86	三年 父の道を改めず
里仁	87	父母の年は知らざるべからざるなり
里仁	90	訥言敏行
里仁	91	德は孤ならず・有鄰
公治長	98	桴に乗りて海に浮ばん
公治長	100	一を聞いて以て十を知る
公治長	106	下問を恥ぢず
公治長	107	君子四道
公治長	116	怨みを匿して其の人を友とす
雍也	121	怒りを遷さず・不幸短命にして死せり
雍也	127	斯の人にして斯の疾有るや
雍也	128	一簞食、一瓢飲・其の樂しみを改めず
雍也	129	中道にして廢す
雍也	131	行くに徑に由らず
雍也	134	出づるに戸に由らざらん

篇名	章通番	
雍也	135	文質彬彬
雍也	136	人の生くるや直し
雍也	137	之を好む者は、之を樂しむ者に如かず
雍也	139	敬遠
雍也	140	知者樂水・仁者樂山
雍也	144	博文約禮
雍也	147	己立たんと欲して人を立つ
述而	148	述べて作らず・好古
述而	152	復たと夢に周公を見ず
述而	153	藝に游ぶ
述而	155	憤せずんば啓せず・啓發・一隅三反
述而	157	暴虎馮河
述而	158	吾が好む所に從はん
述而	161	仁を求めて仁を得たり
述而	162	我に於て浮雲の如し

篇名	章通番	
述而	165	發憤忘食 老の將に至らんとするを知らず
述而	167	怪・力・亂・神を語らず
述而	168	三人行へば、必らず我が師有り
述而	171	文・行・忠・信
述而	173	釣して綱せず
述而	177	君子は黨せず
述而	184	溫にして厲しく、威ありて猛からず
泰伯	186	勞・葸・亂・絞 故舊遺れず
泰伯	188	人の將に死せんとするや
泰伯	190	六尺の孤
泰伯	191	士は以て弘毅ならざるべからず 任重くして道遠し・死して後已む
泰伯	193	民は之に由らしむべし
泰伯	197	危邦には入らず

篇名	章通番	
泰伯	201	學は及ばざるが如くす
子罕	209	意毋く、必毋く、固毋く、我毋し
子罕	210	斯文
子罕	211	吾試ゐられず。故に藝あり
子罕	213	鳳鳥至らず
子罕	215	博文約禮
子罕	221	川上の嘆
子罕	223	未だ一簣を成さず
子罕	226	秀實
子罕	227	後生畏るべし
子罕	230	匹夫も志を奪ふべからざるなり
子罕	232	松栢後彫
子罕	233	知者不惑・仁者不憂・勇者不懼
郷黨	243	酒は量無し、亂に及ばず
郷黨	244	席正しからずんば、坐せず

篇名	章通番	
郷黨	247	廐焚けたり。馬を問はず
先進	254	先進後進
先進	261	天予を喪ぼせり
先進	264	未だ生を知らず、焉くんぞ死を知らん
先進	267	未だ室に入らざるなり
先進	268	過ぎたるは猶ほ及ばざるがごとし
先進	269	鼓を鳴らして之を攻めて可なり
先進	278	一日の長
顏淵	279	克己復禮・非禮視る勿かれ
顏淵	282	君子は憂へず懼れず
顏淵	283	死生 命有り、富貴 天に在り・四海兄弟
顏淵	285	民信無くんば立たず
顏淵	286	駟も舌に及ばず
顏淵	294	人の美を成す
顏淵	297	君子の德は風なり

篇名	章通番	
顔淵	299	先事後得
顔淵	301	不可なれば則ち止む
顔淵	302	以文會友・以友輔仁
子路	305	必らずや名を正さんか
子路	308	令せずして行はる
子路	320	父は子の爲に隱し、子は父の爲に隱す
子路	322	四方に使して、君命を辱めず 斗筲の人
子路	323	進取
子路	325	和して同ぜず
子路	329	剛毅木訥
憲問	337	德有る者は必らず言有り
憲問	345	見利思義
憲問	356	上達下達
憲問	357	古の學者は己の爲にす

篇名	章通番	
憲問	360	君子は思ふこと其の位を出でず
憲問	362	君子三道
憲問	368	德を以て怨に報ゆ
憲問	369	天を怨みず、人を尤めず・下學上達
憲問	377	己を脩めて人を安んず
衞靈公	380	小人窮すれば斯に濫す
衞靈公	384	忠信篤敬
衞靈公	387	殺身成仁
衞靈公	390	遠慮近憂
衞靈公	399	君子は諸を己に求む
衞靈公	401	人を以て言を廢せず
衞靈公	402	己の欲せざる所、人に施すこと勿かれ
衞靈公	407	弘道
衞靈公	408	過ちて改めざる、是を過ちと謂ふ
衞靈公	409	學ぶに如かざるなり

論語

篇名	章通番	
衛靈公	410	道を憂へて貧を憂へず
衛靈公	414	仁に當たりては師にも譲らず
衛靈公	418	道同じからずんば、相爲に謀らず
衛靈公	419	辭は達せんのみ
季氏	424	益者三友・損者三友
季氏	425	益者三樂・損者三樂
季氏	426	君子三愆
季氏	427	君子三戒
季氏	428	君子三畏
季氏	430	君子九思
季氏	433	庭訓・君子の其の子を遠ざく
陽貨	436	性相近きなり。習相遠きなり
陽貨	437	上知と下愚とは移らず
陽貨	438	鷄を割くに焉くんぞ牛刀を用ひん
陽貨	442	六言六蔽

篇名	章通番	
陽貨	447	郷原は德の賊なり
陽貨	448	道聽塗說
陽貨	450	愚直
陽貨	452	紫の朱を奪ふを惡む
陽貨	453	四時行はれ、百物生ず
微子	465	往く者は諫むべからず
微子	466	子路問津
微子	468	可も無く不可も無し
子張	472	見危致命・見得思義
子張	477	博學篤志・切問近思
子張	479	小人の過ちや必らず文る
子張	480	君子三變
子張	493	何の常師か之れ有らん
子張	496	言愼まざるべからず
堯曰	498	五美四惡

石本 道明（いしもと　みちあき）
1959年、千葉県生まれ。國學院大學文学部文学科卒、同大学院文学研究科博士課程後期単位を取得し退学。國學院大學文学部教授。共・編著『孔子全書』1～13（明德出版社）、『朱熹詩集伝全注釈』1～9（明德出版社）、『四字熟語活用辞典』（創拓社）

青木 洋司（あおき　ようじ）
1983年、神奈川県生まれ。國學院大學文学部中国文学科卒。九州大学大学院人文科学府人文基礎専攻(中国哲学史専修)博士課程単位を取得し退学。博士(文学)。國學院大學文学部准教授。著書『宋代における『尚書』解釈の基礎的研究』（明德出版社）

編集協力
朔工房　代表　篠原 泰彦　（http://sakukoubou.com）
國學院大學文学部兼任講師。データ入力、組版、処理の自動化・業務システム開発など各種コンピューターシステム構築、Webサイト・Webシステム構築、携帯電話・情報端末向けアプリ開発、中小企業非常勤顧問エンジニア。

株式会社 明德出版社　～書籍購入ご案内～
URL　: http://rr2.e-meitoku.com/
E-mail : info@meitokushuppan.co.jp

ISBN 978-4-89619-941-3

論語
朱熹の本文訳と別解

平成二十九年十一月二十五日　初版発行
令和　五　年　三　月二十五日　三版発行

著者　石本道明
　　　青木洋司
発行者　佐久間保行
印刷所　㈱興学社
発行所　㈱明德出版社

〒167-0052　東京都杉並区南荻窪一―二五―三
電話　〇三―三三三三―六二四七
振替　〇〇一九〇―七―五八六三四